es 1128

edition suhrkamp

Neue Folge Band 128

D1735589

Spätestens seit man im »Westen« erkannt hat, daß Japan zu dem Kreis der modernen Industriegesellschaften zu rechnen ist – und auf ökonomischem Sektor fast als Bedrohung angesehen wird –, beginnt man sich für die Eigenart dieses Landes zu interessieren. Auf der anderen Seite wurde die japanische Gesellschaft infolge des mit der Weltwirtschaft einhergehenden gegenseitigen Durchdringungsprozesses mit den Verhaltensweisen der westlichen Kultur bekannt. Die Darstellung von Takeo Doi (geboren 1920 in Tokio und bis zu seiner Emeritierung Leiter des Department of Mental Health an der Medizinischen Fakultät der Universität Tokyo) kann als Resultat dieses gegenseitigen Durchdringungsprozesses verstanden werden: Das von Takeo Doi entfaltete Amae-Prinzip ist ein Grundprinzip des japanischen Selbst- und Gesellschaftsverständnisses. »Ein Kind, das von seiner Mutter geliebt wird, hat das Recht, sich bei ihr auszuleben. Es kann ihrer Nachsicht sicher sein. Seine Veranlagungen und Wünsche werden von ihr akzeptiert. Es erhält in ihrem Schutz einen Freiraum, in dem es sich entfalten kann. *Amae,* das ist die Freiheit des Geborgenen.« Zugleich ist Takeo Dois Theorie ein Versuch, westlich-psychoanalytische Erkenntnisse an die »japanische Psyche« anzupassen. »Wegleitend war das Anliegen, die Fremdartigkeit der aus einer anderen Kultur stammenden Lehre Freuds mit einem Schlüsselwort, das aus der japanischen Erfahrungswelt stammt, zu unterlaufen. Auf die Bedeutung der *Amae*-Struktur wurde Doi selber durch längere Amerika-Aufenthalte gelenkt, durch seinen eigenen *culture-shock* und die divergierenden Erfahrungen mit amerikanischen und japanischen Patienten. Im Westen liest man sein Buch als einen japanischen Beitrag zur Fortentwicklung der Psychoanalyse – eine nicht unberechtigte Perspektive.« (Elmar Holenstein)

Takeo Doi
Amae
Freiheit in Geborgenheit

Zur Struktur japanischer Psyche

Mit einem Vorwort von
Elmar Holenstein

Aus dem Amerikanischen
von Helga Herborth

Suhrkamp

Titel der amerikanischen Ausgabe:
The anatomy of dependence

edition suhrkamp 1128
Neue Folge Band 128
Erste Auflage 1982
© 1973 by Kodansha International Ltd.
© dieser Ausgabe Suhrkamp Verlag Frankfurt am Main 1982
Erstausgabe
Alle Rechte vorbehalten, insbesondere das
des öffentlichen Vortrags
sowie der Übertragung durch Rundfunk und Fernsehen,
auch einzelner Teile
Satz: Fotosatz Hümmer, Waldbüttelbrunn
Druck: Nomos Verlagsgesellschaft, Baden-Baden
Umschlagentwurf: Willy Fleckhaus
Printed in Germany

4 5 6 7 8 – 94 93

Inhalt

Elmar Holenstein

Zu Japans Andersheit

»Eine alternative Art, modern zu sein«

Seit man im Westen realisiert hat, daß die japanische Industrie nicht nur ein virtuoser Schüler in billiger Nachahmung ist, sondern ebenso ein innovatorischer Meister in wissensintensiver Forschung, beginnt man sich – über schöngeistige und elitärreligiöse Kreise hinaus – für die Eigenart Japans zu interessieren.

Japan hat in der Tat etwas vorzuweisen, das auf die Dauer zwar kaum als einmalig, sicher jedoch als erstmalig zu bezeichnen ist. Von der Sowjetunion abgesehen, die eine Mittelstellung einnimmt, ist Japan die erste und bisher noch immer die einzige nichtwestliche Nation, die voll und mit offensichtlichem Erfolg ins industrielle Zeitalter vorgestoßen ist. Die Sowjetunion ist nur halbwegs ein außereuropäisches Land. Ihre gesellschaftliche und kulturelle Eigenart wird durch eine vom Westen her übernommene Ideologie verhüllt. Sie hat außerdem infolge besonders augenfälliger Negativseiten an Attraktivität verloren. Während im Stil ihrer Politik die alten zaristischen Züge durch das marxistische Obergewand für jedermann sichtbar durchscheinen, ist das altrussische Erbe im Stil ihrer Kultur und ihrer wissenschaftlichen Forschung weitestgehend unvermerkt geblieben. Im übrigen scheint es sich bei Dissidenten und Emigranten (in der Literatur am bekanntesten bei Alexander Solschenizyn, in den Naturwissenschaften etwa bei Ilya Prigogine, in den Humanwissenschaften bei Roman Jakobson) direkter und kreativer durchsetzen zu können als an den offiziell dafür geplanten Stätten.

Sehr anders Japan. Sein nichtwestlicher Charakter steht schon aus biologischen Gründen außer Zweifel. Dazu kommt die selbstbewußte jahrhundertelange kulturelle Isolation. Der Grad der Homogenität der Gesellschaft ist für ein Land von Japans Größenordnung wahrscheinlich einmalig. Ähnlich homogen wurden schulisches Wissen und technisches Können bewältigt. Die Erfolge stellten sich fast ausnahmslos bei voller gesellschaftlicher Integration ein. Demographische Größenordnung, gesellschaftliche Homogenität, kulturelle Intaktheit und nationales Selbstbewußtsein erlaubten es, die Modernisierung, Verschulung wie Industrialisierung, nicht als eine Anpassung an den Westen, sondern als eine Japanisierung westlicher Errungenschaften zu verstehen und zu betreiben. Das Resultat ist die erste »alternative Art, modern zu sein« (so der Untertitel zu einem journalistischen Japan-Buch von Lorenz Stucki).

Das macht gleicherweise für die übrige nichtwestliche wie für die westliche Welt die bislang einmalige Stellung Japans aus: Japan bietet nicht einfach eine alternative Lebensform, sondern eine alternative »moderne« Lebensform. Es ist keine unrealistische Lebensform, weder eine archaische, deren Untergang nur eine Frage von Zeit und residualen Verzögerungsmechanismen ist, noch eine utopische, die erst in hoffnungsvollen Antizipationen existiert.

Ihre Realität erlaubt es, Vor- und Nachteile an objektiven Gegebenheiten, die dem Format nach einander ebenbürtig sind, zu vergleichen. Zusätzliche Faktoren begünstigen westlicherseits ein sachliches Studium. Japan gibt zwar zu Bewunderung und neuerdings zu technologischen Lernprozessen Anlaß, aber kaum zu Glorifizierung. Es gibt für den Westen auch keine kolonialistischen Schuldgefühle zu kompensieren. Nicht einmal einen Opiumkrieg wie in China, das auch nie zu einer westlichen Kolonie geworden ist. Japans erster, militaristischer Einstand in die Weltgeschichte war eine Katastrophe. In seiner negativen Hypothek unterscheidet es sich nicht von andern Ländern. Auch beim zweiten, ökonomischen Einstand blieben negative Kehrseiten nicht verborgen. Aber es scheint gelungen zu sein, sie auf ein Niveau einzupendeln, das im Westen nicht zu halten war. Neben der Innovationsfähigkeit ist es vor allem die im Vergleich mit westlichen Ländern überdurchschnittliche gesellschaftliche und kulturelle Intaktheit, die das Interesse an Japan geweckt hat. Auffallend ist ein bruchlos erscheinendes Ineinanderübergehen von traditioneller ›Kultur‹ und moderner ›Zivilisation‹. Zugleich ›japanisch‹ und ›modern‹ sein, wird nicht als Widerspruch empfunden – anders als eine analoge Verbindung in mancher westlichen Region mit noch lebendiger Volkskultur.

Zum Verständnis Japans sind zwei allgemeine Leitlinien hilfreich: (1) Inselvölker neigen dazu, kulturelle Unterschiede, die es überall gibt, in ihrem Fall als größer anzunehmen, als sie es in Wirklichkeit sind. Das Gefühl der Andersheit ist bei Japanern besonders stark ausgeprägt. Das Unverständnis für ihre Kultur, das Japaner bei Touristen feststellen, entspricht ihrer Erwartung. Sie akzeptieren es mit einer selbstverständlich wirkenden Toleranz, die in Europa, das von seiner Tradition her von der Universalisierbarkeit seiner Kultur ausgeht, fremd ist. Eine andere Beobachtung nährt aber den Verdacht, daß sie sich nur graduell von andern Inselbewohnern unterscheiden. Japaner zeigen sich reserviert, wenn man sie als Asiaten bezeichnet. Briten bezeichnen sich nicht weniger ungern als Europäer.

(2) In der Sprachwissenschaft gibt es eine bewährte Faustregel: Eine in irgendeiner Sprache dominant und prägnant ausgebildete Struktureigentümlichkeit ist wenigstens ansatzweise auch in den meisten anderen Sprachen zu finden. Eine analoge Regel scheint gleichfalls in den übrigen kulturellen Bereichen viel für sich zu haben: Es gibt keine prägnant ausgebildete gesellschaftliche Eigentümlichkeit in irgendeinem Volk, die nicht wenigstens ansatzweise bei vielen andern Völkern anzutreffen ist.

Kulturelle Unterschiede ergeben sich danach weniger aus dem Vorhandensein gegenüber dem Nichtvorhandensein einer Struktur als vielmehr aus dem unterschiedlichen Stellenwert und Gewicht einer Struktur. Ein Verständnis der alternativen Kultur, auch in der Form einer Einfühlung, ist bei einem solchen Verhältnis prinzipiell möglich.

Als eine Besonderheit der japanischen Gesellschaft wird zum Beispiel die familiäre Integration des einzelnen in seine Firma hingestellt. Die Anthropologin Chie Nakane, Kollegin Takeo Dois an der Tokyo-Universität, führt die gesellschaftliche Bedeutung der Firma auf die archaische japanische Bauerngesellschaft zurück, in der, anders als in China und Indien, die Dorfgemeinschaft und nicht die Großfamilie, der Familienklan, die Gruppe bildete, mit der man sich primär – intern mit einem ausgeprägten Komplementaritätsbewußtsein – identifizierte. An die Stelle des Dorfes ist im industrialisierten Japan die Firma getreten. Aber auch bei uns ist eine solche Identifikation mit der Firma, dem Konzern, dem Betrieb, in denen man arbeitet, nicht fremd, rollenspezifische Einordnung, Stolz und Selbstaufopferung miteingeschlossen. Der Unterschied liegt im Grad der Allgemeinheit, der Intensität und der Institutionalisierung dieser Integrationsebene.

Eine andere Eigentümlichkeit ist die generelle Tendenz zur Kompromiß- und Konsensbildung. Die auffälligste Parallele dazu in Mitteleuropa ist das politische System, das sich in der Schweiz herausgebildet hat. Neuen Verfassungsbestimmungen gehen langwierige Vernehmlassungsverfahren voraus, in die nicht nur die untergeordneten föderalistischen Institutionen einbezogen werden, sondern auch betroffene nichtpolitische Interessenverbände. Abstimmungsinitiativen von solchen Interessenverbänden werden möglichst von vornherein durch konsensfähige Gegenvorschläge der Regierung aufgefangen. Fällt eine Entscheidung dennoch knapp aus, werden der unterlegenen Minderheit im nachhinein über Erlasse Zugeständnisse gemacht. Der Unterschied besteht darin, daß in Japan diese Einstellung, deren Vor- und Nachteile in vielen Belangen auf der Hand liegen, nicht auf einen Bereich, den politischen, beschränkt ist, sondern in allen Anwendung zu finden scheint, nicht zuletzt im ökonomischen.

»Amae«

Nicht minder offensichtlich sind strukturale Parallelen zum *Amae*-Prinzip, das Takeo Doi in diesem Buch als ein Grundprinzip japanischen Selbst- und Gesellschaftsverständnisses darstellt. Salopp und im europäischen Kontext ebenso herausfordernd wie mißverständlich formuliert, besagt die *Amae*-Theorie, daß der Mensch ein Recht auf Abhängigkeit hat. Der japanische Titel lautet: *Amae no kōzō*, wörtlich: »Die Struktur von *Amae*«. Als Titel für die englische Version (die mit Zustimmung des Autors der Übersetzung zugrunde lag) wurde mit dem Einverständnis des Autors *The Anatomy of Dependence* – »Die Anatomie der Abhängigkeit« – gewählt. ›Abhängigkeit‹ gibt zwar einen wichtigen Aspekt von *Amae* wieder, jedoch in eindimensionaler Verengung.

Amae ist ein nicht einfach umschreibbares Wort. Doi pflegt es über das Verb *amaeru* und das Adjektiv *amai* einzuführen. Das Verb *amaeru* wird für jemand gebraucht, der nicht nur von der Liebe eines anderen abhängig ist, sondern es sich in dieser Abhängigkeit auch wohl ergehen läßt, der dem Wohlwollen des anderen sozusagen frönt. Das Adjektiv *amai* bedeutet ›süß‹. Mit dieser Konnotation von ›süß‹ wird *amaeru* hauptsächlich für das Verhältnis des Kindes zu seinen Eltern gebraucht, besonders zu seiner Mutter, aber auch für die Beziehung zwischen Frau und Mann und zwischen Untergebenen und Vorgesetzten.

Ein Kind, das von seiner Mutter geliebt wird, hat das Recht, sich bei ihr auszuleben. Es kann ihrer Nachsicht sicher sein. Seine Veranlagungen und Wünsche werden von ihr akzeptiert. Es erhält in ihrem Schutz einen Freiraum, in

dem es sich entfalten kann. *Amae,* das ist die Freiheit des
Geborgenen. Daher der deutsche Titelvorschlag »Freiheit
in Geborgenheit«. ›Geborgenheit‹ ist heute im Deutschen
ein etwas ausgelaugtes Wort, zum Teil auch mit unechten
Gefühlen verbunden. Das bedeutet nicht, daß ein neuer
Kontext und vielleicht noch mehr ein neues Bedürfnis es
nicht wieder aufwerten können.

Was Japaner in Amerika und Europa irritiert, ist der Kult
der individuellen Selbständigkeit und Entscheidungskompe-
tenz. Verwunderung erweckt nicht nur die Reichweite des individuellen Entscheidungsbereichs, sondern auch – und mit
noch mehr Bedenken – die Motivation des Selbständig-
keitsgebarens. Der Verdacht stellt sich ein, daß der Selbstän-
digkeitskult in einem weiten Ausmaß als eigentliche Trieb-
feder die Aggressivität des zu kurz Gekommenen hat.

Die psychisch gesunde und gesellschaftlich erträgliche und
förderliche Selbständigkeit hat nach japanischer Auffassung
eine andere Quelle: die Erfahrung der Geborgenheit bei jemand, der einem als Kind die lebensnotwendigen Entscheidungen aus Zuneigung und Nachsicht und nicht aus Macht-
streben abgenommen hat. Die Quelle des Selbstwertgefühls
ist nicht der Erfolg, den man der eigenen Aggressivität ver-
dankt, sondern die Erfahrung, daß man von jemand geschätzt, mit all seinen Anlagen und Neigungen angenommen wird und sich bei ihm bei solcher Nachsichtigkeit frei
fühlen kann. *Amae* bedeutet die Geborgenheit dessen, der
sich bei dem, der sich seiner angenommen hat, in seiner Eigenart verstanden und anerkannt fühlt und sich entsprechend auf ihn verlassen kann.

Die Freiheit, die sich in einem Schutzraum entfaltet, dessen Sicherung nach außen von jemand anderem übernommen wird, manifestiert sich am augenfälligsten als Ent-
spanntheit, Sorglosigkeit, in einem Verhalten, das Europäer
aus ihrer Erfahrungsperspektive bei Japanern in Gruppen
als Kindlichkeit befremdet. Befremdend finden viele Europäer auch das Ausmaß des Entgegenkommens, das Japaner

Kindern gewähren. ›Verwöhnung‹ heißt die Assoziation. Entscheidend ist, daß die Kinder spüren, daß sie die Freiheit, die sie genießen, nicht aus uninteressierter Gleichgültigkeit und nicht bloß wegen eigennütziger Selbstentlastung der Eltern erhalten, sondern weil man ihre – wissenschaftlich gesprochen – phasen- und rollengemäßen Bedürfnisse mit Wohlwollen und Nachsicht akzeptiert.

Wer als Kind keine Geborgenheit in Abhängigkeit von einem altruistisch Selbständigen erfahren hat, dem fehlt das Ideal und die Selbstsicherheit zu einer ebenso motivierten Selbständigkeit. Wer als Erwachsener über keinen Freiheitsraum verfügt, in dem ihm von Lebens- und Arbeitspartnern Entscheidungen erspart bleiben, ist überbeansprucht und kann sich nicht auf solche Entscheidungen konzentrieren, die ihm persönlich teuer, der Gesellschaft förderlich und in seinem Tätigkeitsbereich kreativ sind. Die Entlastung wird erleichtert durch eine umsichtige Wahrung von Rollenaufteilungen in einem Netz von sich wechselseitig kompensierenden Abhängigkeiten.

Doi hat die *Amae*-Theorie als Versuch einer Anpassung der psychoanalytischen Erkenntnisse an »die japanische Psyche« entwickelt. Wegleitend war das Anliegen, die Fremdartigkeit der aus einer anderen Kultur stammenden Lehre Freuds mit einem Schlüsselwort, das aus der japanischen Erfahrungswelt stammt, zu unterlaufen. Auf die Bedeutung der *Amae*-Struktur wurde Doi selber durch längere Amerika-Aufenthalte gelenkt, durch seinen eigenen *culture-shock* und die divergierenden Erfahrungen mit amerikanischen und japanischen Patienten. Im Westen liest man sein Buch als einen japanischen Beitrag zur Fortentwicklung der Psychoanalyse – eine nicht unberechtigte Perspektive. Man stößt dabei sehr rasch auf eine Konvergenz mit neueren Strömungen in der Psychoanalyse, nämlich mit der zunehmenden Beachtung von prädipalen Beziehungen. So liest sich, was Alice Miller in ihrem Buch *Das Drama des begabten Kindes* (Suhrkamp 1979, S. 60–62) über den »Gesunden

Narzißmus« schreibt, wie eine Zusammenfassung von Dois *Amae*-Theorie. Ein Ausschnitt sei als Beleg und zugleich als Einführung zitiert:

Hat ein Kind das Glück, bei einer spiegelnden Mutter aufzuwachsen, die sich narzißtisch besetzen läßt, die verfügbar ist, d.h. sich zur Funktion der narzißtischen Entwicklung des Kindes ›nutzbar machen‹ läßt, wie M. Mahler sagt, so kann im heranwachsenden Kind allmählich das gesunde Selbstgefühl entstehen. [. . .]

Unter *gesundem Selbstgefühl* verstehe ich die unangezweifelte *Sicherheit*, daß empfundene Gefühle und Wünsche *zum eigenen Selbst gehören*. Diese Sicherheit wird nicht reflektiert, sie ist da, wie der Pulsschlag, den man nicht beachtet, solange er in Ordnung ist. In diesem unreflektierten, selbstverständlichen Zugang zu eigenen Gefühlen und Wünschen findet der Mensch seinen Halt und seine *Selbstachtung*. Er darf seine Gefühle leben, darf traurig, verzweifelt oder hilfsbedürftig sein, ohne Angst haben zu müssen, die introjizierte Mutter damit unsicher gemacht zu haben. Er darf Angst haben, wenn er bedroht wird, darf böse werden, wenn er seine Wünsche nicht befriedigen kann. Er weiß nicht nur, was er nicht will, sondern auch, was er will, und darf es zum Ausdruck bringen, unabhängig davon, ob er dafür geliebt oder gehaßt wird.

Auch im psychologischen Bereich bestätigt sich also die aufgestellte interkulturelle Regel: Es gibt kaum eine psychologische Struktur, die in einer bestimmten Kultur dominant und stark ausgeprägt ist, die nicht auch in anderen Kulturen mindestens ansatzweise anzutreffen ist.

Unmittelbarer Anlaß dieses Buches, in dem Doi seine Theorie allgemeinverständlich vorlegt und das in Japan zu einem Bestseller geworden ist, war die 68er Studentenrevolte – näherhin, und für den Westen überraschend, das spürbare Verständnis, das die japanischen Studenten, was ihre Motivation anging, bei einem großen Teil der Erwachsenen gefunden haben. Die Revolte wird von Doi als ein Ausdruck der frustrierten Bedürfnisse nach der spezifischen Form von Abhängigkeit interpretiert, die japanisch mit *amae* umschrieben wird. Die Jugendlichen fühlten sich als Opfer der nurmehr auf ihre eigenen Vorteile bedachten Erwachsenen. Sie hofften mit der Weckung des Schuldbewußtseins der Erwachsenen nachträglich zu bekommen, was ihnen vorenthalten worden war. Bezeichnend für ihr eigenes Opfer-Bewußtsein war die Identifikation mit den andern, noch bedauernswerteren Opfern der Gesellschaft – bis zu den Ausgebeuteten der Dritten Welt und den zukünftigen Opfern der die Umwelt zerstörenden ökonomischen Entwicklung. Die Identifikation mit solchen Opfern erlaubte es, die eigenen Schuldgefühle über die Revolte zu beschwichtigen. Die zunehmende Identifikation enthielt aber auch die Gefahr eines paranoiden Verfolgungswahns mit der Folge einer noch ungehemmteren und noch zerstörerischen Aggressivität.

Auch bei dieser speziellen Analyse fällt es nicht schwer, parallele Entwicklungen, nicht zuletzt, was die anarchistische Komponente betrifft, in westlichen Ländern ausfindig zu machen. Nachdem er die *Amae*-Theorie aus der Analyse des spezifisch japanischen Fühlens und Verhaltens entwickelt hat, sieht denn auch Takeo Doi selber die nächste Aufgabe darin, ihre – dem jeweiligen kulturellen Kontext angepaßte – Universalisierbarkeit abzuschätzen und auszuarbeiten.

In einem andern Buch, *Seishinbunseki to seishinbyori* (Psychoanalyse und Psychopathologie), ist Doi diese Aufgabe auch schon angegangen. In der Einleitung schreibt er dazu:

Obwohl ich von Anfang an *Amae*-Begriff und -Erscheinung als höchst japanisch aufgefaßt habe, habe ich nie angenommen, daß sie nur auf das japanische Milieu zutreffen. Ich halte den *Amae*-Begriff für allgemeingültig. Aufgrund meiner persönlichen Erfahrung zweifle ich nicht, daß die mit ihm angesprochene Erscheinung auch in den zwischenmenschlichen Beziehungen in der europäischen Gesellschaft vorzufinden ist. Wenn *Amae* das Gefühl des kleinen Kindes der Mutter gegenüber bezeichnet, wie es der ursprüngliche Gebrauch des Wortes andeutet, kann es nicht sein, daß diese Erscheinung auf Japaner beschränkt ist. Es stellen sich daher folgende Fragen: Warum wird dieses Gefühl in Europa so weit verdrängt, daß man dafür kein Wort wie *Amae* kennt? Wenn *Amae* das fundamentale Gefühl des Kindes bezeichnet, sollte dieser Begriff dann nicht auch einen wichtigen Platz in der psychoanalytischen Theorie einnehmen? Bietet sich *Amae* in diesem Fall nicht auch als ein zentraler Begriff im psychoanalytischen Verständnis psychopathologischer Erscheinungen an?

Nach Dois Diagnose fehlte Freud zum Nachteil der von ihm initiierten Psychoanalyse eine eigene frühkindliche Erfahrung von *Amae,* von Freiheit in Geborgenheit.

Takeo Doi

Takeo Doi, 1920 in Tokyo geboren, war nach dem Medizin-Studium an der Tokyo-Universität mehrere Jahre in den USA psychiatrisch tätig, u.a. an der Menninger Medical School (1950–52) und am National Institute of Mental Health in Bethesda, Maryland (1961–63). 1971 wurde er Leiter des Department of Mental Health an der Medizinischen Fakultät der Tokyo-Universität, später auch des Department of Psychiatry. Seit seiner Emeritierung 1980 lehrt er an der International Christian University in Tokyo.

Wichtige Buchpublikationen Dois sind *Seishinryōhō to seishinbunseki* (Psychotherapie und Psychoanalyse; 1961), *Seishinbunseki to seishinbyori* (Psychoanalyse und Psychopathologie; 1965, umgearbeitete Ausgabe 1970), *Hōhō toshite no mensetsu* (Das Interview als klinische Methode; 1977). In englischer Sprache abgefaßte Vorträge und Aufsätze Dois sind in einer bilingualen Aufsatzsammlung *Seishinigaku to seishinbunseki* (Psychiatrie und Psychoanalyse), Tokyo: Kobundo, 1979, 255–365, enthalten. Das vorliegende Buch, 1971 veröffentlicht, ist der erste Band einer Trilogie allgemeinverständlicher, popularisierender Darstellungen der *Amae-*Theorie.

Eine weitere Schrift *Sōsekini okeru amae no kōzō* (1972) ist dem *Amae-*Phänomen im literarischen Werk von Soseki Natsume, einem der großen japanischen Schriftsteller dieses Jahrhunderts, gewidmet. Natsumes Romane, zu einem guten Teil in englischen Übersetzungen zugänglich, können einen mehr intuitiven Zugang zu Dois *Amae-*Theorie vermitteln. [1]

[1] Kae Ito danke ich für die Beratung bei der Darstellung von Dois *Amae-*Theorie.

Erstes Kapitel

Eine erste Vorstellung von *Amae*

Zunächst sollte ich vielleicht etwas darüber sagen, wie ich überhaupt dazu kam, mich mit dem *amae*-Konzept zu beschäftigen. Den Anstoß gab eine Erfahrung, die man normalerweise als »Kultur-Schock« bezeichnet. 1950 hatte ich ein GARIOA-Stipendium für ein Psychiatrie-Studium in Amerika erhalten. Der materielle Überfluß dieses Landes – so kurz nach Kriegsende – und das fröhliche, ungezwungene Verhalten seiner Bewohner beeindruckten mich sehr.

Aber trotzdem ließ die Kluft, die ich zwischen meinen eigenen Gefühlen und Denkweisen und denen meiner Gastgeber spürte, von Zeit zu Zeit ein Unbehagen in mir aufsteigen. So besuchte ich beispielsweise kurz nach meiner Ankunft in Amerika eine Familie, der ich durch einen japanischen Bekannten vorgestellt worden war; mit diesem Bekannten unterhielt ich mich gerade, als mich der Gastgeber fragte: »Haben Sie Hunger? Wir haben Eiscreme, wenn Sie mögen.« Ich erinnere mich, daß ich ziemlich hungrig war, aber als ich so direkt von jemandem, den ich zum ersten Mal in meinem Leben sah, gefragt wurde, ob ich Hunger hätte, konnte ich dies nicht zugeben und lehnte schließlich seinen Vorschlag ab. Wahrscheinlich hatte ich die leise Hoffnung, daß er mich nochmals fragen würde. Aber enttäuschenderweise sagte mein Gastgeber nur: »Na gut« und machte kein weiteres Aufhebens; mir blieb also nichts anderes übrig, als zu bedauern, daß ich nicht ehrlicher geantwortet hatte. Ich mußte dann daran denken, daß in Japan wohl niemand einen Fremden so unzeremoniell fragen würde, ob er Hunger hätte, sondern, ohne zu fragen, ihm etwas hinstellen würde.

In einem anderen Fall, der sich, wie ich mich erinnere, ebenfalls kurz nach meiner Ankunft in Amerika ereignete, hatte der mich betreuende Psychiater mir mehrere Gefälligkeiten erwiesen; ich habe vergessen, um was es sich genau handelte, aber es waren eher Kleinigkeiten. Jedenfalls meinte ich, etwas dazu sagen zu müssen, aber ich brachte kein Dankeschön zustande, wie man erwarten würde, sondern sagte: »Es tut mir leid.« »Was tut Ihnen leid?« fragte er und sah mich verständnislos an. Ich war sehr beschämt. Meine Schwierigkeit, danke schön zu sagen, rührte, glaube ich, daher, daß ich dabei das Gefühl gehabt hätte, mich zu sehr mit jemandem, der doch mein Vorgesetzter war, auf eine Stufe zu stellen. Auf japanisch hätte ich wahrscheinlich *dōmo arigatō go zaimasu* oder *dōmo sumimasen* gesagt, aber da ich dasselbe Gefühl von Verpflichtetsein nicht in Englisch ausdrücken konnte, fiel mir nur »Es tut mir leid« als die beste Entsprechung ein. Der Grund dafür war ohne Zweifel, daß mein Englisch zu dieser Zeit noch recht unvollkommen war. Aber ich begann hier schon zu ahnen, daß die Probleme, mit denen ich konfrontiert war, nicht nur mit meinen Sprachschwierigkeiten zusammenhingen.

Auch folgende Sitte der Amerikaner bereitete mir große Schwierigkeiten: ein amerikanischer Gastgeber fragt seinen Gast vor dem Essen, ob er ein alkoholisches oder ein nichtalkoholisches Getränk möchte. Wählt der Gast dann etwas Alkoholisches, fragt man ihn, ob er Scotch oder Bourbon bevorzuge. Hat er sich entschieden, muß er die nächste Anweisung geben, nämlich wieviel er trinken und wie er es serviert haben möchte. Beim Hauptgang hat man glücklicherweise nur das zu essen, was einem serviert wird, aber nachher muß man sich wieder entscheiden, ob man Tee oder Kaffee haben möchte, und außerdem noch, ob lieber mit Zucker oder Milch usw. Ich merkte bald, daß dies die amerikanische Art ist, einen Gast höflich zu behandeln; aber mir waren all diese vielen kleinen Entscheidungen vollkommen gleichgültig. Welch ungeheure Menge trivialer Entscheidungen mußte ich treffen – zuweilen hatte ich das Gefühl, daß sich die Amerikaner nur so verhielten, um sich ihre eigene Freiheit zu beweisen. Meine Verwirrung hatte natürlich ihren Grund darin, daß ich nicht mit den amerikanischen Sitten vertraut war, und ich hätte vielleicht besser daran getan, dies alles als das hinzunehmen, was es ist – als amerikanische Bräuche.

Nun ist es auch nicht so, daß Japaner einen Gast nie nach seinen Wünschen fragen. Aber ein Japaner muß mit einem Gast sehr vertraut sein, ehe er ihn fragt, ob der das, was ihm angeboten wird, mag. Bei einem Gast, der kein enger Freund ist, fordert die japanische Sitte eher, etwas aufzutischen und es mit einem entschuldigenden »Sie werden es vielleicht nicht mögen, aber . . .« zu begleiten. Eine amerikanische Gastgeberin würde dagegen stolz beschreiben, wie sie das Hauptgericht zubereitet hat, das sie auftischt, ohne eine Alternative anzubieten, auch wenn sie ihrem Gast die Freiheit läßt, die Getränke vorher oder nachher auszuwählen. Dies kam mir in der Tat sehr eigenartig vor.

In diesem Zusammenhang hatte auch – ehe ich mich an die englische Konversation gewöhnt hatte – das »Bitte, bedienen Sie sich selbst« (»Please help yourself«), das die Amerikaner so oft gebrauchen, einen unangenehmen Klang für mich. Es bedeutet natürlich nichts anderes als: »Zögern Sie nicht, zu nehmen, was Sie sich wünschen« – aber wörtlich genommen hört es sich so an wie: »Niemand sonst wird dir helfen«, und ich konnte nicht verstehen, wie diese Redewendung zu einem Ausdruck guten Willens hatte werden können. Die japanische Höflichkeit verlangt vom Gastgeber, daß er bei der Bewirtung ein Gefühl dafür entwickelt, herauszufinden, was der Gast gerne hätte, und daß er selbst seinen Gästen »hilft«. Es einem Gast, der dem Haus nicht vertraut ist, zu überlassen, »sich selbst zu bedienen«, wäre eine Form äußerster Rücksichtslosigkeit. Alle diese Erfahrungen trugen dazu bei, daß ich immer mehr das Gefühl bekam, die Amerikaner seien ein Volk, das nicht dieselbe Rücksichtnahme und dasselbe Feingefühl gegenüber anderen zeigt wie das japanische. Und dies machte meine erste

Zeit in Amerika, die ohnehin – so weit weg von zu Hause – einsam gewesen wäre, noch einsamer für mich.

Um diese Zeit lieh mir eine amerikanische Bekannte Ruth Benedicts Buch *The Chrysanthemum and The Sword*.[1] Ich las es sofort, und ich erinnere mich noch an den lebhaften Eindruck, den es auf mich machte: dieses Buch war für mich wie ein Spiegel. Immer wieder, mit jeder Seite, die ich umblätterte, erkannte ich mich mit Erstaunen selbst wieder. Gleichzeitig erregte das Buch meine intellektuelle Neugier, und ich stellte mir die Frage, warum Japaner und Amerikaner so verschieden sein sollten.

Vielleicht waren es die hier geschilderten Erfahrungen, die mich veranlaßten, nach meiner Rückkehr nach Japan 1952 Augen und Ohren zu öffnen, um herauszufinden, was nun die Japaner zu dem machte, was sie sind. Immer, wenn ich Patienten besuchte, stellte ich mir die Frage, worin sie sich von amerikanischen Patienten unterschieden. Ich hörte sehr aufmerksam zu, mit welchen Worten sie ihren eigenen Zustand beschrieben, und gab mir große Mühe, diese Worte genau in japanisch niederzuschreiben.

Es mag als durchaus nichts Außergewöhnliches erscheinen, daß ein Psychiater so vorgeht; aber ein solches Verfahren war doch keineswegs eine Selbstverständlichkeit. Denn traditionellerweise hören die japanischen Ärzte ihrem Patienten zu und notieren dann die wichtigsten Punkte in einer sehr begrenzten Zahl deutscher Wörter. Diese japanischen Ärzte behandeln die alltäglichsten deutschen Worte so, als seien sie wissenschaftliche Termini; und alles, was sich nicht in diesen deutschen Worten ausdrücken läßt, lassen sie unter den Tisch fallen. Dieser Trend beschränkt sich nicht nur auf die Psychiatrie, sondern läßt sich auch in anderen Disziplinen beobachten – meiner Meinung nach etwas sehr Befremdendes. In Amerika sah ich natürlich, wie die dortigen Psychiater die Gespräche mit ihren Patienten in ihrer eigenen Sprache niederschrieben und daß sie in ihrer eigenen Sprache über die Pathologie des Patienten nachdachten.

Überzeugt davon, daß dies der einzig richtige Weg ist, nahm ich mir vor – wenn ich es mit japanischen Patienten zu tun hätte –, über sie auf japanisch zu schreiben und nachzudenken.

Als ich diesen Vorsatz in die Praxis umsetzte, war ich im Innersten davon überzeugt, daß das Spezifische der japanischen Psyche – vorausgesetzt, dieses existiert – eng mit den spezifischen Eigenschaften der japanischen Sprache zusammenhängen müsse. 1954 wurde ich gebeten, auf einer Konferenz der U.S.-Militär-Psychiater einen Überblick über die Psychiatrie in Japan zu geben. Das Wesentliche faßte ich am Ende meines Vortrages[2] folgendermaßen zusammen: man hat versucht, den Charakter der japanischen Seele durch projektive Tests zu erhellen, aber auch wenn solche Methoden immer irgendwelche Ergebnisse hervorbringen, so glaube ich doch nicht, daß man durch sie das Wesen des japanischen Charakters zu fassen bekommt; denn die japanischen Charaktereigenschaften, die durch psychologische Tests, die eigentlich für Menschen des Westens entwickelt wurden, entdeckt werden, geben höchstens darüber Aufschluß, wie die Abendländer den japanischen Charakter sehen. Solche Tests bleiben notwendigerweise unbefriedigend. »Die spezifische Psychologie einer Nation kann man nur erkennen, wenn man mit der Sprache dieser Nation vertraut ist. In der Sprache ist alles das aufgehoben, was das Ureigentliche einer nationalen Seele ausmacht; die Sprache ist daher der denkbar beste projektive Test zum Verstehen einer Nation.«

Ich kann mich heute nicht mehr genau daran erinnern, wie weit ich mir zur Zeit dieses Vortrages über die besonderen Implikationen des Wortes *amaeru* im klaren war. Aber ich bin sicher, daß aufgrund meiner zahlreichen Patientenbeobachtungen schon irgend etwas in dieser Richtung in meinem Kopf gärte. Zu jener Zeit arbeitete ich in der Psychiatrischen Abteilung der Tokyo University School of Medicine, und ich erinnere mich, daß ich mich eines Tages mit Professor

Uchimura Yushi, dem Leiter der Abteilung, unterhielt und bemerkte, daß es das *amaeru*-Konzept nur in der japanischen Sprache zu geben scheine. »Eigentlich wundert mich das«, sagte er, »denn sogar die Welpen tun es.« Er war überzeugt, daß es unmöglich sei, daß ein Wort, das ein solch universales Phänomen beschreibt, welches sich darüber hinaus nicht nur bei Menschen, sondern sogar bei Tieren findet, nur in der japanischen und in keiner anderen Sprache existieren sollte. Ich selbst war jedoch der festen Ansicht, daß aus genau diesem Grunde das *amaeru*-Konzept so wichtig sei, und fühlte mich in meiner Überzeugung bestärkt, daß die spezifischen Eigenschaften der japanischen Seele eng mit diesem Phänomen zusammenhängen müssen.

1955 ging ich erneut nach Amerika; auf einem Treffen amerikanischer Psychiater an der Westküste hielt ich einen Vortrag über »Die japanische Sprache und Psychologie«[3], in dem ich die Ideen, die sich in meinem Kopf zusammengebraut hatten, vorstellte. Ich begann mit einer Erörterung der Beziehung zwischen Sprache und Psychologie und fuhr damit fort, die *amae*-Psychologie und die Bedeutung anderer, offensichtlich mit ihr zusammenhängender Begriffe zu erklären; gleichfalls ging ich auf das *ki*-Konzept ein.

Das Ziel dieses Vortrags war natürlich, die spezifischen Eigenschaften der japanischen Psyche zu erhellen; aber diese Ausführungen sollten mir auch als Ausgangsbasis für alle meine späteren psychologischen Forschungsarbeiten dienen. Ich war überrascht, als ich wenige Tage nach der Konferenz eine Einladung von Frau Dr. Frieda Fromm-Reichmann erhielt, die wegen ihrer Versuche, Schizophrene psychotherapeutisch zu behandeln, bekannt geworden ist. Sie arbeitete in jenem Jahr an dem Palo-Alto-Zentrum, und sie lud mich ein, sie zu besuchen und meine Ideen den anderen Wissenschaftlern dort vorzustellen. Ich war hoch erfreut, daß eine solch hervorragende Psychoanalytikerin, die sich noch dazu nicht eigens mit japanischer Psychologie befaßt hatte, sich für meine Arbeit interessierte. Ich besuchte sie umgehend und stellte fest, daß sie sich besonders für die *amaeru*- und *ki*-Konzepte interessierte. Ihr war aufgefallen, daß sich in dem japanischen Wort *amaeru* eine affirmative Einstellung gegenüber dem Geist der Abhängigkeit ausdrückt. Sie wies ferner darauf hin, daß der unpersönliche Gebrauch des *ki* in gewisser Weise an die für Schizophrene charakteristische Ausdrucksweise erinnere. Zu der kleinen Gruppe, vor der ich meinen Vortrag am Zentrum hielt, gehörte auch der Semantiker Dr. Hayakawa, der sich später als Präsident des San Francisco State College durch seine Behandlung gestörter Studenten einen Namen machte. Als in Kanada geborener und aufgewachsener Japaner konnte er so gut wie kein Japanisch, und die von mir zitierten Begriffe waren ihm völlig fremd. Um so überraschter war ich, als er mich fragte, ob man das *amaeru*-Gefühl mit den Gefühlen eines Katholiken gegenüber der Heiligen Jungfrau vergleichen könne.

Wenig später schrieb ich meinen ersten kurzen Essay[4] über *amae* auf japanisch. Ganz am Anfang zitiere ich die folgende kurze Passage aus Osaragi Jirōs Roman *Homecoming*: »Das ist typisch für die Japaner – sie meinen, wenn sie mit jemandem verwandt sind, haben sie das Recht, sich alles bei ihm herauszunehmen (*amaeru*) oder jedes beliebige Ressentiment gegen ihn zu hegen. Das ist es, was mir nicht gefällt. Ich hoffe wenigstens, daß ich aus all dem herausgewachsen bin. Welchen Unterschied gibt es schließlich zwischen Verwandten und jemandem, der in der Nachbarschaft wohnt?«

Ich hatte dieses Buch auf eine Empfehlung von Professor Itō Kiyoshi, einem Mathematiker, den ich im International House in Berkeley kennengelernt hatte, gelesen; meine Sympathie für die Hauptperson Kyōgo scheint noch dadurch verstärkt worden zu sein, daß ich selbst zu jener Zeit in einer fremden Umgebung lebte und mich das *amae*-Problem sehr beschäftigte. Auf diesem Hintergrund fügte ich folgendes hinzu: »Das Gefühl des Helden in diesem Buch, der viele Jahre im Ausland lebte, kennt, so glaube ich, nur jemand, der auch einige Zeit in anderen Ländern verbracht hat.«

Mir war bewußt geworden, daß sich in mir selbst als Folge des »Kultur-Schocks«, den ich bei meinem ersten Amerikaaufenthalt erlitten hatte, etwas verändert hatte. Ich kehrte mit einer neuen Sensibilität nach Japan zurück, und seit dieser Zeit betrachtete ich als das wesentliche Charakteristikum der Japaner etwas, das auch Kyōgo, der Held von *Homecoming,* fühlte, etwas, das am ehesten mit dem Wort *amae* ausgedrückt werden kann.

Nach der Rückkehr von meinem zweiten Amerika-Besuch nahm ich meine Idee, daß das *amae*-Konzept möglicherweise *der* entscheidende Zugang zum Verständnis der japanischen Mentalität sei, zum Ausgangspunkt für die Beobachtung der verschiedensten Phänomene. Ich wollte prüfen, ob sie sich mit diesem Konzept erfassen ließen, und war bald davon überzeugt, daß im *amae*-Konzept der Schlüssel für alle möglichen Phänomene, die bis dahin unverstanden geblieben waren, verborgen lag.

Kurze Zeit nach meiner Rückkehr nach Japan im Jahre 1956 sah ich z. B. kurz hintereinander zwei Filme – einer besierte auf Murō Saiseis *Anzukko,* der andere auf Françoise Sagans *Bonjour Tristesse.* Beide porträtieren eine enge Vater-Tochter-Beziehung. Im ersten Film ist der Vater in seine Tochter vernarrt, die nach einer unglücklichen Ehe nach Hause zurückkehrt; im zweiten Film dagegen gibt es ein ständiges Gezerre zwischen Vater und Tochter, beide sind in ihre eigenen Liebesgeschichten involviert. Die häusliche Situation und die Charaktere dieser zwei Geschichten sind sehr unterschiedlich; und es ist vielleicht zu gewagt, aus einem Vergleich Schlüsse ziehen zu wollen. Ich konnte mich jedoch nicht des Eindrucks erwehren, daß das, was in der engen Vater-Tochter-Beziehung von Murō Saiseis Geschichte vorhanden war und in der anderen fehlte, die *amaeru*-Qualität war und daß diese das vielleicht wesentlichste Charakteristikum japanischer Eltern-Kind-Beziehungen ist.

Die folgende Episode brachte mir die Bedeutung des Wortes *amae* als eines Spezifikums der japanischen Sprache noch deutlicher zu Bewußtsein. Ich war gebeten worden, die Behandlung einer aus einer Mischlingsehe stammenden Frau, die unter einer Angsthysterie litt, zu übernehmen. Eines Tages befragte ich die Mutter der Patientin, wie diese aufgewachsen war; wir kamen auf die frühe Kindheit der Patientin zu sprechen. Die Mutter, eine in Japan geborene Engländerin, die fließend Japanisch sprach, wechselte an diesem Punkt plötzlich vom Englischen ins Japanische und sagte in völlig korrektem Japanisch: *Kono ko wa amari amaemasen deshita* – »Sie *amaeru*(te) kaum« (mit anderen Worten, sie war sehr in sich selbst zurückgezogen, sie »tat nie schön« mit ihren Eltern, benahm sich nie kindisch im sicheren Vertrauen auf die Nachsicht ihrer Eltern). Dieser Vorfall zeigt auf wunderschöne Weise sowohl die Einzigartigkeit des Wortes *amae* wie auch die universale Bedeutung des mit diesem Wort ausgedrückten Phänomens. Und so fragte ich die Frau in einer Gesprächspause, warum sie nur diesen einzigen Satz in japanisch gesagt hätte. Sie dachte eine Weile nach und sagte dann: »Auf englisch hätte ich es nicht ausdrücken können.«

Außer solchen Erfahrungen, die das Problem sehr anschaulich verdeutlichen, überzeugten mich meine täglichen klinischen Erfahrungen immer mehr davon, daß das *amae*-Konzept für das Verständnis der Psyche meiner Patienten außerordentlich hilfreich war. Hier wurde mir auch klar, daß es neben jenen Wörtern, die ich in meiner Vorlesung in Amerika erörtert hatte, noch viele andere gibt, die dem *amae* verwandte Gemütszustände bezeichnen – Worte wie *kigane* und *hinekureru* –, und daß sie alle zum Verständnis psychischer Störungen beitragen.

Als Ergebnis dieser Erfahrungen stellte ich auf der vierundfünfzigsten Konferenz der Japanischen Psychiatrischen

und Neurologischen Vereinigung 1957 meine erste For-
schungsarbeit, in der ich das *amae*-Konzept benutzte und
die auf klinischen Erfahrungen basierte, vor.[5] In dieser Arbeit analysierte ich die Theorie des *toraware* (Befangenheit,
Fixiertheit) in der *shinkeishitsu* (Nervosität), die seit langem
als »Morita-Theorie« bekannt ist, vom Standpunkt des
amae-Konzepts aus und kritisierte Moritas Ansicht, die die
Fixierung des neurotischen Patienten auf seine subjektiven
Symptome fälschlicherweise als das Ergebnis einer erhöhten
Aufmerksamkeitskonzentration interpretiert. Ich versuchte
dann durch eine Analyse der Beobachtungen, die ich bei
der Behandlung von Patienten gemacht hatte, zu zeigen,
daß der Auslöser einer solchen Befangenheit der fru-
strierte Wunsch zu *amaeru*(en) ist. Ich war der Meinung,
daß eine solche Analyse erklären würde, warum die *shinkeishitsu*-Diagnose in Japan so oft gestellt wird und so eine
spezifisch japanische Neurosentheorie, wie die »Morita-
Theorie«, entstehen konnte. Auch fand ich, daß hierdurch
ein Licht auf die spezifischen Eigenschaften der japanischen
Gesellschaft geworfen wird. Kurz, ich hatte beim Vortragen
dieser Arbeit das Gefühl, daß ich auf eine besonders reiche
Goldader gestoßen sei, und war berauscht von den vielfälti-
gen Vorstellungsmöglichkeiten, die in dem Wort *amae* enthalten sind.

In der darauffolgenden Zeit führte ich diese Studien weiter
aus; ich versuchte, die verschiedensten seelischen Störungen
unter dem *amae*-Aspekt zu prüfen; dies führte mich mit der
Zeit zur Erkenntnis der engen Beziehung zwischen *amae*
und dem Bewußtsein des Selbst, das im Japanischen mit
dem Wort *jibun* ausgedrückt wird. Dieses Wort *jibun*, das
vielfältige Bedeutungsschichten hat, führt konkrete Konnotationen mit sich, die sich wesentlich von den eher abstrak-
ten unterscheiden, die mit Worten wie *jiga* und *jiko* ausgedrückt werden; letztere werden normalerweise zur Übersetzung der westlichen Konzepte des »Selbst« oder »Ich«
benutzt. Diese konkrete Bedeutung macht Sätze wie *jibun*

ga aru (er hat ein Selbst) oder *jibun ga nai* (er hat kein Selbst) möglich.

In einem Vortrag[6], den ich auf der sechsundfünfzigsten Konferenz der Japanischen Psychiatrischen und Neurologischen Vereinigung hielt, betonte ich, daß dieses *jibun*-Bewußtsein auf einer inneren Sehnsucht nach *amae* beruht; seine Stärke liegt jedoch darin, daß es sich dem Wunsch nach unmittelbarer Befriedigung des *amae* entgegenstellen kann. Zusammengefaßt: ein Mensch, der ein *jibun* hat, ist in der Lage, *amae* zu kontrollieren, während ein Mensch, der seinem *amae*-Verlangen auf Gedeih und Verderb ausgeliefert ist, kein *jibun* hat. Dies gilt für die sogenannten normalen Menschen; schizophrene Individuen, die ein gestörtes Bewußtsein ihres Selbst haben, erscheinen so als Fälle mit einer latenten *amae*-Sehnsucht, die aber in der Beziehung zu anderen Menschen nie genug *amae* erfahren haben. Von Anfang an fehlt solchen Menschen der Boden, auf dem sich ein gesundes *jibun*-Gefühl hätte entwickeln können. Ich kam zu der Überzeugung, daß sich ein solcher Mensch seines Mangels an *jibun* sehr deutlich bewußt wird, wenn er auf Bedingungen trifft, unter denen er sein *amae* kontrollieren muß.

Eine andere Frage, die mich zur Zeit der Ausarbeitung der zwei hier skizzierten Arbeiten beschäftigte, war das Problem, in welcher Beziehung die *amae*-Psychologie zu den Grundtheorien der psychischen Entwicklung steht. Da *amae* ein Gefühl darstellt, das zuerst vom Säugling seiner Mutter gegenüber erfahren wird, muß sein Ursprung notwendigerweise vor der Entstehung des von der psychoanalytischen Theorie postulierten »Ödipuskomplexes« liegen. Es entspricht jener zarten Empfindung, die in der frühesten Kindheit entsteht und die Freud als die »primäre kindliche Objektwahl«[7] bezeichnete.

Ohne Zweifel beeinflußt diese die darauffolgenden Entwicklungsphasen; Freud selbst betont dies; jedoch aus irgendeinem Grund – besonders nachdem er sein Narziß-

muskonzept eingeführt hatte – scheint er dieser Tatsache
wenig Bedeutung beigemessen zu haben, und auch die Ansichten späterer Psychoanalytiker folgen ihm in dieser Hinsicht. Mir kam der Gedanke, daß der Grund dafür möglicherweise darin liegt, daß es in den westlichen Sprachen keinen dem *amae*-Konzept entsprechenden Begriff gibt. 1959
fiel mir dann ein Exemplar von Michael Balints Buch *Die
Urformen der Liebe und die Technik der Psychoanalyse*[8] in
die Hände. Während des Lesens stellte ich mit Freude und
Überraschung fest, daß das, was der Autor mit dem
schrecklichen Wort »passive Objektliebe« bezeichnet, in
Wirklichkeit nichts anderes bedeutet als *amae*. Ich freute
mich, daß ich durch Balints Studien meine Vorhersage bestätigt sah, daß sich *amae* als ein für die Psychoanalyse
höchst bedeutsamer Begriff herausstellen würde. Auch Balints Feststellung – »In einem Punkte sind aber alle europäischen Sprachen (...) gleich. Alle sind so arm, daß sie die
beiden Arten der Objektliebe – die passive und die aktive –
nicht unterscheiden können« – nahm ich als Bestätigung
meiner Überzeugung, daß die Existenz eines umgangssprachlichen Ausdrucks für passive Liebe in Japan – *amae* –
ein Indikator für den Charakter der japanischen Gesellschaft und Kultur sei.

Schließlich bot sich mir aus Anlaß einer Einladung zum
zehnten Pacific Science Congress in Honolulu im Sommer
1961 die glückliche Gelegenheit, meine Vorstellungen über
amae zu ordnen und öffentlich vorzutragen. Ich war schon
seit mehreren Jahren mit dem amerikanischen Sozialan-
thropologen William Caudill bekannt, der Japan oft zu For-
schungszwecken besuchte; er hatte mich als Teilnehmer für
das von ihm geleitete Symposium »Kultur und Persönlichkeit« vorgeschlagen. Der Vortrag, den ich dort hielt, trug
den Titel *Amae – ein Schlüsselbegriff zum Verständnis der
japanischen Persönlichkeitsstruktur*.[9] In diesem Vortrag
faßte ich all das, was ich bis dahin über *amae* herausgefun-
den hatte, zusammen. Ich wies darauf hin, daß meine

Schlußfolgerungen mit den Ergebnissen amerikanischer Anthropologen wie Benedict und Caudill übereinstimmten sowie auch mit denen Nakamura Hajimes, der von einem ganz anderen wissenschaftlichen Ansatz her zu seinen Schlüssen über den Charakter des japanischen Denkens gekommen war.[10] Gegen Ende meines Vortrags ging ich auch auf den Seelenzustand der Japaner nach Kriegsende ein und vertrat die Ansicht, daß die Aufhebung der zuvor durch Kaiser- und Familiensystem aufgezwungenen ideologischen Restriktionen nach dem Kriege nicht bewirkt habe – zumindest nicht unmittelbar –, daß in Japan ein Individualismusdenken Raum gefunden hätte; vielmehr habe die Zerstörung der traditionellen gesellschaftlichen Kanäle des *amae* eine geistige und soziale Verwirrung hervorgerufen.

Ende 1961 wurde ich – wiederum auf eine Empfehlung William Caudills – als Gastwissenschaftler an das National Institute of Mental Health in Bethesda, Maryland, eingeladen. Während der insgesamt vierzehn Monate, die ich dort verbrachte, erhielt ich erneut Gelegenheit zu sehen, wie amerikanische Psychiater in der Praxis mit ihren Patienten umgingen. Oft beobachtete ich Interviews mit Patienten und deren Angehörigen, die in Räumen mit Einwegspiegeln durchgeführt wurden. Ich konnte mich des Gefühls nicht erwehren, daß die amerikanischen Psychiater – im allgemeinen – außerordentlich unsensibel gegenüber den Hilflosigkeitsgefühlen ihrer Patienten waren. Mit anderen Worten, sie taten sich sehr schwer, das verborgene *amae* ihrer Patienten wahrzunehmen. Hier sah ich an den Psychiatrie-Patienten das wiederholt, was ich selbst erfahren hatte, als ich das erste Mal nach Amerika kam.

Ich befragte dann eine ganze Reihe von Psychiatern über ihre Meinung, wie man mit verschiedenen hypothetischen Situationen bei Patienten-Interviews umgehen sollte, und ihre Antworten bestätigten nur meinen Eindruck. Obwohl ich dies bis zu einem gewissen Grad erwartet hatte, war ich ziemlich überrascht, daß sogar Psychiater, die doch für sich in Anspruch nehmen, Spezialisten der Seele und Gefühle zu sein – und noch dazu auch jene, die eine psychoanalytische Ausbildung durchlaufen hatten –, so unsensibel gegenüber *amae* waren, dem Wunsch nach passiver Liebe, der in den tiefsten Seelenschichten ihrer Patienten verborgen lebte. Dies brachte mir erneut die Unausweichlichkeit kultureller Konditionierung zu Bewußtsein.

Während dieses Amerikaaufenthalts schrieb ich einen Aufsatz mit dem Titel *Einige Gedanken über die Hilflosigkeit*, der sich auf die eben geschilderten Erfahrungen stützte. Ursprünglich hatte ich den Essay für Vorlesungen konzipiert, zu denen man mich an die Psychiatrischen Abteilungen der Pittsburgh- und Yale-Universitäten sowie der Washington School of Psychiatry eingeladen hatte; er wurde jedoch später unter dem Titel *Einige Gedanken über die Hilflosigkeit und die Sehnsucht, geliebt zu werden*[11] in einer psychiatrischen Zeitschrift veröffentlicht. In diesem Aufsatz erörterte ich den unterschiedlichen kulturellen Hintergrund in östlichen und westlichen Ländern und vertrat die Ansicht, daß das Postulat des Selbstvertrauens, das in der Psychoanalyse und Psychiatrie so hoch bewertet wird, sicherlich ein bewundernswertes Kriterium sei; als Ziel, das ein Patient erreichen soll, sei es zweifellos unverzichtbar. Wenn es aber nicht nur als ein Leitprinzip der Behandlung genommen wird, sondern ein Absolutum ist, dem sich der Arzt unreflektiert verschrieben hat, heißt dies, den Patienten seiner Hilflosigkeit überlassen; eine solche Haltung kann dann das Erkennen des wahren Seelenzustands eines Patienten verhindern.

Mit einer solchen Betrachtungsweise beleuchtete ich im Grunde das Wesen amerikanischer Psychiatrie vom *amae*-Standpunkt aus. Gleichzeitig warf ich damit ein kritisches Licht auf die gesamte im Hintergrund stehende westliche Zivilisation. Als Beleg dafür, wie fest der Geist des Sich-auf-sich-selbst-Verlassens in der heutigen westlichen Welt verankert ist, wies ich auf die große Beliebtheit hin, deren sich seit dem 17. Jahrhundert das Sprichwort »Hilf dir selbst, so hilft dir Gott« erfreut. Ebenso erörterte ich Freuds theoretische Äußerungen über die Religion.[12] Freud sah in der Religion insofern eine Gefahr, als der Glaube an einen Gott dazu diene, den Menschen mit seinen eigenen Ohnmachtsgefühlen zu einfach zu versöhnen; ich vertrat die Ansicht, daß viel eher der Anthropozentrismus, an den Freud glaubte, faktisch dazu diene, Ohnmachtsgefühle zu verleugnen. Für mich schien dies aus derselben Gleichgültigkeit gegenüber den Hilflosigkeitsgefühlen des Patienten geboren zu sein, die die meisten von der psychoanalytischen Theorie beeinflußten amerikanischen Psychiater an den Tag legten.

Während dieses Amerikabesuches wurde ich außerdem im Januar 1963 zu einer in Bermuda unter dem Vorsitz von Professor Ronald Dore abgehaltenen Konferenz über die Modernisierung Japans eingeladen. Mein Vortrag, *Giri Ninjō – eine Interpretation*[13], war eine Erweiterung und Entfaltung des Vortrages *Amae – ein Schlüsselkonzept für das Verständnis der japanischen Persönlichkeitsstruktur*, den ich 1961 in Honolulu gehalten hatte. In dieser Arbeit vertrat ich die Ansicht, daß die Konzepte von *giri* und *ninjō* (sie werden später noch erörtert), die die moralischen Ansichten der Japaner seit einem lange vor der Meiji-Restauration liegenden Zeitpunkt bestimmten, nur auf dem Hintergrund der *amae*-Psychologie zu verstehen sind. Ferner wies ich darauf hin, daß das von der Meiji-Regierung errichtete Kaisersystem in gewisser Weise einen Modernisierungsversuch darstellte. Denn ausgehend von den traditionellen *giri*- und *ninjō*-Vorstellungen, verkörperte das Kaisertum einen Klassen und soziale Schichten übergreifenden geistigen Mittelpunkt der Nation. Ebenso ging ich auf die der japanischen Niederlage im Zweiten Weltkrieg folgende geistige Verwirrung ein. Ich wies auf das bei den Japanern sehr ausgeprägte Gefühl, geopfert worden zu sein, hin, das Maruyama Masao in seinem Werk *Nihon no Shisō*[14] beschreibt, und betonte die enge Verbindung dieses Gefühls mit der *amae*-Psychologie. Seit dieser Zeit beschäftigte mich das Problem dieses Gekränktheitsgefühls; vor allem sah ich dessen Bedeutung im Zusammenhang mit der sozialen Situation der letzten Jahre; ich werde daher später noch einmal ausführlicher auf dieses Problem zurückkommen.

Kurze Zeit nach der Bermuda-Konferenz kehrte ich nach Japan zurück. Das erste, was ich mir nach meiner Rückkehr vornahm, war eine Revision meiner 1956 (auf japanisch) publizierten *Psychoanalyse*[15]; ich benutzte diese Gelegenheit, die psychoanalytischen Theorien vor dem Hintergrund meiner Einsichten über *amae* grundsätzlich neu zu überdenken. Dieser Plan bestand schon seit der Lektüre von Balints Essay, und ich hatte schon einige Aufsätze zu diesem Thema veröffentlicht; aber nun sah ich mich in der Lage, das Problem auf breiter Front anzugehen.

Meine Arbeit trug 1965 Früchte – in Form eines Buches mit dem revidierten Titel *Psychoanalyse und Psychopathologie.*[16] Wie ich im Vorwort schreibe, war das *amae*-Konzept für mich zu einem solch zentralen Konzept für das Verständnis psychoanalytischer Theorie geworden, daß ich mir nur schwer vorstellen konnte, wie Freud bei seiner Theoriebildung ohne dieses Konzept ausgekommen war. Bei Freud gibt es durchaus Konzepte, die *amae* vergleichbar sind; aber wie ich schon bemerkte, wurde in Freuds Theorien dem infantilen Wunsch nach Liebe wenig Bedeutung beigemessen; dies rührt jedoch daher, daß dieser Wunsch dort unter anderem Vorzeichen – als homosexuelle Liebe – abgehandelt wird; und innerhalb der Freudschen Theorie haben diese Gefühle eine pathologische Bedeutung für Neurose und Psychose. Ursprünglich hatte ich meine Vorstellungen zu diesem Thema im Herbst 1963 auf einer Konferenz über »Neurose und japanische Charaktermerkmale«[17] vorgetragen. Mir schien die Tatsache, daß im Westen die Gefühle, die die Japaner als *amae* erfahren, normalerweise lediglich als homosexuelle Gefühle interpretiert werden, ein eindrucksvolles Zeugnis für den kulturellen Unterschied zwischen beiden Seiten zu sein. (Zur weiteren Diskussion dieses Punktes siehe Abschnitt »Homosexuelle Gefühle« in Kapitel 4.)

Mein Überdenken der psychoanalytischen Theorie vom *amae*-Standpunkt aus und meine damit einhergehenden Beobachtungen japanischer Charaktermerkmale unter demselben Aspekt überzeugten mich allmählich davon, daß es richtig sei, auch die Probleme der modernen Gesellschaft aus diesem Blickwinkel zu betrachten. 1960 verfaßte ich eine kurze Arbeit mit dem Titel *Momotarō und Zengakuren*[18], in der ich auf meine eigene Weise die Bedeutung der Zengakuren* -Studentenbewegung, die zu jener Zeit beträchtliche Furore machte, interpretierte. Den Anstoß für meinen Vergleich der Studenten mit Momotarō** gab der studentische Enthusiasmus bei der »Dämonenaustreibung«, der mich an Momotarō erinnerte; und mir schien, daß die Umstände von Momotarōs Geburt – er wurde nicht von Eltern, sondern aus einem Pfirsich geboren – eine symbolische Repräsentation des Generationenkonflikts war, der bei den Studenten der Bewegung so deutlich zutage trat.

1968 behandelte ich dasselbe Thema unter dem Titel *Die Psychologie der heutigen rebellierenden Jugend*[19] ausführlich in einem kurzen Zeitungsbeitrag (er wird hier im Abschnitt »Die Rebellion der Jugend« in Kap. 5 wiedergegeben). Dieser Aufsatz war von den Studentenunruhen inspiriert, die um diese Zeit wieder ausgebrochen waren; aber in beiden Artikeln weigerte ich mich, die studentischen Aktionen – wie einige Kommentatoren es taten – einfach mit der Bemerkung, daß sie die »Milde der Gesellschaft aus-

* Die Nationale Vereinigung der studentischen Selbstverwaltungskörperschaften – eine links-radikale studentische Organisation, die sich zuerst 1948 bildete. Sie ist bekannt für ihre gewalttätigen Aktionen, die ihre Höhepunkte während der 50er und frühen 60er Jahre erreichten.
** Der Held einer der beliebtesten japanischen Kindergeschichten. Er wurde von zwei alten Leuten, die ihn fanden, aufgezogen. Als er heranwuchs, bewährte er sich, indem er – nur von einem Hund, einem Affen und einem Fasan begleitet – loszog, um die Dämoneninsel zu bezwingen.

nutzten« (amaeru), abzutun. Ich wollte damit nicht behaupten, daß sie dies nicht taten, ohne Zweifel amaeru(ten) sie, aber mir schien die Situation, die sich hier entwickelt hatte, doch zu vielschichtig, um sie allein auf dieser Ebene abzuhandeln. Nach meiner Ansicht spielte die Ablehnung gesellschaftlicher Autorität eine größere Rolle als das amae der Studenten.

Als in der Folge die Studentenbewegung noch gewaltsamer wurde und die von der Neuen Linken Bewegung, bekannt unter dem Namen Zenkyōtō*, verbreiteten Gewalttheorien zunehmenden Einfluß auf die jungen Leute gewannen, fiel es mir immer schwerer, mir selbst das Phänomen zu erklären. Mein größtes Interesse erregte die eigenartige Tatsache, daß die Studenten des Zenkyōtō, die sich ja als Angreifer verhielten, bei ihren Opfern oft das Gefühl hervorriefen, daß diese selbst die Angreifer seien. Als ich darüber nachdachte, kam ich zu dem Schluß, daß die Ursache hierfür wahrscheinlich darin lag, daß die Studenten sich selbst in der Rolle des Opfers sahen. Ich schrieb einen Zeitschriftenartikel mit der Überschrift *Schuldgefühl und das Gefühl des Gekränktseins*[20]; das Gekränktheitsgefühl, über das ich früher im Zusammenhang mit *giri* und *ninjō* geschrieben hatte, schien mir hier von größter Bedeutung zu sein.

Ein Mensch mit einem Gekränktheitsgefühl hat nicht nur individuell das Gefühl, Opfer zu sein, sondern identifiziert sich mit Opfern im allgemeinen – unterdrückten Menschen, den Armen, den seelisch Kranken usw. Da er nicht fähig ist zu *amaeru*(en), ist er ohne Zweifel ein Opfer; man kann jedoch feststellen, daß er gleichzeitig aus seiner Opferrolle Nutzen zieht *(amaete iru)*. Ich kam zu der Überzeugung, daß dieser psychologische Faktor auf die Jugendrebellion in der ganzen Welt zutrifft. Darüber hinaus fand ich es höchst

---

* »Vereinigte Kampf-Komitees«, eine andere linke Studentenorganisation, die während der 50er und 60er Jahre eine überaus große Anhängerschaft fand, die aber in der Nachfolgezeit durch zunehmende innerfraktionelle Zwiste und Opposition der Öffentlichkeit gegen ihre Methoden geschwächt wurde.

interessant und vielsagend, daß der gebräuchliche und beliebte Begriff *higaisha-ishiki* (Gefühl des Gekränktseins, Gefühl, Opfer zu sein) besonders im Vokabular der japanischen Sprache so häufig vorkommt. Das Gekränktheitsgefühl der heutigen Jugend rührt wahrscheinlich aus dem Bewußtsein der über der ganzen Welt schwebenden Bedrohung; und das Gefühl, Opfer zu sein, könnte man den Geist der gesamten modernen Welt nennen.

In den folgenden Kapiteln werde ich meine Ergebnisse über *amae*, die ich hier grob umrissen habe, ausführlicher entwickeln. In »Die Welt des *Amae*« werde ich zu zeigen versuchen, daß *amae* als roter Faden durch die verschiedensten Bereiche der japanischen Gesellschaft läuft. In dem nächsten Kapitel, »Die Logik von *Amae*«, werde ich die in dem Begriff *amae* implizierte psychologische Struktur untersuchen und deren Beziehung zur geistigen Kultur Japans erörtern. In »Pathologie von *Amae*« will ich – wobei ich soweit wie möglich eine Spezialistendiskussion vermeide – die abnormen Formen aufzeigen, in die *amae* sich zuweilen transformiert. In »*Amae* und die Moderne Gesellschaft« schließlich werde ich verschiedene Probleme der modernen Gesellschaft unter dem *amae*-Aspekt erörtern.

Zweites Kapitel

Die Welt des *Amae*

Im vorangegangenen Kapitel haben wir bereits auf die Tatsache hingewiesen, daß das Wort *amae* als Begriff ein Spezifikum der japanischen Sprache ist, daß mit diesem Wort jedoch ein auf die ganze Menschheit zutreffendes psychisches Phänomen beschrieben wird; dies zeigt nicht nur, daß die hier in Rede stehende Psychologie besonders charakteristisch für die Japaner ist, sondern auch, daß die japanische Sozialstruktur den Raum bereithält, in dem sich diese Psychologie ausdrücken kann. Das bedeutet, *amae* ist nicht nur ein Schlüsselkonzept zum Verständnis des individuellen japanischen Charakters, sondern auch für das Verständnis der japanischen Gesellschaftsstruktur als Ganze. Die große Bedeutung vertikaler Beziehungen, die die Sozialanthropologin Chie Nakane[21] kürzlich als Charakteristikum der japanischen Sozialstruktur bezeichnete, könnte man auch die Vorherrschaft des *amae* nennen. Es ist vielleicht sogar gerechtfertigt, in der Empfänglichkeit für *amae* den Grund dafür zu sehen, daß vertikale Beziehungen eine solch große Rolle spielen. Auf den folgenden Seiten hoffe ich durch die Prüfung einer Anzahl von Begriffen, die entscheidenden Einfluß auf japanische Denkweisen haben, zu zeigen, wie tief die japanische Gesellschaft von *amae* durchdrungen ist.

Das *Amae*-Vokabular

Es wäre falsch, das Wort *amae* als einzigen Ausdruck der *amae*-Psychologie in Japan zu betrachten. Es gibt eine große Zahl anderer Worte, in denen sich diese Psychologie ausdrückt. Das Adjektiv *amai* z.B. heißt nicht nur »süß«

(im Sinne von süß schmeckend), sondern beschreibt auch den Charakter eines Menschen: etwa wenn man sagt: »A ist *amai* zu B«, so meint man, er erlaubt B zu *amaeru*(en), d.h., sich gehenzulassen, sich auf die besondere Beziehung, die zwischen beiden besteht, zu verlassen. Man sagt auch, daß die Art und Weise, in der eine Person eine Situation auffaßt, *amai* sei; das bedeutet, jemand ist äußerst optimistisch, er kann die jeweilige Situation nicht richtig einschätzen. Eine solche Fehleinschätzung entsteht zumeist, weil jemand es zuläßt, daß Wunschdenken (eine Form des Sich-gehen-Lassens) sein Urteil trübt. In ähnlicher Weise könnte man das Wort *amanzuru*, das in den Wörterbüchern als »sich mit etwas zufrieden geben«, »mit etwas fertig werden, weil man keine andere Wahl hat« definiert wird, sicherlich auch so interpretieren, daß jemand sich einbildet, er lasse sich gehen, die Situation in Wirklichkeit aber nicht so beschaffen ist, daß dieses Gefühl angemessen erscheint. Kurz: ideal wäre es, dem *amae*-Wunsch nachgeben zu können, aber wenn das nicht möglich ist, behilft man sich mit *amanzuru*.

Als nächstes gibt es die Gruppe von Wörtern wie *suneru*, *higamu*, *hinekureru* und *uramu*, die sich alle auf verschiedene Seelenzustände beziehen, die von der Unfähigkeit zu *amaeru*(en) herrühren. *Suneru* (schmollen, trotzen) gebraucht man, wenn es einem nicht gestattet ist, sich offen gehenzulassen, in dieser Haltung ist jedoch selbst schon ein gewisses Maß eines solchen Sich-gehen-Lassens enthalten. *Futekusareru* und *yakekuso ni naru* (die die jeweils mit den »Trotzanfällen« verbundene Aufsässigkeit und Verantwortungslosigkeit in Sprache oder Verhalten anzeigen) sind zwei Phänomene, die als Ergebnis von *suneru* entstehen. *Higamu* (mißtrauisch oder voreingenommen sein) geht mit dem Wahn einher, man werde ungerecht behandelt, und hat seine Wurzeln darin, daß der Wunsch, auf Milde zu treffen, nicht auf die erhoffte Weise beantwortet wurde. *Hinekureru* (sich gestört und abnormal verhalten) bedeutet, anstatt dem anderen gegenüber *amae* zu zeigen, Gleichgültigkeit vorzutäuschen. Unter der Oberfläche interessiert man sich jedoch sehr für die Reaktion des anderen; obwohl es so scheint, als gebe es hier kein *amae*, ist es unterschwellig doch vorhanden. *Uramu* (Groll und Haß hegen) heißt, daß durch die Zurückweisung des eigenen *amae* Feindseligkeitsgefühle entstanden sind. Die Komplexität dieser Feindseligkeitsgefühle, die nicht mit einfachem Haß gleichzusetzen sind, zeigt, wie eng sie mit der *amae*-Psychologie zusammenhängen. Ich erinnere mich, wie fasziniert M. Balint bei dem erwähnten Treffen 1964 davon war, daß es in der japanischen Umgangssprache nicht nur ein Wort gibt, das seiner »passiven Objektliebe« entspricht, sondern auch ein Wort – *uramu* –, das die aus deren Frustration entstehende spezifische Form von Feindseligkeit ausdrückt.

Als nächstes wollen wir Worte untersuchen wie *tanomu*, *toriiru*, *kodawaru*, *kigane*, *wadakamari* und *tereru*. R. P. Dore beschäftigt sich in seinem Buch *City Life in Japan*[22] mit dem Wort *tanomu* und interpretiert es als einen Begriff, dessen Bedeutung ungefähr in der Mitte zwischen »bitten« und »sich auf etwas verlassen« liegt; es impliziert, daß man sich mit einer sehr persönlichen Angelegenheit jemand anderem anvertraut in der Erwartung, daß jener damit in einer für einen selbst günstigen Weise umgeht. Dores Interpretation ist vollkommen zutreffend. Anders ausgedrückt: *tanomu* heißt nichts anderes als »ich hoffe, du erlaubst es, daß ich mich gehenlasse, mich dir anvertraue, mich auf dich verlasse«; das nächste Wort *toriiru* bedeutet, sich bei jemandem einschmeicheln, um eigene Ziele zu erreichen; es ist dies ein Weg, sich selbst *amae* zu gestatten, wobei man sich den Anschein gibt, daß man dies dem anderen zugestehe. Jemand nun, der *kodawaru*(t) (der befangen ist, der alles lange in seinem Kopf wälzt und nicht davon loskommt), ist jemand, der in der Beziehung zu anderen Menschen nicht leicht um etwas bittet oder sich einschmeichelt. Natürlich wünscht er sich – sogar noch stärker als andere Menschen –, daß er sich gehenlassen dürfte, aber die Angst, zurückgewiesen zu werden, hindert ihn daran, diesen Wunsch offen zu zeigen. *Kigane* und *wadakamari* bezeichnen einander sehr ähnliche Gefühlszustände. *Kigane* (Selbstbeherrschung/Zurückhaltung) impliziert ein ständiges Gefühl von *enryo* (Rücksichtnahme) auf andere Personen; es erwächst aus der Befürchtung, daß sonst andere das eigene *amae* nicht so rückhaltlos akzeptieren würden, wie man es sich wünscht. *Wadakamari* wird benutzt, wenn die zur Schau gestellte Gleichgültigkeit die im Hintergrund lauernden Feindseligkeitsgefühle versteckt. Auch jemand, der beschämt oder verlegen wirkt *(tereru)*, ähnelt der Person, die in ihrer Unfähigkeit, die eigene Sehnsucht nach Milde und Nachsicht offen auszudrücken, befangen ist *(kodawaru)*; ihre Probleme entstehen jedoch nicht so sehr aus der Angst vor Zurückweisung als aus der Scham, sich ohne Hemmungen vor anderen auszuleben.

Als nächstes möchte ich das *sumanai*-Konzept etwas ausführlicher diskutieren; denn dieser Begriff ist insofern recht ungewöhnlich, als er zugleich Dankbarkeit und Entschuldigung ausdrückt – zwei auf den ersten Blick ganz verschiedene Phänomene. In *The Chrysanthemum and the Sword* widmet Ruth Benedict der Erörterung dieses Wortes mehrere Seiten, was zeigt, wie sehr sie sich bemühte, dessen unterschiedliche Bedeutungsschattierungen herauszufinden. Ich selbst sehe in *sumanai* die reguläre Negativform des Verbs *sumu*, was bedeutet, eine Handlung oder ein Vorhaben auszuführen und abzuschließen. Diese Interpretation unterscheidet sich von der Yanagida Kunios[23], der es als Negativ des Verbs *sumu* in der Bedeutung von »ohne Makel sein« versteht; aber ich meine, daß meine Interpretation eher mit dem Alltagsgebrauch des Wortes übereinstimmt. Mit anderen Worten, eine Angelegenheit ist »nicht abgeschlossen« – etwas bleibt zu tun übrig –, weil man nicht alles, was man hätte tun sollen, getan hat. In diesem Sinne drückt es ein starkes Verpflichtungsgefühl gegenüber einer anderen Person aus – und aus genau diesem Grunde wird das Wort *sumanai* auch benutzt, um jemandem für eine Freundlichkeit zu danken. Mit anderen Worten, man gebraucht es in der Annahme, daß die freundliche Tat für den Wohltäter eine Last war, und nicht, wie Ruth Benedict meint, aus dem Gefühl heraus, man müsse die erwiesene Freundlichkeit umgehend *zurückzahlen.*

Benedict hat natürlich zweifellos recht, wenn sie darauf hinweist, daß die Japaner dazu neigen, dieselbe psychologische Haltung zu zwei so verschiedenen Situationen wie »Sich-gegenseitig-Helfen« und »Geldgeschäfte« einzunehmen. Die Frage ist hier jedoch, warum sich die Japaner nicht damit zufriedengeben, einfach Dankbarkeit für eine ihnen erwiesene Freundlichkeit zu zeigen, sondern meinen, sich für die Mühe entschuldigen zu müssen, die sie verursacht zu haben glauben. Sie tun dies, weil sie fürchten, daß der andere sie für unhöflich halten wird, wenn sie sich nicht entschuldigen, und sie deswegen dessen Wohlgesonnenheit verlieren. Es scheint, daß dies den häufigen Gebrauch des Wortes *sumanai* erklärt – d.h. den Wunsch, nicht den guten Willen des anderen zu verlieren und für alle Zeit auf seine Milde und Nachsicht rechnen zu dürfen. Ich werde später auf die Psychologie, die dem hier erörterten Gebrauch von *sumanai* zugrunde liegt, zurückkommen, da sie eng mit dem Schuld- und Schamgefühl der Japaner verbunden ist und auch mit dem Problem zusammenhängt, warum der westliche Freiheitsbegriff in Japan so schwer Wurzeln fassen konnte.

Neben den bisher erörterten Worten gibt es Redewendungen mit den Verben, die wörtlich »essen« *(kuu),* »trinken« *(nomu)* und »lecken« *(nameru)* bedeuten; mit diesen Worten werden Überlegenheits- oder Verachtungshaltungen im Umgang mit anderen Personen ausgedrückt. Auf den ersten Blick scheinen diese Begriffe in keinem Zusammenhang mit dem *amae-*Konzept zu stehen. Die japanische Sprache ist natürlich nicht die einzige, in der Verben, die ursprünglich mit Nahrung und Essen verbunden sind, im Zusammenhang mit zwischenmenschlichen Beziehungen benutzt werden; interessant ist jedoch, daß im Japanischen dieser Gebrauch immer das Fehlen von *amae* impliziert. Jemand, der andere »ißt«, »trinkt« oder »leckt«, scheint an der Oberfläche aktiv, selbstbewußt; aber in seinem Innern ist er allein und hilflos. Er hat *amae* nicht wirklich überwunden; vielmehr erklärt sich sein Verhalten aus dem Bedürfnis, das fehlende *amae* zu kompensieren. Ein Redner z.B., der sein Publikum »verschluckt«, fürchtet wahrscheinlich, sonst von ihm verschluckt zu werden, er nimmt eine Überlegenheitshaltung ein, um letzteres zu verhindern. Ebenso ist es mit jemanden »essen«; besonders im Falle »friß oder du wirst gefressen« ist es ein Kampf auf Leben oder Tod. Auch die Drohung des Rohlings: »Du denkst wohl, du kannst mich lecken *(nameru)*?« oder der Gebrauch dieser Phrase zwischen den Geschlechtern ist ein Zeichen dafür, daß eine wahre menschliche Beziehung, die auf der wechselseitigen Anerkennung des Bedürfnisses nach Milde und Nachsicht beruhen würde, nicht vorhanden ist. Auf diesem Hintergrund könnte man sagen, daß *amae* der entscheidende Faktor ist, der in Japan die Wege zwischenmenschlicher Beziehungen ebnet.

Giri und *ninjō*

Viele Gelehrte – japanische wie auch ausländische – haben sich mit den Begriffen *giri* und *ninjō*, die man grob als soziale Verpflichtung und menschliches Gefühl übersetzen könnte, beschäftigt. Eine Arbeit jedoch, die kürzlich veröffentlicht wurde, nämlich *Giri und Ninjō – Eine Untersuchung über die japanische Mentalität* von Ryōen Minamoto[24], ist besonders interessant; denn sie prüft nicht nur das bereits vorliegende Material zu diesem Thema, sondern unternimmt den ehrgeizigen Versuch, einen Überblick darüber zu geben, wie dieses Zwillings-Thema sich in der Literatur niederschlägt. Ich will hier keine solche Untersuchung dokumentarischer Evidenz vornehmen, sondern zwei Beobachtungen zu diesem Problem aus rein psychologischer Sicht anstellen. Die erste beinhaltet, daß *ninjō* und *giri* Reaktionen anzeigen, die eine große Ähnlichkeit mit dem *amae*-Konzept aufweisen. Die zweite beinhaltet, daß *ninjō* und *giri* nicht einfach einander entgegengesetzt sind, sondern eher in einer Art organischer Beziehung zueinander zu stehen scheinen. Aus der Bemerkung, die man oft von Japanern hören kann, daß »Ausländer kein *ninjō* kennen«, oder, umgekehrt, »daß sogar Ausländer *ninjō* haben«, wird deutlich, daß mit *ninjō* nicht einfach ein globales menschliches Gefühl gemeint ist. Kurz, die Japaner scheinen sich unterschwellig bewußt zu sein, daß dieser Begriff, den sie wie einen menschlichen Grundbegriff behandeln, sich in Wirklichkeit auf eine Gefühlskonstellation bezieht, die besonders charakteristisch für sie selbst ist. Dies ist auch nicht verwunderlich, wenn man bedenkt, daß – wie wir gesehen haben – all die vielen japanischen Worte, die mit menschlichen Beziehungen zu tun haben, einen bestimmten Aspekt der *amae*-Mentalität reflektieren. Damit soll natürlich nicht gesagt werden, daß sich der Durchschnittsjapaner darüber im klaren ist, daß *amae* das zentrale Gefühl innerhalb des *ninjō* ist. Aber trotzdem werden zweifellos die Dinge, die unter *ninjō* verstanden werden, vage als eine Art von *Gestalt* aufgefaßt, und die Fähigkeit oder das Versagen von Ausländern, sich entsprechend zu verhalten, gibt Anlaß zu den Bemerkungen, daß sogar Ausländer *ninjō* haben oder Ausländer nicht verstehen, was *ninjō* ist.

Die nächste Frage gilt dem Wesen von *giri*. Man könnte *giri* definieren als ein Gefühl, das in solchen Beziehungsformen im Spiel ist, in denen – anders als z.B. in den Beziehungen zwischen Eltern und Kindern oder zwischen Geschwistern, in denen sich *ninjō* spontan einstellt – *ninjō* sozusagen erst hergestellt werden muß. Das heißt, *giri*-Beziehungen – sei es zwischen Verwandten, Lehrer und Schüler, Freunden oder auch zwischen Nachbarn – gehören allen Bereichen an, in denen es offiziell erlaubt ist, *ninjō* zu erfahren. Wenn diese Vorstellung, die Tadao Sato mit dem Satz »*giri* trachtet ständig nach *ninjō*«[25] formulierte, richtig ist, so muß man daraus schließen, daß Benedict und andere sich irren, wenn sie den *ninjō*-Kreislauf und den *giri*-Kreislauf als grundsätzlich einander entgegengesetzt begreifen; eher könnte man *giri* sozusagen als das Gefäß und *ninjō* als dessen Inhalt betrachten. Sogar Eltern-Kind-Beziehungen können als *giri* erfahren werden, wenn in ihnen die selbstverständliche Zuneigung fehlt. Der berühmte Ausspruch von Shigemori etwa – »Wenn ich dem Kaiser gegenüber loyal sein will, kann ich meinem Vater nicht treu sein« – wird normalerweise als Beispiel für das Aufeinanderprallen von *giri* und *ninjō* genannt; aber es wäre richtiger, ihn als Beispiel für den Konflikt zwischen zwei verschiedenen Formen von *giri* zu interpretieren. Nicht nur in diesem Fall, sondern in fast allen Situationen, in denen ein Subjekt auf den ersten Blick zwischen *giri*- und *ninjō*-Forderungen hin- und hergerissen zu sein scheint, handelt es sich in Wirklichkeit um das Aufeinanderprallen von *giri* und *giri* – mit anderen Worten, um einen Konflikt, der *ninjō* als solchem innewohnt.

Dies wird vielleicht etwas deutlicher, wenn man die Beziehung zwischen dem *on*-Konzept und dem *giri*-Konzept betrachtet. Im Japanischen gibt es das Sprichwort: »Sich während einer einzigen Übernachtung *on* zuzuziehen«; *on* bedeutet, daß einem eine Freundlichkeit, d.h. *ninjō*, von jemandem erwiesen wird und daß dieses *on* eine Art von *giri*-Beziehung ins Leben ruft: *on* heißt also, daß man sich als Folge der einem erwiesenen Freundlichkeit eine Art psychische Last aufgeladen hat, während *giri* die Beziehung gegenseitiger Abhängigkeit ausdrückt, die durch *on* ausgelöst wurde. Das nun, was normalerweise als das Aufeinanderprallen von *giri* und *ninjō* bezeichnet wird, trifft sicherlich dann zu, wenn es zwischen mehreren Personen, von denen man *on* erhalten hat, Gegensätze gibt, so daß das Erfüllen von *giri* gegenüber einer dieser Personen die Vernachlässigung der anderen bedeutet. Für die betreffende Person wäre das Ideal natürlich, sich die Wohlgesonnenheit aller Beteiligten zu erhalten; und es ist die Schwierigkeit oder Unmöglichkeit, dies zu tun, die den Konflikt auslöst. Mit anderen Worten, das Wesen des Konflikts ist nicht so sehr, daß man sich dem einen zuwendet und den anderen zurückweist, sondern daß man gegen seinen Willen eine Wahl treffen muß. Mit anderen Worten, der Auslöser des inneren Konflikts ist der Wunsch, sich die Wohlgesonnenheit aller zu erhalten, was gleichbedeutend ist mit dem eigenen *amae*-Wunsch. Interessant ist in diesem Zusammenhang, daß das Gefühl, das mit dem Wort *sumanai* ausgedrückt wird, am ehesten in *giri*-Beziehungen erfahren wird. Tatsächlich gebrauchen die Japaner das Wort *sumanai* sehr häufig in solchen Situationen; dies ist auch nicht verwunderlich, wenn man bedenkt, daß das Wort *sumanai*, wie wir bereits erwähnt haben, gebraucht wird, um sich der Wohlgesonnenheit des anderen zu versichern.

Aus dem Bisherigen ist sicher deutlich geworden, daß beide Begriffe – sowohl *giri* wie auch *ninjō* – tief im *amae*-Konzept verwurzelt sind. Um es kurz auszudrücken: *ninjō* zu betonen bedeutet eine Bekräftigung von *amae*, d.h., des anderen Empfänglichkeit für *amae* zu ermutigen. Die Betonung von *giri* bedeutet andererseits, die menschlichen Beziehungen, die auf *amae* beruhen, zu festigen. Man könnte *amae* auch durch den abstrakteren Begriff »Abhängigkeit« ersetzen und sagen, daß *ninjō* Abhängigkeit bejaht, während *giri* Menschen in einer solchen Abhängigkeitsbeziehung aneinander bindet. Die frühere japanische Gesellschaft, in der *giri* und *ninjō* die wichtigsten ethischen Konzepte waren, könnte man ohne Übertreibung als eine in allen Fasern von *amae* durchdrungene Welt beschreiben.

Das japanische Wort *tanin* ist ein eigenartiger Ausdruck. Wörtlich bedeuten die zwei chinesischen Zeichen, mit denen es geschrieben wird, »andere Leute«, aber in der Praxis mußte ein anderes Wort, *tasha* (das wörtlich ebenso »andere« bedeutet), für den Fall gefunden werden, daß man im engen Sinne andere Leute als sich selbst meint. Wenn man *tanin* in einem japanischen Wörterbuch nachschlägt, so findet man dort als erste Definition: »Personen, mit denen man nicht blutsverwandt ist«, während die zweite lautet: »Personen, zu denen man keine Beziehung hat«. Demnach liegt die Hauptbetonung auf dem Fehlen einer Blutsverwandtschaft, und die Eltern-Kind-Beziehung ist offensichtlich am weitesten von *tanin* entfernt.

Auf der anderen Seite haben Beziehungen wie die zwischen Mann und Frau oder solche, die aus der elterlichen Beziehung hervorgehen, wie die zwischen Geschwistern, eine potentielle *tanin*-Qualität; und man sagt, daß Mann und Frau im Grunde einst *tanin* waren und daß »*tanin* bei den eigenen Geschwistern beginnt«. Zwischen Eltern und Kindern gibt es jedoch keine *tanin*-Beziehung, denn die Bande zwischen ihnen werden als unzertrennlich angesehen. Und in der Tat scheinen die Japaner dazu zu neigen, die Eltern-Kind-Beziehung als das Ideal anzusehen, an dem sie alle anderen Beziehungen messen. Eine Beziehung zwischen zwei Menschen ist um so enger, je mehr sie sich der Wärme der Eltern-Kind-Beziehung annähert, und sie wird als unbedeutend angesehen, solange sie dies nicht tut. Mit anderen Worten, eine zwischenmenschliche Beziehung ist keine wirkliche Beziehung, solange sie eine *tanin*-Beziehung bleibt. Dies ist der Grund dafür, daß jemand *tanin* ist, zu dem man keine Verbindung hat. Tatsächlich klingt das Wort *tanin* für die Japaner nach Kälte und Gleichgültigkeit; dies wird sehr deutlich, wenn man Ausdrücke betrachtet wie »ein völliger *tanin*«, »*tanin* kümmern sich nicht«, »*tanin-*

Angelegenheiten« (d.h. Angelegenheiten, mit denen man selbst nichts zu tun hat).

Lassen Sie mich an dieser Stelle ein wenig abschweifen und Camus' Roman *Der Fremde* betrachten, der im Japanischen normalerweise als *Ihōjin* (was bedeutet »eine Person aus einem anderen Land«, ein »Ausländer«) übersetzt wird. Der Titel wäre richtiger mit *tanin* wiedergegeben. Als der Protagonist des Romans hört, daß seine Mutter, von der er seit langer Zeit getrennt lebt, zu Hause bei den Verwandten, wo sie gelebt hat, gestorben ist, fährt er zu ihrer Beerdigung. Er stellt jedoch fest, daß sich in ihm nicht die Spur eines Gefühls regt. Kurze Zeit später geht er eine Beziehung mit einer Frau ein, wird dann zufällig in einen Streit verwickelt, der damit endet, daß er einen Mann tötet. Da ihn jedoch kein leidenschaftliches Gefühl zu diesem Mord getrieben hat, ist es ihm auch nicht möglich, während der Verhandlung irgendein Gefühl von Reue zu entwickeln. Er hat sich seiner Mutter, seinen Bekannten, kurz, allen Menschen entfremdet. Alle anderen Menschen sind *tanin* für ihn – oder vielleicht er für sie – geworden. Interessant ist hier, daß, während im Französischen das Wort *étranger* zur Kennzeichnung seiner Situation gebraucht wird, im Japanischen das Wort *tanin* das angemessene ist. Hier *étranger* mit *ihōjin* zu übersetzen ist besonders in Japan, wo Ausländer viel eher das Objekt von Neugier als von Gleichgültigkeit sind, unangemessen. Ich gebe zu, daß es zutrifft, daß eben dieses Wort *ihōjin* in der japanischen Bibelübersetzung lange Zeit für das verachtungsvolle jüdische Wort »Ungläubiger« stand und daß es, so verstanden, der Bedeutung von *tanin* schon näherkommt.

Die Tatsache nun, daß die Eltern-Kind-Beziehung die einzige ist, die ohne jeden Zweifel keine *tanin*-Beziehung darstellt – während man den Charakter aller anderen Beziehungen so kennzeichnen kann: je weiter sie von dieser Grundbeziehung entfernt sind, desto stärker sind sie von *tanin* geprägt –, ist insofern aufschlußreich, als auch der Gebrauch des Wortes *amaeru* hiermit zusammenfällt. Mit anderen Worten, es ist das Selbstverständlichste von der Welt, daß *amae* in der Eltern-Kind-Beziehung existiert, und alle anderen Beziehungen, in denen *amae* wirksam ist, erscheinen entweder als Quasi-Eltern-Beziehungen oder Beziehungen, in denen es einige Elemente dieser Grundbeziehung gibt. Man könnte dies in Form eines Diagramms verdeutlichen, in dem die *giri*- und *ninjō*-Konzepte wie folgt verteilt sind: die Eltern-Kind-Beziehung, in der *amae* sich naturwüchsig einstellt, ist die Welt von *ninjō* (spontan aufkommendes Gefühl); Beziehungen, in denen es erlaubt ist, *amae* einzubringen, bilden die Welt von *giri* (gesellschaftlich bedingte gegenseitige Abhängigkeit); dann die beziehungslose Welt, in der es weder *ninjō* noch *giri* gibt und die von den *tanin*, »den anderen«, bewohnt ist. Wie gesagt, dies ist ein Diagramm: die drei hier genannten Welten sind in der Realität natürlich nicht so eindeutig voneinander abgegrenzt, und auch *ninjō* und *giri* sind, wie wir gesehen haben, nicht im strengen Sinne einander entgegengesetzt, sondern stehen in der Beziehung von Gefäß und Inhalt zueinander; so ist es auch möglich, daß eine Eltern-Kind-Beziehung, die doch reich an *ninjō* sein sollte, zu einem kalten *giri* werden kann, während andererseits eine *giri*-Beziehung voller *ninjō* sein kann. Während also *tanin* ohne Beziehung zu einem selbst bleiben, solange sie *tanin* sind, sollten wir nicht vergessen, daß *giri* diejenigen aneinander bindet, die ursprünglich *tanin* waren; in diesem Sinne birgt sogar *tanin* immer die Möglichkeit, sich in eine *amae*-Beziehung zu verwandeln.

An dieser Stelle wollen wir einen Blick auf den Begriff *enryo*, einen anderen, spezifisch japanischen Ausdruck, werfen, den man grob mit »sich Zwang auferlegen« oder »sich zurückhalten« übersetzen könnte. Dieses Wort bedeutete ursprünglich sorgfältiges (distanziertes) Überlegen im wörtlichen Sinne der zwei Zeichen, mit denen es geschrieben wird: *en*- »entfernt«/*ryo*- »Überlegung«. Aber heute wird es hauptsächlich als negatives Beurteilungsmaß für die

Intimität menschlicher Beziehungen gebraucht. In der Eltern-Kind-Beziehung gibt es kein *enryo*, da Eltern und Kinder keine *tanin* sind und ihre Beziehung von *amae* durchdrungen ist. In diesem Falle fühlt nicht nur das Kind gegenüber seinen Eltern kein *enryo*, sondern ebensowenig die Eltern ihm gegenüber. Bei den Beziehungen außerhalb dieser Eltern-Kind-Beziehung nimmt *enryo* proportional mit wachsender Intimität ab und mit der vorhandenen Distanz zu. Es gibt Beziehungen, wie die zwischen Freunden, in denen es so gut wie kein *enryo* gibt; und der japanische Ausdruck *shinyū* (»enger Freund«) bezeichnet eigens eine solche Beziehung. Mit anderen Worten, eigentlich liegt den Japanern *enryo* sehr fern. Jeder fände es ideal, wenn es möglich wäre, ganz ohne *enryo* auszukommen. Auch dies zeigt wiederum, daß das Ideal der Japaner im allgemeinen die Form von Beziehungen ist, in denen es das Eins-Sein gibt, das am typischsten in der Eltern-Kind-Beziehung verkörpert ist.

Enryo hat fast dieselbe Bedeutung wie die Worte *kigane* und *kodawari*, die ich zuvor erörtert habe. D.h., man gestattet es sich nicht, sich zu sehr auf den guten Willen des anderen zu verlassen *(amaeru)*. Mit anderen Worten, hier spielt die Angst mit, daß man, wenn man sich nicht zurückhält, für impertinent gehalten und dementsprechend nicht geliebt wird. Man könnte sagen, *enryo* ist eine verdrehte Form von *amae*.

Ganz allgemein gilt, daß *enryo* als ein einengender Gefühlszustand empfunden und deshalb nicht gemocht wird; aber es gibt auch Situationen, in denen Menschen dessen Wert erkennen. Wenn man zum Beispiel die Bemerkung macht: »Ich habe ein Gefühl von *enryo*, das es mir schwer macht, mit ihm zu sprechen«, so wünscht man, man hätte dieses *enryo*-Gefühl nicht. Es gibt aber auch Bemerkungen, die erkennen lassen, daß *enryo* erwünscht ist, z.B. wenn man sagt: »Er sollte wirklich etwas mehr *enryo* zeigen.« Darüber hinaus geschieht es oft, daß eine Verstimmung zwi-

schen Eltern und Kindern oder ein Sich-Entfremden enger
Freunde einem Mangel an *enryo* zwischen den Beteiligten
zugeschrieben wird.

Allgemein gesagt, mögen die Japaner meistens bei sich
selbst also kein *enryo*, aber sie erwarten es von anderen; dies
liegt sicherlich daran, daß das soziale Leben so sehr von der
amae-Mentalität dominiert ist. Und hierin liegt ohne Zweifel auch der Grund dafür, daß die Privatheitsvorstellung –
die ja mehr als alles andere »Distanz halten« bedeutet – sich
traditionell in Japan nicht entwickelt hat. Diese Frage wird
uns unvermeidlich auch im nächsten Abschnitt »Innen und
außen« beschäftigen.

Innen und außen

Das Vorhandensein oder Fehlen von *enryo* dient den Japanern als Unterscheidungskriterium für die verschiedenen
Formen zwischenmenschlicher Beziehungen. Mit Hilfe dieses Kriteriums bewerten sie ihre Beziehungen als innere und
äußere. Die eigenen Verwandten, bei denen kein *enryo* erforderlich ist, gehören zum inneren Kreis – im wörtlichen
Sinne, denn der Begriff *miuchi* (»Verwandte«) heißt etwa
»der eigene innere Kreis«. Die Beziehungen des *giri*-Typus,
in denen *enryo* vorhanden ist, gehören zum »äußeren«
Kreis. Manchmal jedoch werden selbst *giri*-Beziehungen
und -Bekanntschaften als zum inneren Kreis gehörend betrachtet, und zwar dann, wenn man sie gegen die *tanin*, d.h.
die Welt, zu der man in keiner Beziehung steht und in der
sich die Frage nach *enryo* nicht stellt, abgrenzen will. In dem
einen wie dem anderen Falle ist das Unterscheidungskriterium zwischen Innerem und Äußerem das Vorhandensein
oder Fehlen von *enryo*. Diese Unterscheidung treffen alle
Japaner; aber obwohl sie dies tun, meinen sie doch, es sei
nicht gut, wenn sich das Verhalten einer Person, je nachdem,
ob sie mit ihrem inneren oder äußeren Kreis zu tun hat, zu

sehr verändert. Wenn man z.B. von jemandem sagt, »er ist nach außen gut, aber nach innen schlecht«, so ist dies eine sehr mißbilligende Bemerkung, die bedeutet, daß jemand selbstsüchtig und im Umgang mit Familienmitgliedern schwierig ist, daß er jedoch in seinen »äußeren« Beziehungen als angenehm und rücksichtsvoll erscheint. Ähnlich sehen sie einen *uchi-Benkei* (»häuslicher [innen-]Benkei«) – eine Anspielung auf einen Helden des Volksmärchens –, der sich in seinem eigenen Haus als Herr aufspielt, der aber schwach ist, sobald er aus dem Haus tritt. Eine andere Variante ist der Typus, der in seinen persönlichen Beziehungen angenehm ist, sich jedoch Außenstehenden gegenüber, die keine Verbindung zu ihm haben, völlig gleichgültig verhält. In der gleichen Weise wird der Menschentyp betrachtet, der uns aus dem Sprichwort »Der Reisende vergißt sein Schamgefühl« bekannt ist, d.h. jemand, der in seiner eigenen Umgebung schüchtern und umsichtig ist, sich in einer fremden Umgebung jedoch seinen Launen überläßt. Dieser Charakterzug wird den Japanern von Ausländern gern pauschal zugeschrieben.

Obwohl also zwischen »innen« und »außen« unterschieden wird, variieren die jeweiligen Implikationen dieser Unterscheidung; sie hängen davon ab, ob die menschlichen Beziehungen, in denen bis zu einem gewissen Grad *enryo* beteiligt ist, als innen oder außen betrachtet werden. Stellt man sich die Beziehungen, in denen *enryo* vorhanden ist, als eine Art Mittelbereich vor, so hat man auf dessen einer Außenseite die Mitglieder der eigenen Familie, bei denen es kein *enryo* gibt, und auf der entgegengesetzten Außenseite die Fremden *(tanin)*, bei denen die Notwendigkeit zu *enryo* gar nicht erst aufkommt. Interessant ist hier, daß der innerste Kreis und der äußerste Kreis, obwohl sie als völlig voneinander getrennt erscheinen, doch insofern etwas gemeinsam haben, als in beiden Fällen die Haltung des Individuums ohne *enryo* ist. Aber in der Beziehung zu Verwandten gibt es kein *enryo*, weil sie von *amae* geprägt ist, während diese Begründung für die Beziehung zu Fremden selbstverständlich nicht zutrifft. Im ersten Fall hält man sich nicht zurück, weil eine *amae*-Beziehung bedeutet, daß es keine Barrieren gibt, während im letzten Fall Barrieren existieren, aber man muß sich nicht erst zurückhalten, da die Barrieren dem Bewußtsein nicht präsent sind. Es ist hier wesentlich, daß sowohl ein hohes Maß von *amae* als auch dessen völliges Fehlen für dieselbe Rücksichtslosigkeit gegenüber anderen verantwortlich ist. Und in der Tat kann man oft feststellen, daß gerade derjenige, der seiner Familie gegenüber das hemmungsloseste *amae* zeigt, Fremden gegenüber von größter Kälte und Gleichgültigkeit ist. Hier handelt es sich offenbar um dasselbe Verhalten wie das im Abschnitt »Das *amae*-Vokabular« unter Begriffen wie *kuu, nomu* und *nameru* diskutierte; kurz: jemand, der normalerweise an *amae* gewöhnt ist, verhält sich arrogant und anmaßend, wenn er sich einer Situation konfrontiert sieht, in der er nicht *amaeru*(en) kann.

Da es nun die meisten Japaner als völlig natürlich ansehen, daß ein Mensch sein Verhalten verändert – je nachdem, ob er es mit seinem »inneren Kreis« oder mit anderen zu tun hat –, hält es niemand für heuchlerisch oder widersprüchlich, daß er sich in seinem eigenen Kreis seinen Launen überläßt, während er sich nach außen hin kontrolliert. Sie sind auch nicht besonders schockiert, wenn jemand, der normalerweise große Selbstbeherrschung übt, in einer ihm fremden Umgebung über die Stränge schlägt. Daß sich die Verhaltensstandards eines Menschen, je nachdem, ob er sich innerhalb oder außerhalb seines eigenen Kreises bewegt, verändern, gibt keinen Stoff für innere Konflikte ab. Dies trifft allerdings nur so lange zu, wie die äußere Trennungslinie klar definiert ist; sollte sie vage werden, entstehen Probleme. Ein gutes Beispiel ist der Ausspruch: »Wenn ich dem Kaiser gegenüber loyal sein will, kann ich meinem Vater nicht treu sein«, den ich im Abschnitt »*Giri* und *ninjō*« zitierte. Das Problem besteht hier darin, daß zwischen dem

51

Loyalitätsobjekt und dem Sohnestreue-Objekt ein Konflikt entstanden ist, so daß es nicht mehr möglich ist, die Trennungslinie zwischen beiden, die bis dahin bestanden hatte, aufrechtzuerhalten. Das Unbehagen entsteht nicht, weil unterschiedliche Verhaltens- und Handlungsstandards miteinander kollidieren würden, sondern weil man gezwungen ist, eine Wahl zu treffen, und weil man sein *amae* nicht mehr ausleben kann. In diesem Zusammenhang ist es sicherlich von Bedeutung, daß das japanische Wort *uchi* (innen), das in Worten wie *miuchi* (Familienkreis) oder *nakamauchi* (Freundes- oder Kollegenkreis) enthalten ist, sich im wesentlichen auf die Gruppe, der ein Individuum angehört, bezieht – und nicht, wie z.B. das deutsche Wort »privat«, auf das Individuum selbst. In Japan wird der private Bereich – d.h. der auch von der eigenen Gruppe abgetrennte – wenig geschätzt. Dies hängt mit der Tatsache zusammen, auf die ich bereits hinwies, daß eine Privatheitsvorstellung, in der *enryo* positiv bewertet würde, sich in Japan nie ausgebildet hat. Daß dies so ist, hat sicherlich mit dazu beigetragen, daß die abendländische Freiheitsidee in Japan kaum Wurzeln fassen konnte – auf diesen Punkt werde ich später noch einmal zurückkommen.

In Japan entwickelte sich weder die Freiheitsidee des Individuums – also die Vorstellung, daß das Individuum auch von seiner Gruppe unabhängig ist – noch jene Form von Öffentlichkeitsbewußtsein, die sowohl die Gruppe wie auch das Individuum transzendiert. Auch dies scheint seinen Ursprung darin zu haben, daß die Japaner ihr Leben in innere und äußere Bereiche aufspalten, für die jeweils eigene, voneinander unterschiedene Verhaltensstandards gelten, und daß niemand an dieser Diskrepanz den geringsten Anstoß nimmt. Wenn *enryo* im Spiel ist, verhalten sich die Japaner »vernünftig«, aber auch der Kreis, in dem dieses *enryo* wirksam ist, wird selbst wiederum als »innerer« Kreis erfahren – und zwar im Kontrast zu jener äußeren Welt, in der *enryo* nicht notwendig ist; jedoch auch letztere ist nicht im eigentlichen Sinne des Wortes »öffentlich«. Die Unterscheidung zwischen »Innerem« und »Äußerem« ist am ehesten für das Individuum von Bedeutung. Sie ist gesellschaftlich anerkannt, was wiederum der Grund dafür ist, warum sich kein Öffentlichkeitsbewußtsein entwickelte.

Wenn es eine klare Unterscheidung zwischen innen und außen gibt, aber keine zwischen privat und öffentlich, ist es nicht verwunderlich, wenn das Private und Öffentliche durcheinandergebracht werden oder wenn öffentlicher Besitz privat genutzt wird. Dies ist auch für die besondere Form der Cliquenbildungen (sei es in der Schule, im Klan, durch Heiraten, finanzielle Interessen oder in militärischen Vereinigungen) in Japan verantwortlich. Diese Cliquen trugen immer das Potential in sich, politische Mächte zu werden und die Führung zu übernehmen. Selbstverständlich sind solche Cliquenbildungen kein spezifisch japanisches Phänomen. Auch die in Japan so hervorstechende Unterscheidung zwischen inneren und äußeren Kreisen gibt es nicht nur dort, sondern überall auf der Welt. Aber trotzdem kann man doch davon ausgehen, daß es, zumindest in der westlichen Gesellschaft, immer auf der einen Seite die Idee einer die eigene Gruppe transzendierenden individuellen Freiheit und auf der anderen Seite ein Öffentlichkeitsbewußtsein gegeben hat.

Eine Analogie zu diesem Öffentlichkeitsbewußtsein könnte man in der japanischen Tradition durch die ōyake- oder honke-Vorstellungen repräsentiert sehen. Der Begriff ōyake, der zumeist mit »öffentlich« oder »der öffentliche Bereich« übersetzt werden kann, bezog sich ursprünglich auf die Kaiserliche Familie; beide Begriffe, ōyake und honke (der Hauptzweig einer Familie), repräsentieren also selbst die heiligste aller Cliquen und können daher nicht im eigentlichen Sinne des Wortes als öffentlich verstanden werden. In der Tat kam es oft vor, daß die anderen Cliquen in dem Versuch miteinander wetteiferten, ōyake, die wichtigste aller Cliquen, auf ihre Seite zu ziehen. Man kann jedoch sagen, daß ōyake es immerhin verhindert hat, daß irgendeine Faktion ihre Macht zu einer Diktatur ausweitete. Bis zu einem gewissen Grad hatte ōyake auch die Funktion, die Kämpfe zwischen den einzelnen Faktionen im Zaum zu halten. Hierin liegt sicherlich der Grund dafür, warum man sich für das Wort ōyake entschied, als es notwendig wurde, für das westliche Wort »öffentlich« ein japanisches Äquivalent zu finden. Besonders nach dem Ende des Krieges und der deutlichen Ablösung des Wortes ōyake von der Bedeutung »Kaiserliche Familie« war viel vom »Öffentlichkeitsbewußtsein« im westlichen Sinne des Begriffs die Rede. Aber es ist nicht zu leugnen, daß die japanische Mentalität immer noch vom alten »ōyake-Geist« durchdrungen ist. Die Kaiserliche Familie mag in den Hintergrund getreten sein; aber die Regierung bildet sich immer noch um Cliquen herum, und die stärkste Faktion repräsentiert auch heute noch ōyake.

Dieses Phänomen ist auch nicht auf das Establishment begrenzt, sondern ebenso in den Anti-Establishment-Bewegungen wirksam. Ein gutes Beispiel hierfür sind die interfaktionalen Zwiste, die man in der ultralinken Studentenbewegung der letzten Jahre beobachten konnte. Die ōyake-Mentalität beschränkt sich jedoch keineswegs auf die politische Sphäre, vielmehr macht sie sich in allen Aspekten des japanischen Geisteslebens bemerkbar – mit dem Ergebnis, daß man überall »kleinen Kaisern« begegnet. Der Grund hierfür scheint zu sein, daß das Kriterium für das Verhalten der Japaner die Unterscheidung zwischen innerem und äußerem Kreis ist, in der weder die Idee individueller Freiheit noch ein Öffentlichkeitsbewußtsein Raum haben.

Identifikation und Assimilation

Genau betrachtet nimmt die Aufteilung des Lebens in innere und äußere Bereiche bei den Japanern die Form dreier konzentrischer Kreise an: die Fremden im äußersten Kreis werden mit Gleichgültigkeit und ohne daß *enryo* ins Spiel käme behandelt. Dies trifft jedoch nur zu, wenn von den Fremden keine Gefahr ausgeht; fühlt man sich einmal bedroht, verändert sich diese Haltung abrupt. Eine solche Haltung könnte man als Überreaktion interpretieren, die darauf beruht, daß man sich auch dann, wenn man Kälte und Gleichgültigkeit zur Schau trägt, in Wirklichkeit latent bedroht fühlt. Mit anderen Worten, die Haltung anmaßender Überlegenheit oder Gleichgültigkeit ist der Versuch, mit ebendieser Pose den anderen das Fürchten zu lehren, um der eigenen Furcht zuvorzukommen. Wenn diese Mittel – Gleichgültigkeit oder Angstmachen – versagen, muß man zu anderen Mitteln Zuflucht nehmen. Und das Mittel, das an diesem Punkt eingesetzt wird, besteht darin, um die Gunst des anderen zu buhlen *(toriiru)* oder sich auf dessen Seite zu stellen *(torikomu)*. Dieser Prozeß entspricht dem, was in der Psychoanalyse unter den Begriffen Identifikation oder Assimilation verstanden wird; aber hier ist von Bedeutung, was wir bereits im Zusammenhang mit dem Wort *toriiru* im Abschnitt »Das *amae*-Vokabular« erörtert haben. *Torikomu* wiederum kann man als eine Art »geistiger Nahrungsaufnahme« verstehen. Wie hieraus deutlich wird, sind Identifikation und Assimilation psychologische Mechanismen, die den Bewohnern der *amae*-Welt sehr vertraut sind.

Das soeben Gesagte bezieht sich natürlich auf Vorgänge im Individuum, aber interessanterweise trifft es auch auf Japan als Ganzes zu, und zwar besonders für jene Zeit in der Vergangenheit, in der Japan zum ersten Mal mit ausländischen Kulturen in Berührung kam und seine Reaktion darauf im großen und ganzen mit den Begriffen Identifikation und Assimilation erklärt werden kann. In diesem Zusammenhang ist das folgende Zitat aus dem Werk Hajime Nakamuras sehr aufschlußreich: »Im Grunde hatten die Japaner für die Übernahme fremder Religionen in gewisser Weise schon immer einen ethisch-praktischen Rahmen, der für sie ein

Absolutum war; und sie haben nur soweit etwas übernommen und sich angepaßt, solange die Neuankömmlinge nichts zerstörten, sondern in Wirklichkeit das unterstützten und entwickelten, was bereits existierte. Ohne Zweifel waren diejenigen, die die neuen Religionen inbrünstig aufnahmen, in ihrem eigenen Herzen ernsthaft fromm; trotzdem hat die japanische Gesellschaft als Ganze nur das aufgenommen, was ihren eigenen Zwecken diente.«[26] In der Sprache von *amae* bedeutet, »für seine eigenen Zwecke etwas übernehmen«, wie Nakamura es ausdrückt, *toriiru* und *torikomu*. Und der »ethisch-praktische Rahmen, der für sie ein Absolutum war«, den er als die Grundbedingung für eine solche Assimilation nennt, kann man als die Dominanz von *amae* in den menschlichen Beziehungen verstehen. Um Nakamuras Beobachtungen etwas anders auszudrücken, könnte man sagen, daß den Japanern, obwohl sie auf den ersten Blick fremde Kulturen unkritisch zu akzeptieren scheinen, doch diese Haltung – die alles akzeptiert und übernimmt, was man nur unkritisch akzeptieren und übernehmen kann – gleichzeitig, paradoxerweise, dazu dient, die *amae*-Psychologie zu bewahren; denn die Haltungen des Akzeptierens und Übernehmens sind selbst eine Erweiterung dieser Mentalität.

In der Tat kann man hierin das Muster erkennen, nach dem die Japaner die Kultur Chinas, die Kultur Portugals und, in letzterer Zeit, die westliche Kultur als Ganze übernahmen. Man lese nur einen Essay von Lafcadio Hearn mit dem Titel *Entwicklungstendenzen*[27], um ganz lebendig vor Augen geführt zu bekommen, wie die Japaner der frühen Meiji-Zeiten zuerst mit der westlichen Kultur, wie sie durch die Kolonien oder – genauer – durch die fremden Kulturträger verkörpert wurde, »schöntaten« und diese dann schließlich gierig »verschlangen«. Die nationale Politik des modernen Japan, die von den chinesisch-japanischen und russisch-japanischen Kriegen kontinuierlich bis zu den ostasiatischen Kriegen verfolgt wurde, war bestimmt von dem Ziel, dieselbe Bedeutung wie die westlichen Mächte zu erlangen, indem man westliche Dinge imitierte und übernahm. Die Industrialisierung, die nach der Niederlage Japans im letzten Krieg in solch hektischen Schritten erfolgte, kann man gleichermaßen auf dem Hintergrund derselben nationalen Mentalität verstehen.

Ich habe mich hier auf historische und soziale Fakten bezogen, weil sie hervorragend die japanische Haltung zur äußeren Welt illustrieren. Wie ich bereits betonte, neigen die Japaner dazu, die Welt der Fremden zu ignorieren; aber auch dies bedeutet keinesfalls einen Mangel an Interesse. Sie ignorieren die äußere Welt, solange dies nach ihrer Einschätzung möglich ist; aber auch wenn sie nach außen hin gleichgültig scheinen, haben sie in Wirklichkeit doch ein sehr wachsames Auge für ihre Umgebung. Wenn sie einmal einsehen, daß etwas nicht ignoriert werden kann, gehen sie mit Eifer daran, sich mit ihm zu identifizieren und es sich zu eigen zu machen.

In diesem Zusammenhang sollte ich etwas über die vielkommentierte Neugier der Japaner sagen. Diese Neugier haben bereits Ausländer, die Japan vor langer Zeit besuchten, bemerkt. Schon im 16. Jahrhundert betonte Francisco Xavier, der erste christliche Missionar in Japan, in seinen Briefen die außerordentliche Wißbegierde der Japaner; in dieser Haltung, so meinte er bewundernd, unterschieden sie sich von allen übrigen Heiden.[28] Diese Neugier und Wißbegier haben sicherlich wesentlich dazu beigetragen, daß Japan sich früher modernisierte als alle anderen östlichen Länder. In dieser Hinsicht stellen die Chinesen einen starken Kontrast zu den Japanern dar. Die Chinesen betrachteten die westliche Zivilisation im allgemeinen mit Verachtung, wie das folgende Zitat aus der Autobiographie von Lu Hsün zeigt: »... wurde doch damals das Studium der Klassiker und das Bestehen der Staatsprüfungen als das einzige richtige angesehen; wer sogenannte ›ausländische Lehrgegenstände‹ studierte, kam in den Verdacht, dies aus Verzweiflung zu tun, mußte er doch seine Seele den fremden Teufeln verkaufen, was ihn bei jedermann verächtlich machte.«[29]

Dagegen zeigten die Japaner gegenüber westlichen Studien eine völlig andere Haltung. Die Japaner haben immer eine Sehnsucht nach der westlichen Kultur gehabt; ebenso wie sie sich zuvor nach der chinesischen Kultur sehnten; wenn es Zeiten gab, in denen die fremde Kultur nicht erwünscht zu sein schien, dann nicht deshalb, weil sie verachtet wurde, sondern weil eine Orientierung an ihr gerade gefährlich schien. Der eigentliche Grund dafür, warum die Chinesen so wenig Interesse an der westlichen Zivilisation zeigten, war ihr enormer Stolz auf ihre eigene Kultur. Hieraus wird deutlich, daß – im Gegensatz zur japanischen – der chinesischen Gesellschaft die *amae*-Welt im allgemeinen sehr fernlag. Da die Japaner so empfindlich auf Trends außerhalb ihrer eigenen Kultur reagieren und sich sofort bemühen, sich mit dem zu identifizieren oder das zu übernehmen, was ihnen in irgendeiner Weise überlegen zu sein scheint, zeitigten bei ihnen die Kontakte mit der westlichen Welt völlig andere Resultate als bei den Chinesen.

Sünde und Scham

Seit Ruth Benedict die Unterscheidung zweier grundlegender Kulturmuster einführte – von denen eines auf dem Schuldgefühl und das andere auf dem Schamgefühl beruhe – und die japanische Kultur als ein typisches Beispiel für letzteres nannte, scheinen sich die meisten ausländischen Japan-Forscher an dieser Theorie orientiert zu haben – trotz der Kritik, die viele japanische Wissenschaftler an Benedicts Theorie übten. Ich selbst neige im ganzen dazu, mich ihr anzuschließen – aber eher, weil man von Benedicts Sensibilität für die japanische Psyche viel mehr lernen kann als aus dem Bedürfnis, ihre Theorie als Ganze zu übernehmen.

Diese wirft in der Tat eine ganze Reihe von Fragen auf, nicht zuletzt deshalb, weil Benedict es zuläßt, daß sich Werturteile in ihre Vorstellungen einschleichen. Besonders wenn sie behauptet, daß die auf Schuld beruhende Kultur besonderen Wert auf innere Verhaltensstandards lege, während in der auf Scham beruhenden Kultur äußerlichen Verhaltensstandards die größere Bedeutung zukomme, wird deutlich, daß sie die erstere der letzteren für überlegen hält.

Eine zweite Schwierigkeit entsteht daraus, daß R. Benedict offenbar Schuld und Scham als zwei voneinander völlig unabhängige Phänomene betrachtet, was ohne Zweifel der Wirklichkeit nicht gerecht wird. Ein und dieselbe Person erfährt sehr häufig diese beiden Gefühle gleichzeitig, und sie stehen offensichtlich in enger Beziehung zueinander. Jemand, der eine »Sünde« begangen hat, ist sehr oft über das, was er getan hat, beschämt. Aber trotzdem kann man nicht bestreiten, daß sie durch ihre Charakterisierung der japanischen Kultur als Schamkultur auf etwas höchst Bedeutsames hingewiesen hat; und ich werde diesen Punkt im folgenden ausführlicher untersuchen.[30]

Zunächst wollen wir uns der Tatsache zuwenden, daß in westlichen Augen das Schuldgefühl der Japaner wenig ausgeprägt erscheint. Der Grund hierfür liegt wahrscheinlich darin, daß die Abendländer das Schuldgefühl als ein inneres Problem des Individuums betrachten, bei den Japanern dagegen eine solche Vorstellung nicht existiert. Es wäre natürlich töricht, anzunehmen, die Japaner kennten kein Schuldgefühl. Das Charakteristische am japanischen Schuldgefühl ist jedoch, daß es sich am stärksten zeigt, wenn ein Individuum das Gefühl hat, daß seine Handlungen die Gruppe, zu der es gehört, verraten.

Und in der Tat liegt es nahe, daß tief im westlichen Schuldgefühl ebenso die Psychologie des Verrats verborgen ist, deren sich der Abendländer jedoch normalerweise nicht bewußt ist. Denn wahrscheinlich wurde im Laufe von Jahrhunderten durch die ständige christliche Belehrung die

Gruppe – die mit Sicherheit einst eine bedeutende Rolle in den moralischen Ansichten des Abendländers spielte – allmählich durch Gott ersetzt; die Gottesvorstellung wiederum verblaßte mit Beginn der Moderne und ließ das Individuum in dem Gefühl zurück, daß es allein stehe. Die psychoanalytische Meinung, die das westliche Schuldgefühl aus einem Zuwiderhandeln gegen das in der Seele errichtete Über-Ich erklärt, macht deutlich, daß das Element des Verrats offenbar nicht völlig verschwunden ist. Aber auch wenn in das Über-Ich, das als innerseelische Funktion definiert wird, individuelle, persönliche Elemente – wie der Einfluß der Eltern – eingehen können, ist dessen Charakter doch im wesentlichen unpersönlich. Und so ist im Schuldgefühl des Abendländers das Moment des Verrats nur noch spurenhaft vorhanden und wird als solches nicht mehr stark empfunden.

Bei den Japanern dagegen wird das Schuldgefühl am stärksten geweckt, wenn – wie erwähnt – das Individuum das Vertrauen seiner eigenen Gruppenmitglieder verrät. Man kann dies auch anders ausdrücken und sagen, daß das Schuldgefühl eine Funktion menschlicher Beziehungen darstellt. Gegenüber den nächsten Verwandten, besonders den Eltern, hat das Individuum normalerweise kaum Schuldgefühle – wahrscheinlich, weil beide Seiten sich so nahe sind, daß *amae* die Zuversicht gibt, daß jede Sünde vergeben wird. Oft jedoch kommt ein lange unterdrücktes Schuldgefühl nach dem Tode eines Elternteils an die Oberfläche – was auch in der Redewendung: »Man realisiert sein *on* zu seinen Eltern erst, wenn sie gestorben sind«, deutlich wird.

Allgemein kann man also sagen, daß die Japaner am ehesten in jenen Beziehungen Schuldgefühle erfahren, in denen *giri* im Spiel ist und ein Verrat zur Lösung der Verbindung führen kann. Das Wort *sumanai*, mit dem wir bereits zu tun hatten, drückt am ehesten das Schuldgefühl in einem solchen Falle aus. Man kann sogar behaupten, daß man erst dann von einem wirklichen Schuldbewußtsein spricht, wenn die Missetat von dem *sumanai*-Gefühl begleitet ist – obwohl das Schuldgefühl als solches einsetzt, wenn man etwas getan hat, was man nicht hätte tun sollen. Das Schuldgefühl, das im Wort *sumanai* ausgedrückt wird, ist normalerweise unmittelbar mit der wirklichen Entschuldigung verbunden. Das japanische Schuldgefühl trägt also eine sehr klare Struktur: es beginnt mit Verrat und endet mit der Entschuldigung. Dies ist der Prototyp des japanischen Schuldgefühls; daß Benedict nicht in der Lage war, dies zu erkennen, kann nur an ihrem kulturellen Vorurteil liegen.

In diesem Zusammenhang ist es sehr interessant, wie Pater Heuvers, der seit dem großen Kanto-Erdbeben von 1923 in Japan lebt, seine Sichtweise der magischen Kraft der Entschuldigung in Japan beschreibt.[31] Besonders bemerkenswert ist, wie der christliche Missionar, der nach Japan kam, um die Vergebung der Sünden zu predigen, erstaunt feststellen mußte, wie leicht bei den Japanern eine aus dem Herzen kommende Entschuldigung zur Versöhnung führt. Ich bin sicher, daß nicht nur Pater Heuvers, sondern auch andere in Japan lebende Ausländer ähnliches beobachteten; und es ist sehr gut möglich, daß durch sie die beliebte Theorie, die Japaner hätten ein schwach ausgeprägtes Schuldgefühl, entstanden ist.

Eine Episode, die ein amerikanischer Psychiater erlebte, bestätigt die gerade beschriebenen Betrachtungen Pater Heuvers'. Wegen eines Versehens bei der Durchführung der Immigrationsformalitäten wurde er von einem Beamten des Immigrationsbüros mit Fragen gequält. Er konnte, sooft er wollte, erklären, daß es nicht wirklich sein Fehler war – der Beamte war nicht zu beruhigen, bis der Psychiater schließlich, am Ende seiner Kräfte angelangt, sagte: »I'm sorry« (Es tut mir leid), um aufs neue mit seinen Argumenten anzusetzen. Aber die Haltung des Beamten veränderte sich schlagartig, und er ließ die Angelegenheit ohne weiteres Aufheben auf sich beruhen. Dieses »I'm sorry«, das der Amerikaner gebraucht hatte, ist bei weitem kein Äquivalent zum japanischen Gebrauch von *sumanai* bei Entschuldigungen, aber der Beamte hatte es offenbar in diesem Sinne verstanden. Der betreffende Psychiater erzählte ir diese Geschichte als ein Beispiel für die Eigenart der Japaner, aber man könnte diese Geschichte natürlich auch als Beispiel für die Eigenart abendländischer Psychologie betrachten; denn obwohl die Abendländer laut Benedict Mitglieder einer auf Schuld beruhenden Kultur sind – oder man könnte etwas zynisch sagen: gerade weil –, tun sie sich im allgemeinen sehr schwer, sich zu entschuldigen. Seit immer mehr Japaner ins Ausland reisen, ist ihnen dieser westliche Charakterzug sehr deutlich geworden.[32]

Ich möchte an dieser Stelle eine Geschichte aus einem Essayband von Lafcadio Hearn mit dem Titel *Auf einer Eisenbahnstation*[33] wiedergeben, die, wie ich meine, die japanische Haltung gegenüber Schuldgefühlen sehr gut veranschaulicht. Die Geschichte beginnt damit, daß ein Krimineller, nachdem er wegen Diebstahls verhaftet worden war, einen Polizisten tötete und floh; er war wieder eingefangen und zurück nach Kumamoto gebracht worden. Angesichts der Menge, die sich am Bahnhofseingang versammelt hatte, rief der Polizist, der den Gefangenen zurückgebracht hatte, die Witwe des ermordeten Polizisten aus der Menge zu sich. Sie trägt einen kleinen Jungen auf ihrem Rücken. Der Polizist wendet sich an das Kind und sagt: »Dies ist der Mann, der deinen Vater getötet hat.« Das Kind bricht in Tränen aus, worauf der Gefangene »mit einer Stimme, die in leidenschaftlicher Reue erbebte und jedes Herz erschütterte«, zu sprechen beginnt: »Verzeih mir, Kleiner, verzeih mir ... Was ich tat, geschah nicht aus Haß, es geschah nur aus Furcht in dem Wunsch, mich zu retten. Ich habe Furchtbares, Furchtbares an dir verbrochen – aber nun werde ich mein Verbrechen sühnen – ich gehe in den Tod – ich will sterben – ich sterbe gern – o Kleiner, sei erbarmungsvoll – vergib mir!«

Er wird von dem Polizisten abgeführt, worauf die Menge,

»die bis dahin ganz stumm zugehört hatte, plötzlich zu schluchzen beginnt«. Sogar in den Augen des Wächters standen Tränen.

Diese Szene machte einen tiefen Eindruck auf Lafcadio Hearn. Was ihn besonders beeindruckte, war, daß »der Appell an das Gewissen sich an das Vatergefühl in dem Verbrecher gewendet hatte – diese potentielle Liebe zum Kinde, die in der Seele jedes Japaners so tief gründet«. Diese Beobachtung ist zweifellos richtig. Wenn man die Interpretation jedoch einen Schritt weiterführt, kann man sicher auch sagen, daß in dem Kriminellen nicht nur Mitleid für das Kind erwachte, sondern auch ein Gefühl für seine eigene Verderbtheit. Er hatte sich in gewisser Weise mit dem Kind identifiziert. Wie ich bereits betonte, schließt das Wort *sumanai* normalerweise einen Appell an den guten Willen der anderen Seite ein; dasselbe gilt für *mōshiwake nai* (wörtlich: »ich habe keine Entschuldigung«). Mit anderen Worten, hiermit wird der Wunsch nach Vergebung ausgedrückt, obwohl die Beziehung als solche keine ist, in der man sich normalerweise auf *amae* berufen könnte. Wahrscheinlich ist dies – die Tatsache, daß in Japan eine solche Entschuldigung, die wie ein kindlicher Appell an die andere Seite anmutet, immer wohlgesonnen aufgenommen wird – dafür verantwortlich, daß in den Augen von Ausländern die Entschuldigung in Japan fast magische Kraft zu haben scheint. Und so schluchzen auch die Zuschauer in der soeben berichteten Geschichte nicht nur wegen des Kindes, sondern auch wegen des reuigen Verbrechers. Wahrscheinlich wäre es richtiger zu sagen, daß in ihren Augen das Bild des Kindes und das Bild des Verbrechers zu einem verschmelzen. Diese Geschichte stammt jedoch aus dem Ende des letzten Jahrhunderts, und heute würde man wohl kaum einem »menschlichen Drama« in solch reiner Form begegnen. Aber trotzdem kann man feststellen, daß diese Psychologie auch in den Japanern von heute unbewußt – wenn nicht sogar bewußt – noch wirksam ist.

Wenn nun das Schuldgefühl etwas ist, das sich innerhalb des Selbst entwickelt, das aber – in Form der Entschuldigung – nach außen gewendet wird, so beruht das Schamgefühl auf dem Bewußtsein des Außenwelt-Urteils und richtet sich nach innen an das Selbst. Zwischen beiden Prozessen gibt es jedoch eine enge Verbindung, die am typischsten, wie bereits erwähnt, durch den Fall repräsentiert ist, in dem das Schuldgefühl von einem Schamgefühl begleitet ist. Gleicherweise überschneiden sich die Bereiche, in denen diese beiden Gefühle erfahren werden: so wie man gegenüber seinem engsten Kreis die wenigsten Schuldgefühle hat, so fühlt man sich dort auch selten beschämt. Dasselbe gilt für Fremde, zu denen man überhaupt keine Beziehung hat – diese Tatsache wird am prägnantesten in dem Sprichwort »Der Reisende vergißt sein Schamgefühl« ausgedrückt. Kurz, Scham – wie auch Schuld – fühlt man am ehesten in der Beziehung zur Gruppe, zu der man gehört; so wie der Verrat an der eigenen Gruppe Schuldgefühle hervorruft, bedeutet die Ächtung durch die Gruppe die größte Scham und Unehre. Aus diesem Grunde sind Schamgefühle für jeden, der zu einer Gruppe gehört, äußerst wichtig. Bei dem Leser von Benedicts *The Chrysanthemum and the Sword* mag sich zuweilen der Eindruck eingestellt haben, das Schamgefühl sei geradezu ein Monopol der Japaner und im Westen unbekannt; aber dies ist natürlich nicht der Fall. Auch im Westen hat bereits ein Denker wie Aristoteles Scham als die Angst vor Unehre definiert und erörtert, welche Rolle die Scham im ethischen Leben eines Menschen spielt.[34] Es gibt jedoch einen feinen Unterschied zwischen Aristoteles' Auffassung, die besagt, daß Scham vor allem der Jugend anstehe, und der traditionellen japanischen Moral, die Scham von Menschen jeden Alters fordert.

Der Grund dafür, daß Ausländer das Gefühl haben, die Japaner hätten ein besonders stark ausgeprägtes Schamgefühl, scheint darin zu liegen, daß die Japaner im Kontakt mit Ausländern oder wenn sie selbst im Ausland leben, sich selten unbefangen verhalten können. Die Unterlegenheit, die Japaner oft gegenüber Ausländern fühlen, spielt hier offensichtlich eine Rolle; der Wunsch, akzeptiert zu werden, verbindet sich mit der Angst davor, daß man abgelehnt wird. Ein Beweis hierfür ist, daß die eben beschriebene Reaktion am stärksten gegenüber Menschen des Westens und kaum gegenüber anderen Bewohnern des Ostens auftritt. Zugegeben: heute, da Japans Aktien im Ausland gestiegen sind, verhält sich der japanische Reisende, der sich einst als der »Vetter vom Lande« fühlte, eher in einer Weise, die für die Richtigkeit des Sprichworts »Der Reisende vergißt sein Schamgefühl« spricht und die die Geringschätzung der Ausländer auf sich zieht. Dies trifft offenbar aber nur dann zu, wenn Japaner in Gruppen reisen; sie fühlen sich dann durch die Gruppe geschützt und müssen ihre Umgebung nicht so bewußt wahrnehmen.

Daß das Schamgefühl inmitten der Gruppe verschwindet, ist natürlich ein Phänomen, das nicht nur auf Auslandsreisen beschränkt ist, sondern das sich in Japan selbst überall beobachten läßt; dies ist vielleicht das wirklich bedeutendste Merkmal der Japaner. Sie lieben im allgemeinen die Aktion in der Gruppe. Für einen Japaner ist es äußerst schwierig, aus der Gruppe herauszutreten und unabhängig zu handeln. Der Grund dafür liegt offensichtlich darin, daß ein Japaner eine eigene Handlung, die nicht die Gruppe berücksichtigt, unbestimmt als Verrat empfindet, und oft fühlt er sich schon beschämt, wenn er überhaupt etwas allein tut.

In diesem Licht besehen wird es – so glaube ich – verständlich, warum das Schamgefühl im heutigen Westen – mit seiner Überbetonung der Unabhängigkeit und des Sich-auf-sich-selbst-Verlassens des Menschen – so leicht entbehrlich geworden ist. Benedicts Definition, nach der das Schuldgefühl das Ergebnis der Verinnerlichung von Werten und das Schamgefühl das Resultat von äußerer Kritik ist, spiegelt diesen Trend der modernen westlichen Gesellschaft exakt wider. Obgleich sich Schamgefühlen zu überlassen wiederum noch stärkere Schamgefühle hervorruft und Scham deswegen möglichst vermieden wird, erfährt auch der Abendländer ganz sicher in seinem Innern solche Gefühle – auch wenn es zutrifft, wie Erikson betont, daß »Scham (...) [in der westlichen Kultur] schon so früh und leicht im Schuldgefühl untergeht«.[35] Der Grund dafür liegt sicherlich darin, daß das Zugeben einer Schuld der Selbstdarstellung eines Abendländers besser dient; anders als bei Schamgefühlen kann er dort seine potentielle Macht als Individuum zur Schau stellen. Man könnte auch sagen, daß das Schamgefühl tiefer liegt als Schuld- und Sündengefühle.

Unter den Arbeiten, die dieses Thema beleuchten, findet sich die sehr schöne Untersuchung von Helen M. Lynd[36]; besonders überrascht war ich aber, als ich die folgende Passage in der *Ethik* von Dietrich Bonhoeffer entdeckte: »Scham (...) ist die nicht zu beseitigende Erinnerung des Menschen an seine Entzweiung mit dem Ursprung, sie ist der Schmerz über diese Entzweiung und das ohnmächtige Verlangen, sie rückgängig zu machen. ... Scham ist ursprünglicher als Reue.«[37]

Diese Auffassung, die das Problem viel tiefer durchdringt als Benedicts oberflächliche Ansichten über die Scham, stimmt mit meiner Analyse der Scham überein. In Japan veröffentlichte auch Keiichi Sakuta vor kurzem eine Arbeit mit dem Titel *Eine Neubetrachtung der Kultur der Scham*[38], in der er die Ansichten Benedicts kritisiert und betont, daß das Schamgefühl nicht einfach eine oberflächliche Besorgtheit um die gute Meinung der anderen, sondern etwas sehr Fragiles ist, bei dem die ganze innere Persönlichkeit involviert ist. Das Schuldgefühl hängt oft von dem Gefühl ab, daß es nicht nötig gewesen wäre, so zu handeln, wie man es faktisch getan hat. Genau hierin liegt wahrscheinlich der Grund dafür, warum die Abendländer eher Sünden- und Schuldgefühle haben; denn das Schamgefühl, das ja ein Gefühl der Unvollständigkeit und Unzulänglichkeit der eigenen Existenz impliziert, ist viel grundsätzlicher.

Jemand, der Scham fühlt, wird darunter leiden, wenn er sich – mit seinem unbefriedigten *amae* – den Blicken anderer ausgesetzt sieht, während er sich nichts anderes wünscht, als warm von seiner Umgebung umfangen zu werden.

Es ist interessant, daß die Menschen in Japan, wo das Schamgefühl so stark ausgeprägt ist, sich viel eher und häufiger entschuldigen als die Abendländer mit ihrer angeblichen Schuldkultur. In Japan gebraucht man das Wort *sumanai* nicht nur dann, wenn etwas geschehen ist, was nicht rückgängig zu machen ist; die Japaner neigen auch dazu, ihre eigene Ohnmacht hinsichtlich der Kontrolle über das, was sie in Zukunft tun werden, zu betonen – was gleichsam eine Entschuldigung im voraus ist, d.h., sie übernehmen keine Verantwortung für sich selbst. In der Tat klingt die japanische Entschuldigung oft so, als entschuldige man sich für sich selbst. Dies rührt daher, daß dem japanischen Schuldgefühl von Anfang an beträchtliche Schamgefühle beigemischt sind. Im allgemeinen kann man sagen, die Entschuldigung *sumanai* zielt darauf, sich die Wohlgesonnenheit des anderen zu erhalten. Wenn das Gefühl, im Unrecht zu sein, offensichtlich echt ist, so ergeben sich keine Probleme; aber es geschieht zuweilen, daß eine Person, der *sumanai* mit zu großer Leichtigkeit über die Lippen kommt, mit der Antwort zurückgewiesen wird: *sumanai de sumu to omou ka* (wörtlich: »Meinst du, daß zu sagen, es war nicht richtig, es richtig macht?« – d.h., eine zu leicht ausgesprochene Entschuldigung reicht nicht aus).

Die Art übrigens, in der in der japanischen Gesellschaft irgendein unglücklicher Zwischenfall diejenigen, die an ihm beteiligt sind, oft dazu veranlaßt, aus einem »Verantwortungsgefühl« heraus zurückzutreten – auch wenn man strenggenommen von keiner individuellen Verantwortung sprechen kann –, ist ein typisches Beispiel für die japanische Vermischung von Schuld und Scham. In solchen Fällen überwiegt die Solidarität mit der Gruppe, zu der man gehört, gegenüber der Frage der tatsächlichen Verantwortung. Wegen dieses Solidaritätsgefühls empfindet der Betreffende den unglücklichen Zwischenfall als Schande und kann ihn nicht losgelöst von seiner Person betrachten. Letzteres wäre eine Sünde und ebenso beschämend. Hier hat der Brauch, aus einem Verantwortungsgefühl heraus von seinem Posten zurückzutreten, auch wenn man nicht wirklich die Verantwortung getragen hat, seinen Ursprung. Wenn die Umstände es aus irgendeinem Grunde unmöglich machen, dieser Sitte gemäß zu handeln, wird sich der Betreffende unendlich über sein Versagen quälen. Das klassische Beispiel hierfür ist vielleicht der Fall des General Nogi. In seiner Jugend war er im Seinan-Krieg verwundet worden; er hatte es nicht verhindern können, daß ihm seine Flagge vom Feind abgenommen wurde. Er bekam nie die Gelegenheit, diese Unehre wiedergutzumachen, und seine Schamgefühle scheinen sich durch häufige Niederlagen in späteren Kriegen noch weiter verstärkt zu haben. Aber trotzdem erlaubte man es ihm bis zum Schluß nicht, zurückzutreten, und er konnte das aufgestaute Schamgefühl erst auslöschen, als der Kaiser Meiji starb; der General beging Selbstmord, um seinem Herrn in den Tod zu folgen.

Die *Amae*-Ideologie

Nach meiner Überzeugung war das Japan der Vergangenheit von der *amae*-Ideologie beherrscht, und auch im heutigen Japan ist diese Ideologie noch weitgehend wirksam. Ideologie wird hier nicht im ursprünglichen Sinne des Begriffs als »Ideenlehre« verstanden, sondern in dessen modernem Verständnis als Konglomerat von Vorstellungen oder Leitbegriffen, die die faktische oder potentielle Basis eines gesellschaftlichen Systems bilden. Da ich kein Soziologe bin, verfüge ich nicht über das nötige Fachwissen über soziale Ordnungen oder die Rahmenbedingungen einer Gesellschaft, um diese Behauptung eindeutig belegen zu können. In Wirklichkeit war es die Bemerkung eines meiner Patienten, die mich zuerst veranlaßte, in diese Richtung zu denken; und mit der Zeit wuchs meine Überzeugung, daß das, was üblicherweise als »der japanische Geist« oder die »Seele von Yamato« und auch mit den spezifischeren »Ideologien« wie Kaiseranbetung und Respekt vor dem Kaisersystem bezeichnet wird, mittels des Begriffs *amae* interpretiert werden kann.

Der Hinweis, den ich von meinem Patienten erhielt, war der folgende: kurz nach Beginn der Behandlung wurde ihm sein Abhängigkeitswunsch anderen gegenüber auf eine neue Weise bewußt, und eines Tages sagte er: »Als Kind hängen die Leute von ihren Eltern ab, und wenn sie erwachsen werden, fangen sie an, sich auf sich selbst zu verlassen. Bei den meisten normalen Menschen ist das wohl so; aber ich bin sicher, daß bei mir offenbar irgend etwas verkehrt gelaufen ist. Ich will von jemandem abhängen, aber niemand läßt mich. Während der letzten sechs Monate ungefähr habe ich mir jemanden gewünscht, der sich zu mir wie eine Mutter verhält; jemanden, auf den ich mich ganz verlassen kann, jemanden, der mir die Entscheidungen abnimmt. Aber wenn man darüber nachdenkt, so wäre es zwar für mich gut, aber für die andere Person wäre es kein Spaß. Bei Ihnen, Herr Doktor, ist es dasselbe. Ich habe Sie die ganze Zeit dazu benutzt, meine Bauchschmerzen bei Ihnen abzuladen.«

Offensichtlich bezog sich der Patient hier auf seinen unbefriedigten *amae*-Wunsch. Kurze Zeit später drückte er dieses Gefühl in folgender Weise aus: »Ich wünsche mir jemanden, der mich *hohitsu* würde – jemanden, der mich nach außen hin alle Entscheidungen treffen ließe, mich aber in Wirklichkeit mit Rat und Anerkennung unterstützen würde.« *Hohitsu* kann man mit »helfen«, »unterstützen« übersetzen; das Entscheidende ist jedoch, daß »helfen« hier impliziert, sich alle wirkliche Verantwortung aufzubürden, während man darauf verzichtet, nach außen hin als Urheber in Erscheinung zu treten. Der Grund, warum der Patient dieses in der Meiji-Verfassung verwandte Wort, das im Nachkriegsjapan nur noch selten zu hören ist, benutzte, lag wahrscheinlich darin, daß er selbst Jurastudent war. Gleichzeitig zeugte der Gebrauch dieses Wortes aber von einer beträchtlichen psychologischen Einsicht. Indem er auf sich selbst ein Wort anwandte, das früher nur für den Kaiser galt, drückte er nicht nur sehr treffend seine eigenen inneren Wünsche aus, sondern warf auch ein Licht auf die psychologische Bedeutung der Kaiserrolle.

Der Kaiser kann erwarten, daß die ihn Umgebenden sich allen großen und kleinen Angelegenheiten und natürlich auch den Regierungsgeschäften des Landes widmen. In gewisser Weise ist er also völlig von seiner Umgebung abhängig, d.h. von Menschen, die ihm hinsichtlich ihres Status untergeordnet sind. Was seinen Abhängigkeitsgrad betrifft, so unterscheidet er sich kaum von einem Säugling in den Armen seiner Mutter; sein Rang ist jedoch der höchste im Lande. Dies kann man sicherlich als Beweis dafür nehmen, welch große Achtung in Japan kindlicher Abhängigkeit entgegengebracht wird. Auch die Tatsache, daß in Japan nicht nur dem Kaiser, sondern allen, die eine hohe Position bekleiden, von ihrer Umgebung sozusagen ein weiches Kissen untergelegt wird, verweist auf dieses Prinzip. Mit anderen Worten, derjenige, der fähig ist, kindliche Abhängigkeit in ihrer reinsten Form zu verkörpern, ist am ehesten dazu geeignet, an der Spitze der Gesellschaft zu stehen. Dies drückt sich auch in der traditionell hohen Wertschätzung aus, die *sunaosa* (Arglosigkeit, Direktheit, Zugänglichkeit) als der höchsten aller Tugenden entgegengebracht wird. Auch das von Benedict beschriebene Phänomen, daß in Japan die größte Freiheit und Milde den Kindern und den Alten zugestanden wird, hängt wahrscheinlich hiermit zusammen. Zugegebenermaßen mag sich der letzte Punkt bis zu einem gewissen Grade in der heutigen Gesellschaft mit ihrer zunehmenden Komplexität verändert haben, aber es scheint doch, daß diese Tendenz weitgehend überlebt hat.

Aus dem Vorherigen ist sicher deutlich geworden, daß die in der Nachkriegsverfassung gegebene Definition des Kaisers als eines »Symbols der japanischen Nation« auf ganz eigene Weise zutreffend ist. In der alten Meiji-Verfassung lautete die entsprechende Beschreibung »heilig und unverletzlich«. Letzteres mag ernstere und eher religiöse Untertöne haben als die Beschreibung in der neuen Verfassung, trotzdem gibt es sicherlich zwischen beiden keinen grundsätzlichen Unterschied. Der fast religiöse Charakter, den die Meiji-Verfassung mit der Zeit angenommen hat, läßt sich vielleicht dadurch erklären, daß ihr Gründer Hirobumi Itō erkannt hatte, daß die konstitutionellen Regierungen in Europa religiöse Wurzeln hatten. Itō selbst bezog sich während der Debatte über den Entwurf der Kaiserlichen Verfassung im Staatsrat auf diese Tatsache und erklärte, daß es außer der Kaiserlichen Familie in Japan wenig gebe, das als geistiger Mittelpunkt für eine konstitutionelle Regierung dienen könne.[39]

Kurz, er sah in der Kaiserlichen Familie in gewisser Weise einen spirituellen Ersatz für das Christentum. Welches auch die Vor- oder Nachteile dieser Handhabung gewesen sein mögen – Itōs Überzeugung, daß die traditionellen Religionen für seine Ziele nicht zu gebrauchen waren und daß einzig das antike Konzept des Staates als Familie – mit der Kaiserlichen Familie als Hauptzweig – helfen könne, die Nation geistig zusammenzubinden, war auf ihre Art zweifellos weise. Historische Forschungen haben natürlich gezeigt, daß die japanische Kaiserliche Familie einst selbst Eroberer waren, die in früheren Zeiten aus fremden Ländern nach Japan eingefallen sind; die Tatsache jedoch, daß in der späteren Geschichte die Kaiserliche Familie als geistiges Zentrum der Gesellschaft fungierte, ist nicht zu leugnen. Darüber hinaus engagierten sich die Widerstandsbewegungen gegen die Mächtigen der Zeit – seit Beginn des Tokugawa-Regimes oder sogar seit noch früherer Zeit – immer für die Kaiserliche Familie. Unter einem etwas anderen Aspekt betrachtet, diente die Kaiserliche Familie als Träger des *ōyake* auch – wie ich bereits im Abschnitt über »innere« und »äußere« Kreise erwähnte – als eine Art Ersatz für ein Öffentlichkeitsbewußtsein im westlichen Sinne, und zwar bereits vor der Verkündung der Meiji-Verfassung. Es ist anzunehmen, daß in der japanischen Gesellschaft, die sich so schnell in eine Anzahl geschlossener Kreise aufspaltet, außer dem Bewußtsein, »Kinder Seiner Majestät« zu sein, kein angemessenes und effektives Konzept existierte, das die ganze Nation hätte verbinden können.

Kurz gesagt: die Japaner idealisierten *amae* und betrachteten die Welt, in der *amae* herrscht, als die wahre menschliche Welt; das Kaisersystem könnte man als die Institutionalisierung dieser Idee verstehen. Die Theorien des *kokutai goji* (»Bewahrung der nationalen Identität«), von denen in der Nachfolgezeit der Meiji-Restauration so viel die Rede war, repräsentierten keine ausschließlich zur politischen Bequemlichkeit der herrschenden Klassen erfundenen Konzepte, sondern sie beruhten auch auf dem Wunsch, diese japanische Sicht der Welt angesichts des von außen kommenden Drucks zu bewahren. Der pazifische Krieg wurde mit der Absicht geführt, diese Weltsicht auch in den Überseeländern zu verbreiten. Es ist natürlich richtig, daß bis zur endgültigen Kriegsniederlage, nach der die Japaner das Vertrauen in die Ideen einer »nationalen Politik« und des »japanischen Geistes«, die sie bis dahin gestärkt hatten, völlig verloren hatten, es nicht einmal erlaubt war, über das Wesen des Kaisersystems nachzudenken. Masao Maruyama soll kurz nach Kriegsende das Kaisersystem als ein System der Verantwortungslosigkeit gekennzeichnet haben; aber obwohl er dies vielleicht schon in der Vorkriegszeit erkannt hat, so mußte Japan offenbar erst eine Niederlage erleiden, bevor solche Ansichten öffentlich geäußert werden konnten. Auch wäre es dem Patienten, den ich soeben zitierte, vor dem Kriegsende nicht im Traum eingefallen, das Wort *hohitsu*, das normalerweise nur in bezug auf den Kaiser verwendet wird, auf sich selbst anzuwenden.

Solche Prozesse sind aber nicht nur im Zusammenhang mit dem Kaisersystem im engen Sinne zu beobachten. Solange Begreiffe wie *giri*, *ninjō* (seine Verpflichtungen zurückzahlen [*hōon*]) oder gar »die Seele von Yamato« die herrschenden Einflüsse in der Gesellschaft blieben, war niemand in der Lage, wahrzunehmen, daß das Wesen all dieser Begriffe auf die *amae*-Psychologie zurückgeführt werden kann. Erst als der Kaiser selbst seinen Mythos zerstörte und zum »Symbol« für das japanische Volk wurde, war es möglich, das *amae*, das im Herzen jedes einzelnen Japaners lebt, ans Tageslicht zu bringen.

Die Gegenwart hat den Zusammenbruch des Kaisersystems als Ideologie erlebt. Als Folge davon ist das *amae* sozusagen außer Kontrolle geraten und wild geworden; hier und da und überall sind »kleine Kaiser« auferstanden. Damit soll jedoch nicht gesagt werden, daß der Charakter des alten Systems völlig verschwunden ist; erst kürzlich – zum Teil als Ergebnis von Japans Wiedererwachen zu einer großen ökonomischen Macht – wurde sogar von einer »Wiederbelebung« gesprochen. Ich möchte daher an dieser Stelle den sozialen Sitten, die neben dem Kaisersystem offensichtlich die *amae*-Ideologie getragen haben, einige Aufmerksamkeit schenken.

Zuallererst finden wir den Gebrauch der Höflichkeitssprache, die im Japanischen sehr hoch entwickelt ist. Die Höflichkeitssprache, wie das Wort schon anzeigt, wird gebraucht, um einer Person mit einem höheren Status Respekt und Ehrerbietung zu bezeugen. Aber derjenige, an den sie gerichtet wird, akzeptiert sie mit Freude und hat nicht das Gefühl, daß er mit ihr auf respektvoller Distanz gehalten wird. Mir fiel auf, daß es zwischen der Höflichkeitssprache gegenüber Höhergestellten und der Art und Weise, wie man im Japanischen mit Kindern spricht, eine große Ähnlichkeit gibt. Eine Frau kann z.B. zu dem kleinen Sohn einer anderen Familie sagen: *botchan wa o-rikō-san desu ne* (»Was für ein kluger Junge!«); das Wort *rikō* (klug) hat zwei Höflichkeitssilben erhalten, das Präfix *o-* und das Suffix *-san*. Zu einem kleinen Mädchen wird sie vielleicht sagen: *O-jō-chan no o-yōfuku wa kirei desu ne* (»Dein Kleid ist aber schön.« »Was für ein schönes Kleid!«). In diesem Fall benutzt sie für die dem deutschen »Dein« entsprechende Wendung ein Wort, das für die Tochter von jemand anderen gebraucht wird und das selbst schon ein Höflichkeitspräfix und -suffix enthält. (Eine Vorstellung von der Tönung kann vielleicht durch die Übersetzung »des kleinen Fräuleins« wiedergegeben werden.) Darüber hinaus hat sogar das Wort für Kleid sein Höflichkeits-Präfix erhalten.

Angesichts des großzügigen Gebrauchs des Höflichkeits-Präfixes bei der Anrede von Kindern stellte sich mir die Frage, ob der Sinn des Gebrauchs der Höflichkeitssprache gegenüber Höhergestellten nicht darin liegt, sie auf eine ähnliche Weise bei guter Laune zu halten, so wie sie auch gebraucht wird, um die Kinder zu erheitern. Im allgemeinen kann man sagen, daß man seine Vorgesetzten verärgert, wenn man ihnen gegenüber die Höflichkeitsformeln nicht gebraucht, was einem selbst schließlich zum Nachteil gereicht. Aber die Tatsache, daß es überhaupt notwendig ist, seine Vorgesetzten wie die Kinder zu »peppeln«, ist sicherlich ein Beweis für das Überleben einer Kind-Haltung bei japanischen Erwachsenen. Dies stimmt auch mit Benedicts schon zitierter Ansicht überein, daß in Japan den Kindern und den Alten das größte Maß an Freiheit und Eigensinnigkeit zugestanden wird.

Als nächstes möchte ich mich dem Phänomen der Ahnen-verehrung zuwenden. Diese Sitte findet sich natürlich nicht nur in Japan; die besondere Hartnäckigkeit jedoch, mit der sie sich dort erhalten hat, zeigt sich auch in dem Phänomen, daß der Buddhismus, der sich einst großer Popularität erfreute, die breiten Massen weniger wegen seiner Ideen denn als eine Form von Ahnenverehrung ergriff. Die Verbindung zwischen den populären Ideen von »sterben und ein Gott werden« oder »sterben und ein Buddha werden« und der *amae*-Psychologie kam mir zum ersten Mal durch meine eigene persönliche Erfahrung zu Bewußtsein. Nachdem meine Eltern sehr kurz hintereinander gestorben waren und meine Verbindung zu ihnen so abrupt zerschnitten wurde, nahm ich sie zum ersten Mal als unabhängige *Personen* wahr, während sie bis dahin für mich nur insoweit Wirklichkeit hatten, als sie meine Eltern waren. Ich fragte mich dann, ob nicht ein Gott oder ein Buddha werden für die Japaner bedeutet, daß der menschlichen Persönlichkeit des betreffenden Individuums, die zu dessen Lebzeiten oft übersehen wurde – die unter formalen Beziehungen vergraben lag oder die von Alltagssorgen verschüttet war –, eine neue Aufmerksamkeit und Achtung entgegengebracht wird. Dies widerspricht keineswegs der traditionellen Vorstellung, nach der der Kaiser die Verkörperung eines befriedigten *amae* ist, ein inkarnierter Gott. Und es ist wohl nicht zu weit gegriffen, die Ahnenverehrung und die Kaiserverehrung als einander komplementäre Beziehungen zu verstehen, denn in beiden Verehrungsformen bezeichnet das Wort »Gott« jemanden, der sich jenseits der Qualen eines unbefriedigten *amae* befindet; und genau hierin liegt das Wesen des japanischen Göttlichkeitskonzeptes.

Schließlich möchte ich noch etwas über die japanische Freude an Festen hinzufügen. Die Japaner haben eine Leidenschaft für Feste. In den großen Städten scheinen die Feiern, die für die Götter der lokalen Heiligtümer oder in Verehrung der Ahnen abgehalten wurden, in Vergessenheit geraten zu sein; aber auch heute noch nutzen die Großstadtbewohner jede sich bietende Gelegenheit, um ein »Festival« zu feiern und sich einen vergnügten Tag zu machen. Der Gegenstand des Festes muß nicht ein Gott oder eine altehrwürdige Persönlichkeit sein; alles, was besonders bemerkenswert ist – sei es ein Ereignis, ein Gegenstand oder eine neue soziale Errungenschaft –, dient als Anlaß.

Man kann dies zweifellos als eine Manifestation des traditionellen Shinto-Geistes interpretieren; diese Frage wurde bereits von vielen Gelehrten diskutiert, und ich brauche mich hier nicht ausführlicher damit zu befassen. Ich möchte jedoch eine Überlegung vortragen, die die Beziehung zwischen dem Festival-Brauch und den Gefühlen, die mit dem eng an diesen Brauch geknüpften Wort *medetai* ausgedrückt werden, betrifft; *medetai* wird normalerweise als «glücklich« oder »fröhlich« übersetzt. Philologisch betrachtet ist dieses Wort mit dem Verb *mederu* verknüpft und bedeutet ungefähr »es wert sein, daß man es schätzt und sich darüber freut«. Ursprünglich drückte es wahrscheinlich ein Gefühl der Bewunderung für den gefeierten Gegenstand aus, aber heute bezeichnet es hauptsächlich das fröhliche, glückliche Gefühl der Festival-Zeit. Die Freude der Japaner an Festivals könnte man genausogut als Freude am *medetai*-Gefühl beschreiben. Noch interessanter ist jedoch, daß heute das Wort *medetai* oft in Zusammenhängen gebraucht wird, die nicht im eigentlichen Sinne als *medetai*-Kontexte betrachtet werden können. »Er ist ein bißchen *medetai*«, heißt beispielsweise, »er ist ziemlich weich«, in dem Sinne, daß er sich leicht übervorteilen läßt, leicht zu unnötiger Dankbarkeit und Bewunderung usw. bewegen läßt. Dieser Gebrauch des Wortes scheint vergleichsweise neu zu sein, denn in dem alten *Daigenkai*-Wörterbuch erscheint er nicht. Hieraus wird, so meine ich, deutlich, daß die Japaner in früheren Zeiten fähig waren, das *medetai*-Gefühl spontan und ungekünstelt zu erleben, daß aber in den letzten Jahren *medetai* kaum noch das ist, was er früher einmal war. Dies hängt wahrscheinlich mit der Tatsache zusammen, daß die *amae*-Ideologie in dem zuvor beschriebenen Sinne zusammengebrochen und der Marktwert des *amae* entsprechend gefallen ist, so daß heute jemand, der ganz unbefangen fortfährt, zu *amaeru*(en) (d.h., die Wohlgesonnenheit des anderen vorauszusetzen), als *medetai* bezeichnet wird. Tatsächlich wäre es wahrscheinlich richtiger, diesen Ausdruck nicht auf einige wenige Individuen zu begrenzen, sondern zu sagen, daß die Japaner im ganzen, ohne es zu wissen, *medetai* sind; denn trotz des Zusammenbruchs der *amae*-Ideologie ist es dem einzelnen Japaner nicht gelungen, aus seinem tiefsten Herzen *amae* zu verbannen.

Drittes Kapitel

Die *Amae*-Logik

Sprache und Psychologie

Im vorangegangenen Kapitel beschrieb ich, in welch großem Maß die japanische Gesellschaft von *amae* durchdrungen ist. Meine Darstellung beruhte zum größten Teil – indem ich z.B. das *amae*-Vokabular zum Ausgangspunkt nahm – auf der semantischen Analyse von Worten. Ich betrieb jedoch insofern keine rein semantische Analyse im strengen Sinne, als ich auch vergleichende linguistische Beobachtungen mit einbezog; mein Verfahren unterscheidet sich jedoch wiederum auch von dem, was man normalerweise unter komparativer Linguistik versteht. Vielmehr geht meine Untersuchungsmethode von der Voraussetzung aus, daß jede der vielen Sprachen in der Welt der Träger einer jeweils eigenen spezifischen Bedeutungswelt ist und daß es daher möglich sein muß, aus dem Vergleich dieser Bedeutungswelten gewisse Schlüsse zu ziehen. Mir waren meine eigenen Prämissen natürlich zu Beginn meiner Untersuchungen selbst nicht bewußt; wie ich in Kapitel 1 beschrieb, erkannte ich die Bedeutung des *amae*-Konzepts erst allmählich – indem ich meine eigenen persönlichen Erfahrungen und meine klinischen Beobachtungen als Psychiater miteinander in Verbindung brachte und diese Erfahrungen schließlich aus psychoanalytischer Sicht beleuchtete. Auf diese Weise wurde *amae* das zentrale Thema meiner Studien. Im Laufe meiner Untersuchungen nutzte ich den *amae*-Begriff dann als Erkenntnismethode, mit der ich den Charakter der verschiedenen psychischen Krankheitsformen zu erhellen versuchte. Gleichzeitig kam ich zu der Überzeugung, daß die in diesem Konzept enthaltene Bedeutungswelt das wahre Wesen der japanischen Psyche ausdrücke.

Meine Prämisse war dabei, daß sich der Charakter einer Nation in deren Sprache reflektieren müsse. Um zu erfahren, was die Experten zu diesem Punkt zu sagen haben, las ich eine Arbeit des Linguisten Edward Sapir.[40] Ich war recht enttäuscht, als ich dort meine Prämisse in keiner Weise bestätigt fand. Aber wenn ich auch Sapir als Spezialisten auf diesem Gebiet anerkennen mußte, so war ich bereits zu besessen von meinem *amae*-Konzept, um noch klein beigeben zu können. Indem ich immer wieder die Prinzipien anwandte, von denen ich auch in meiner psychiatrischen Praxis ausging, argumentierte ich wie folgt: die klinische Psychiatrie geht von der Voraussetzung aus, daß es möglich ist, mit Hilfe der Worte, die ein Patient benutzt, etwas über den Seelenzustand dieses Patienten zu erfahren. Wenn diese Annahme für den individuellen Fall ihre Berechtigung hat, so muß sie ohne Zweifel auch für eine Nation, die ein und dieselbe Sprache spricht, gelten können. Und es müßte möglich sein, die psychischen Charakteristika eines Volkes auf der Ebene seiner Sprache zu untersuchen.

Später konnte ich mich dann davon überzeugen, daß ich mit dieser Auffassung nicht allein stand, sondern sie mit Wissenschaftlern der verschiedensten Fachgebiete teilte. Ernst Cassirer schreibt z.B.: »Ihre [der Namen] Funktion ist nicht, substantielle Dinge zu bezeichnen, sie sind auch nicht die Wiedergabe feststehender Bestimmtheiten der Natur und der Vorstellungswelt, sondern vielmehr Richtungen und Richtlinien für unaufhörlich wechselnde menschliche Zielsetzungen. Die Klasseneinteilungen der Dinge und Vorstellungen werden aber nicht aufs Geratewohl vorgenommen, sondern die Merkmale, nach welchen die Ordnung geschieht, sind ja die Ausdrücke konstanter beziehungsweise regelmäßig wiederkehrender Elemente unserer Sinneserfahrung. Kraft dieser Konstanten werden aus dem Bewußtseinsstrom klar geschiedene Einzelgestalten herausgehoben, die die Grundlage relativ eindeutiger Begriffe sind.«[41] Er zitiert Goethes berühmtes Wort: »Wer fremde Sprachen nicht kennt, weiß nichts von seiner eigenen« und ein Beispiel Wilhelm von Humboldts, der glaubte, daß Worte unseren seelischen Vorgängen Gestalt geben und sie determinieren. Nach Humboldt reflektieren das griechische Wort für Mond *(mēn)* und das lateinische *(luna)* zwei unterschiedliche Arten von Interesse am Mond: die Griechen, so sagt er, betrachteten den Mond als ein Maß für den Zeitenverlauf, während die Römer mit ihrem Wort für Mond dessen Helligkeit ausdrückten.

Ich erfuhr, daß Benjamin L. Whorf, der amerikanische Linguist – ganz unabhängig von diesen Autoren –, im wesentlichen zu derselben Auffassung gekommen war. In der folgenden Passage faßt er seine Ansichten zu diesem Punkt zusammen: »In Wirklichkeit ist das Denken eine höchst rätselhafte Sache, über die wir durch nichts soviel erfahren wie durch das vergleichende Sprachstudium. Dieses Studium zeigt, daß die Formen des persönlichen Denkens durch unerbittliche Strukturgesetze beherrscht werden, die dem Denkenden nicht bewußt sind. Die Strukturschemata sind die unbemerkten komplizierten Systematisierungen in seiner eigenen Sprache, die sich recht einfach durch unvoreingenommene Vergleiche und Gegenüberstellungen mit anderen Sprachen, insbesondere solchen einer anderen Sprachfamilie, zeigen lassen. Das Denken selbst geschieht in einer Sprache – in Englisch, in Deutsch, in Sanskrit, in Chinesisch. Und jede Sprache ist ein eigenes riesiges Struktursystem, in dem die Formen und Kategorien kulturell vorbestimmt sind, aufgrund deren der einzelne sich nicht nur mitteilt, sondern auch die Natur aufgliedert, Phänomene und Zusammenhänge bemerkt oder übersieht, sein Nachdenken kanalisiert und das Gehäuse seines Bewußtseins baut.«[42]

Whorf ist davon überzeugt, daß es besonders fruchtbar sei, unterschiedlichen Sprachfamilien angehörende Sprachen zu vergleichen; so gesehen ist der Vergleich der japanischen Sprache mit westlichen Sprachen sicherlich besonders aufschlußreich. Die vorliegende Arbeit will natürlich keinen umfassenden Vergleich versuchen; sie konzentriert sich vielmehr nahezu ausschließlich auf das Wort *amae*. Dieses Wort bezieht sich jedoch auf menschliche Grundbeziehungen und hat darüber hinaus ein reichhaltiges, mit ihm assoziiertes Vokabular, mit dem all die vielen Variationen der in dem Wort *amae* enthaltenen Psychologie ausgedrückt werden; und alle diese mit *amae* zusammenhängenden Worte bilden klar erkennbar ein großes Muster. Wenn es nun in den westlichen Sprachen kein dem *amae* entsprechendes Konzept gibt, so muß man daraus schließen, das es zwischen der japanischen Weltsicht und Wirklichkeitserkenntnis und der des Westens deutliche Unterschiede gibt.

Wir wollen an diesem Punkt versuchen, etwas tiefer in die Beziehung zwischen Sprache und Denken einzudringen. Ohne Zweifel scheinen sich in den verschiedenen Sprachen unterschiedliche Formen der Wirklichkeitserkenntnis auszudrücken; so gesehen kann man sagen, daß die Sprache bis zu einem gewissen Grade das Denken jener, die sie gebrauchen, determiniert. Es wäre jedoch falsch, wenn man daraus schließen wollte, daß Denken ausschließlich auf Sprache beruhe und Denken ohne Sprache nicht möglich sei. Allein die Tatsache, daß wir verstehen können, daß verschiedene Sprachen die Träger unterschiedlicher Bedeutungswelten sind, ist schon ein Zeichen dafür, daß Denken die Sprache wesentlich transzendiert. Natürlich ist auch die Behauptung, daß Denken Sprache transzendiere, selbst wiederum eine verbale Aussage, und es wird dem Menschen nie möglich sein, seine Gedanken auszudrücken, ohne Worte zu gebrauchen, aber doch ist das Wesen des Denkens als solches seiner verbalen Ausdrucksform transzendent.

Eine solche Betrachtungsweise sieht das Denken unter dem Aspekt der Logik – d.h. mit der Intention, Sinn zu verstehen; aber auch wenn man Denken aus psychologischer Sicht betrachtet, wird man zu dem Schluß kommen, daß sein Ursprung vor dem der Sprache liegt. Wenn z.B., wie ich in diesem Buch behaupte, das *amae*-Vokabular in seiner Art einzig ist, dann ist es auch möglich, seine Existenz mit Hilfe psychologischer Termini zu erklären. Und eine solche psychologische Erklärungsweise muß einen psychologischen Prozeß voraussetzen, der der Sprache vorausgeht. Um es einfacher auszudrücken: die Bedeutung der Tatsache, daß es im Japanischen das Wort *amae* gibt, während die westlichen Sprachen kein solches Wort kennen, kann man so interpretieren, daß die Japaner besonders empfänglich für *amae* sind und es hochschätzen, während die Abendländer dies nicht sind und nicht tun. Um dies zu erklären, muß man offensichtlich bei den psychologischen Prozessen ansetzen, die der Sprache vorausgehen.

Unter linguistischem Aspekt bezieht sich das soeben Gesagte auf die philologischen Ursprünge einzelner Worte; in der Sprache der Psychoanalyse jedoch betrifft dies die Verknüpfung einzelner Worte als solcher mit unbewußten psychischen Prozessen. Wir wollen daher dem psychoanalytischen Verständnis von Worten für eine Weile unsere Aufmerksamkeit schenken. Freud selbst macht die sehr zutreffende Feststellung: »... beim Menschen kommt eine Komplikation hinzu, durch welche auch innere Vorgänge im Ich die Qualität des Bewußtseins erwerben können. Dies ist das Werk der Sprachfunktion, die Inhalte des Ichs mit Erinnerungsresten der visuellen, besonders aber akustischen Wahrnehmungen in feste Verbindung bringt.«[43] In dem folgenden Zitat von Rapaport wird dies noch deutlicher ausgesprochen: »Die Erinnerungsverknüpfungen, die begrifflichen Zuordnungen und die Antizipationen, die einst aus dem Zusammenspiel von Bedürfnissen und der Suche nach dem Objekt, das gleichzeitig unterschiedlich geartete Bedürfnisse befriedigt (Über-Determinierung), entstanden, gehen im Verlauf der psychischen Entwicklung nicht verloren; indem sie immer wieder in ähnlichen Situationen in Kraft treten, strukturieren sie sich vielmehr und sind als feststehende Werkzeuge – als quasi immer bereitstehende Apparate – verfügbar, die dann für den Denkprozeß eingesetzt werden.«[44] Rapaport bezieht sich hier nicht ausdrücklich auf Worte, aber es ist sicherlich gerechtfertigt, die »feststehenden Werkzeuge, die quasi immer bereitstehenden Apparate, die dann für den Denkprozeß eingesetzt werden«, auf Worte oder das ihnen unmittelbar vorausgehende Stadium zu beziehen. Wenn dies zutrifft, kann man die eben zitierte Passage als eine Beschreibung verstehen, wie Worte den Seelenzustand in einem frühen Stadium der psychischen Entwicklung reflektieren, d.h. als Beschreibung der Art und Weise, wie sich das Individuum durch seine Bedürfnisse auf seine Umgebung bezieht.

Worte reflektieren nun nicht jeden Situationsaspekt während der frühen psychischen Entwicklungsphasen, vielmehr ist hier eine ständige Selektion am Werk; einige Dinge werden in Sprache transformiert, mit anderen gelingt dies offenbar nicht und sie werden deshalb aus dem Bewußtsein verbannt. Wenn Sprache, wie Whorf meint, bis zu einem gewissen Grad das Denken determiniert, dann ist diese Tatsache wahrscheinlich dafür verantwortlich. Diese Determinierung scheint darin begründet zu sein, daß eine Person in eine bestimmte Sprachgemeinschaft hineingeboren wird, aber letztlich hat sie ihren Ursprung in Entscheidungen, die zu dem Zeitpunkt fallen, an dem Sprache im Individuum entsteht. Zugegebenermaßen stehen diese beiden Aspekte nicht notwendig in Widerspruch zueinander; man könnte sagen, daß jedes Mal, wenn ein Mensch sich Sprache aneignet, Sprache auf individueller Ebene von neuem geboren wird.

Es war der Psychoanalytiker Kubie, der als erster den Entscheidungen, die beim Prozeß der Sprachbildung oder -aneignung fallen, seine Aufmerksamkeit widmete: »Auch der neurotische Prozeß ist immer ein Vorgang der Symbolbildung. Die Aufspaltung des bewußten und des unbewußten inneren Geschehens in parallele, aber gegenläufige Strömungen setzt ungefähr zu dem Zeitpunkt ein, da das Kind die Anfänge einer Sprache entwickelt. Diese rudimentäre

›Sprache‹ drückt sich anfangs in Aktionen und noch nicht in Worten aus. Nun liegen jedoch gute Gründe für die Annahme vor, daß die Entwicklung der eigentlichen Sprachfähigkeit eng mit dem Prozeß zusammenhängt, bei dem wir unsere Bestrebungen zunächst aus dem Bewußtsein verdrängen, um sie dann später symbolisch zur Darstellung zu bringen.«[45]

Da dieses Zitat aus seinem Zusammenhang herausgelöst schwer zu verstehen ist, möchte ich es etwas ausführlicher erläutern und mich dabei auf eine später veröffentlichte Arbeit Kubies stützen.[46] Der »symbolische Prozeß«, von dem Kubie spricht, ist ein weitgefaßter Begriff, der sprachliche Aktivitäten im weitesten Sinne in sich begreift und nicht nur Symbole in dem engen Sinne, in dem dieser Begriff sonst in der Psychoanalyse verwandt wird. Symbole im engeren Sinne sind vor allem jene, die im Traum oder bei psychopathologischen Phänomenen auftreten; man spricht hier von Symbolen, wenn sie psychische Prozesse repräsentieren, die dem Individuum selbst nicht bewußt sind. Kubie gebraucht diesen Begriff nun sowohl für diese Prozesse wie auch für die normalen sprachlichen Aktivitäten, denn er geht davon aus, daß beide sich gemeinsam entwickeln. Nach seiner Theorie haben alle symbolischen Darstellungen zwei Bezugspunkte – einen inneren in bezug auf die Grenzen des eigenen Körpers (die »Ich«-Konstellation) und einen äußeren (die »Nicht-Ich«-Konstellation). Wenn diese Repräsentanzen in Sprache transformiert werden, so ist es die »Nicht-Ich«-Konstellation, die normalerweise im Vordergrund steht, wobei das »Ich« oft vernachlässigt wird. Mit anderen Worten, Kubie glaubt, daß es im Verlauf der Sprachentwicklung die Tendenz gibt, die Repräsentanzen, die sich auf die eigenen physischen Sensationen beziehen, zu verdrängen. Die Frage lautet nun, warum bei der Transformation von Repräsentanzen in Sprache das »Nicht-Ich« im Vordergrund steht; dies geht letzten Endes wahrscheinlich auf die Tatsache zurück, daß die Auseinandersetzung mit der Außenwelt für das Überleben des Individuums von vitaler Bedeutung ist. Die offensichtliche Betonung des »Nicht-Ich« kann letzten Endes so als ein Interesse des Selbst verstanden werden. Interesse heißt hier jedoch vor allem Überlebensinteresse, so daß die mit anderen physischen Sensationen des Selbst zusammenhängenden Repräsentanzen geopfert werden; und es liegt nahe, daß die Wünsche und Impulse, die in ihnen repräsentiert sind, an diesem Punkt verdrängt werden und so den Boden für unbewußte Konflikte bereiten. Diese unbewußten Konflikte machen sich später als Träume und psychopathologische Phänomene bemerkbar, und dies ist der Punkt, an dem die mit den eigenen physischen Sensationen verbundenen Repräsentanzen als Symbole im engen Sinne erscheinen.

Kubie konzipierte seine Theorie in der Absicht, Sprache im allgemeinen und die Verbindung zwischen Sprache und Psychopathologie im besonderen zu erhellen; die zwischen verschiedenen Sprachen existierenden Unterschiede interessierten ihn weniger. Aber trotzdem bietet seine Theorie, daß alle symbolischen Prozesse sich im wesentlichen auf ein »Ich« und ein »Nicht-Ich« beziehen, eine brauchbare Hypothese für die Untersuchung der erkennbaren Unterschiede zwischen verschiedenen Sprachen. Man könnte Kubies Ansatz als eine Erweiterung von Cassirers Ansicht ansehen, daß Namen durch menschliche Interessen und Hoffnungen entstehen, sowie auch der Theorie Whorfs, daß Sprache die Muster unbewußten Denkens in sich trage. Denn die Frage, welche Aspekte des »Nicht-Ich« betont und welche Aspekte des »Ich« bei der Sprachbildung vernachlässigt werden, impliziert die Wahl zwischen vielen verschiedenen Möglichkeiten – genau hierin liegt offensichtlich der Samen, aus dem die Besonderheiten der verschiedenen Sprachen erwachsen. In ihrem Versuch, die Beziehung zwischen sprachlicher Aktivität und Gefühl zu erklären, stellt die Philosophin Susanne Langer[47], die an das Werk Cassirers anknüpft, fest, daß Sprache, indem sie bestimmte Emotionen aus der vorhandenen verwirrenden Menge und Vielfalt abstrahiert, versucht, diese effektiv zu machen, was sicherlich im wesentlichen mit Kubies Auffassung übereinstimmt. Wie auch immer, das Entscheidende ist, daß Sprache nicht nur ein Mittel ist, mit dem Menschen ihre Gefühle ausdrükken, sondern daß die Form einer Sprache als solche von der menschlichen Psyche geprägt ist.

Die Ursprünge des Wortes *Amae*

Sowohl im Lichte seines gegenwärtigen Gebrauchs wie auch dem seiner Etymologie gesehen, ruft das Wort *amae* normalerweise Assoziationen mit dem Verhalten eines Säuglings in der Beziehung zu seiner Mutter hervor; erstaunlicherweise gibt es jedoch in keinem der wichtigen japanischen Wörterbücher einen Hinweis hierauf. Im *Daigenkai*-Wörterbuch heißt es z.B. einfach, »sich auf den guten Willen von jemandem verlassen«, und die angeführten Beispiele beziehen sich durchweg auf Erwachsene; kein einziges wird genannt, in dem Kleinkinder vorkämen. Dies mag ein Hinweis darauf sein, daß wir erst seit relativ kurzer Zeit dazu übergegangen sind, *amae* als etwas im wesentlichen Kindliches zu betrachten, und daß diesem Zusammenhang in der Vergangenheit keinerlei Aufmerksamkeit geschenkt wurde. Man müßte also fragen, welche Assoziationen dieses Wort in den Seelen der Japaner hervorrief, die es zuerst benutzten, und dies führt uns zu der Frage nach dem Ursprung des Wortes *amae* selbst. Ich habe zu diesem Punkt in keiner der in Frage kommenden Untersuchungen irgend etwas finden können.

Ich werde also meinen ganzen Mut zusammennehmen und es wagen, als Amateur einige Spekulationen anzustellen. Zunächst könnte ich mir denken, daß *ama*, d.h. die Wurzel des Wortes *amae*, mit dem kindlichen Wort *uma-uma* zusammenhängt, das des Säuglings Hunger nach der Brust oder Nahrung anzeigt; dies ist das Wort, das fast alle Japaner als erstes sprechen können. Das *Daigenkai*-Wörterbuch erwähnt, daß *amashi* (süß) dieselbe Bedeutung wie *umashi* (gutschmeckend) haben kann, was für meine Hypothese spricht, daß es eine Verbindung zwischen *ama* und dem *uma* der *uma-uma*-Äußerung gibt. Wenn diese Vermutung zutrifft, bezieht sich das *ama* in *amae* philologisch gesehen auf die frühe Kindheit. Und dann ist es ganz natürlich, daß wir heute dazu übergegangen sind, *amae* als ein spezifisch kindliches Phänomen zu betrachten; aber für unsere Vorfahren, die dieses Wort bildeten, waren intellektuelle Urteile, wie die Unterscheidung zwischen Kind und Erwachsenem, natürlich irrelevant. Sie haben wahrscheinlich den Gefühlen, die in diesem Wort enthalten sind, die größere Aufmerksamkeit geschenkt. Wenn man dieses Gefühl genau kennzeichnen will, so glaube ich, daß es am ehesten dem Sehnsuchtsgefühl, das im Wunsch nach der Brust ausgedrückt wird, entspricht. Unsere Vorfahren haben dieses Gefühl jedoch gewiß nicht nur als das Verlangen nach der Brust erfahren, sondern diese Form von Verlangen allen Dingen gegenüber gehabt, die ihnen guttaten. Dies führt mich nun – vielleicht etwas vorschnell – zu der Frage, ob nicht das *ama* in *amae* wiederum mit dem *ama*, das Himmel bedeutet, und dem *ama*, das mit der Zeit als ein *makura kotoba** benutzt wurde, identifiziert werden kann. Mir kam dieser Gedanke, weil für die frühen Japaner der Himmel offenbar nicht etwas darstellte, vor dem man sich fürchten mußte, oder etwas von der Erde Unterschiedenes, sondern etwas, das den Menschen vor allem Segnungen brachte.

In ihrer kürzlichen Diskussion über »Die Japaner und japanische Denkweisen«[48] behandeln die Autoren Seiichi Izumi, Mitsutada Inoue und Tadao Umesao den »Himmel«

---

* Ein Kunstgriff, der in alten japanischen Dichtungen oft verwandt wurde. Er bestand aus Silbengruppen (zumeist fünf), die immer bestimmten Substantiven oder Namen vorangestellt wurden. In vielen Fällen hatten sie ihre ursprüngliche Bedeutung weitgehend verloren und dienten nur noch als Verzierungen oder als Mittel, den Reim aufzufüllen.

der Japaner als etwas »Vereintes« im Gegensatz zum »getrennten« Himmel der nomadischen Völker. Dies stimmt sehr gut mit der von mir soeben vorgelegten Interpretation überein. Ausdrücke wie *amakudaru* und *amagakeru**, die heute noch oft benutzt werden, finden sich tatsächlich schon im *Kojiki* und *Manjōshū*, zwei der ersten schriftlichen Werke des Japanischen. Amaterasu Ōmikami, die Sonnengöttin, die als Urahnin der japanischen Nation gilt, ist vor allem eine höchst mütterliche, menschliche Göttin. Dies läßt vermuten, daß die Ursprünge von *amae* und der Mythos der Sonnengöttin dieselben Wurzeln haben, was, wenn es wirklich zutrifft, höchst faszinierend wäre.

Der psychologische Prototyp von *Amae*

Zweifellos stellt die Psychologie des Säuglings in der Beziehung zu seiner Mutter den psychologischen Prototyp des *amae* dar. Hierzu möchte ich nun einige Beobachtungen anstellen: zunächst ist es interessant, daß niemand von einem neugeborenen Kind sagt, daß es *amaeru*(t). Man spricht erst in der zweiten Hälfte des ersten Lebensjahres, wenn es beginnt, seine Umgebung wahrzunehmen und seine Mutter zu suchen, davon, daß ein Kind *amaeru*(t).

Anders formuliert: mit *amae* wird das Suchen nach der Mutter ausgedrückt, das auftritt, wenn die psychische Entwicklung des Säuglings den Punkt erreicht hat, an dem er erkennen kann, daß die Mutter als von ihm getrenntes Wesen existiert. Mit anderen Worten, ehe ein Säugling zu *amaeru*(en) beginnt, ist sein Leben in gewisser Weise eine Fortsetzung des Zustandes im Mutterleib, als Mutter und

---

* Wörtlich »vom Himmel herabsteigen« und »zum Himmel aufsteigen«; heute werden die Ausdrücke ironisch gebraucht, um Regierungsmitglieder zu bezeichnen, die ihren Einfluß benutzen, um sich selbst Posten in privaten Organisationen zu verschaffen, oder für Mitglieder aus der privaten Industrie, die in Regierungskreise aufsteigen.

Kind noch nicht voneinander getrennt waren. Im Laufe seiner psychischen Entwicklung lernt er jedoch allmählich, daß er selbst und seine Mutter voneinander getrennte Wesen sind; er erfährt nun, daß er die Mutter nicht entbehren kann; es ist die sich dann entwickelnde Begierde nach engem Kontakt mit ihr, die, so könnte man sagen, *amae* konstituiert.

Im Prinzip gilt dies wohl für alle menschlichen Säuglinge, unabhängig davon, ob sie im Osten oder im Westen geboren werden. Es ist auch nicht auf Menschen beschränkt; bei den Tieren klammern sich die Jungen, die noch von der Mutter genährt werden, ebenfalls an sie, so daß man z.B. auch sagen kann, ein Welpe *amaeru*(e) seiner Mutter gegenüber. Das Wesentliche ist jedoch, daß man beim Menschen den psychischen Inhalt dieser Verhaltensform erkennen kann und daß das in Japan gebildete Wort *amae* besonders geeignet ist, diese Psychologie auf einen Nenner zu bringen. Kurz, *amae* stellt ein Medium dar, das es der Mutter ermöglicht, die Seele des Säuglings zu verstehen und auf seine Bedürfnisse zu reagieren, so daß Mutter und Kind an einem Verschmelzungs- und Identitätsgefühl teilhaben. Darüber hinaus zeugt die Existenz dieses Konzepts in Japan davon, daß sich die Japaner des *amae* weit mehr bewußt sind als andere Völker, die ein solches Wort nicht haben, so daß bei ihnen die *amae*-Psychologie einen großen Einfluß auf alle Aspekte des seelischen Lebens der Menschen gewinnen konnte. Und so wurde auch ein entsprechend umfangreiches Vokabular, das die Variationen dieser Psychologie anzeigt, notwendig. Hier ist die *amae*-Welt, wie wir sie in Kapitel I behandelt haben, entstanden.

Wenn nun, wie ich behauptet habe, der Prototyp von *amae* der Wunsch des Säuglings nach der Nähe zur Mutter ist, die er gerade als von ihm getrenntes Wesen zu erkennen beginnt, so könnte man letzten Endes *amae* wohl als den Versuch beschreiben, die Tatsache des Getrenntseins von der Mutter psychisch zu verleugnen. Ohne Zweifel sind Mutter und Kind nach der Geburt – physisch und psychisch – voneinander getrennte Wesen. Die *amae*-Psychologie wirkt aber dahin, das Gefühl des Einsseins von Mutter und Kind zu fördern. In diesem Sinne könnte man die *amae*-Mentalität als den Versuch definieren, die Tatsache der Getrenntheit, die ein solch unablösbarer Bestandteil menschlicher Existenz ist, zu verleugnen und den Schmerz des Getrenntseins zu mildern. Man könnte auch argumentieren, daß, wo immer die *amae*-Psychologie vorherrscht, die mit der Trennung verbundenen Konflikte und Ängste im Hintergrund schlummern.

Hiermit soll natürlich nicht gesagt werden, daß *amae* notwendigerweise immer unrealistisch ist und Abwehrfunktionen erfüllt. Vielmehr wäre ohne *amae* die Mutter-Kind-Beziehung nicht möglich, und ohne die Mutter-Kind-Beziehung gäbe es kein gesundes Wachstum des Kindes. Auch im Erwachsenenalter ist beim Zustandekommen jeder neuen menschlichen Beziehung *amae* am Werk, zumindest zu Beginn. *Amae* spielt also eine unverzichtbare Rolle für ein gesundes seelisches Leben. Wenn es unrealistisch ist, vor der Tatsache der Getrenntheit völlig die Augen zu verschließen, so ist es gleichermaßen unrealistisch, sich von dieser Tatsache überwältigen zu lassen und aus Verzweiflung über die Unmöglichkeit menschlicher Beziehungen zum Einzelgänger zu werden.

Amae und das japanische Denken

Die Gelehrten haben viele verschiedene Theorien über die japanische Art des Denkens aufgestellt; aber die meisten stimmen im wesentlichen in dem Punkt überein, daß das japanische Denken – verglichen mit dem westlichen – nicht logisch, sondern intuitiv ist. Ich glaube, dies kann man nicht unabhängig von der Dominanz der *amae*-Mentalität in Japan sehen; denn in dem Versuch, die Tatsache der Getrenntheit durch das Medium der Gefühle zu verleugnen und eine

Identität mit der Umgebung zu erreichen, liegt von Anfang an etwas sehr Unlogisches.

Als Ergebnis seiner vergleichenden Studie über östliche Denkweisen kam Hajime Nakamura[49] zu dem Schluß, daß die Bedeutung, die geschlossenen ethischen Organisationen beigemessen werde, das hervorstechendste Merkmal japanischen Denkens sei. Wenn Nakamura auch mit anderen Begriffen arbeitet, so wird doch erkennbar, daß er sich bei seinen Ergebnissen auf die *amae*-Psychologie bezieht. Dies gilt ebenso für das *shiteki nikō* (private binominale Formula), das Arimasa Mori[50] kürzlich als Charakteristikum japanischen Denkens nannte. Begriffe wie »exklusiv«, »privat« etc., die gebraucht werden, um japanische Charakteristika zu beschreiben, sind, so möchte ich betonen, nur gerechtfertigt, wenn die *amae*-Welt von außen betrachtet wird. Die Bewohner dieser Welt selbst sind sich solcher Exklusivität oder Privatheit keineswegs bewußt. Vielmehr halten sie sich für offen und nicht-exklusiv. Wie wir in Kapitel I erwähnten, trifft es zu, daß die »anderen« *(tanin)* – solange sie diesen Status haben – von der *amae*-Welt ausgeschlossen sind, und in diesem Sinne könnte man von Exklusivität sprechen. In einem anderen Licht besehen, initiiert *amae* jedoch den Versuch, den »die anderen«-Status einzuschmelzen und den »anderen« ihre *tanin*-Eigenschaft zu nehmen. Man könnte hier also fast von einer allesumarmenden und alleseinschließenden Qualität sprechen. Aber trotzdem ist für Außenstehende, die nicht in der *amae*-Welt befangen sind, der von dieser Welt ausgehende Konformitätszwang schwer zu ertragen und sie wird ihnen exklusivistisch, privat oder sogar egozentrisch erscheinen.

Wenn man die *amae*-Welt negativ und kritisch betrachtet, erscheint sie irrational, exklusivistisch und privat; aber wohlwollender betrachtet, kann man in ihr auch den Respekt vor der Gleichheit und den Wunsch, nicht zu diskriminieren, erkennen und sie als sehr tolerant bezeichnen. Mir scheint, daß man z.B. die Zen *satori* (Erleuchtung) – wie sie von dem verstorbenen Daisetsu Suzuki vertreten wurde – als eine positive Einstellung zu dieser Form von *amae* interpretieren kann. Ich muß jedoch gleich hinzufügen, daß ich unter »positiver Einstellung zum *amae*« nicht nur verstehe, *amae* zuzulassen und zu ermutigen, sondern auch, daß man sich gerade dadurch, daß man sich nicht unter die Herrschaft des *amae* begibt, dessen positive Potentiale fruchtbar macht. Solche Vorstellungen scheinen *amae* fast zu überwinden. Die Zen-Frage: »Was war man, ehe die eigenen Eltern geboren wurden?« tut dies offenbar. Aber die Betonung der Untrennbarkeit von Subjekt und Objekt, des Selbst und der anderen ist im Grunde dasselbe wie *amae*.

Da jedoch die Menschen letzten Endes von ihren Eltern abhängig sind, ist es nicht möglich, Vater und Mutter abzuschaffen – wie sehr man auch durch Zen erleuchtet sein mag. Und so gibt es auch im Zen-Denken eine Rückkehr zu Vater und Mutter, obwohl man betonen muß, daß diese Tendenz vor allem in Japan zu beobachten ist. Ein Zen-Priester sagte einmal, daß Zen *satori* im Grunde nichts anderes bedeute als das Wort Sohnestreue. Daisetsu Suzuki dagegen weist darauf hin, daß, »während hinter dem westlichen Denken und Fühlen immer der Vater stehe«, der östlichen Natur immer die Mutter zugrunde liege. »Die Mutter«, so sagt er, »umschließt alles in bedingungsloser Liebe. Die Frage von richtig oder falsch wird hier nicht gestellt. Alles wird problemlos und ohne Infragestellen akzeptiert. Liebe im Westen enthält immer einen Rest von Macht. Liebe im Osten ist all-umschließend. Sie ist offen nach allen Seiten. Man kann in sie aus jeder Richtung eintreten.«[51] Hierin kann ich nichts anderes als die Lobpreisung des *amae* sehen.

Dieser Geist des Nichtdiskriminierens und der Gleichheit ist meiner Meinung nach schon seit alters her ein Bestandteil des japanischen Verhaltens gewesen und nicht nur Teil der Zen-Ideen. Ich glaube, genau hierin liegt das Wesen des sogenannten »Wegs der Götter«; denn dieser Weg preist durchweg das Prinzip des Nicht-Prinzips und den Wert des

Nicht-Werts. Und es ist diese Politik, die es den Japanern ermöglichte, die verschiedenen fremden Kulturen zu verschlingen – ohne daß sich dabei nennenswerte Verdauungsstörungen eingestellt hätten – und diese auf die eine oder andere Weise zu ihrer eigenen zu machen. Von außen gesehen mag dies als ein Zeichen für das völlige Fehlen eines eigenen Ideensystems oder für mangelnde Integrität erscheinen. Genau hierauf bezieht sich Masao Maruyama[52], wenn er sagt, daß das Fehlen jeglicher Koordinatenachsen ein wesentliches Charakteristikum des japanischen Denkens sei. Mit dieser Sichtweise hat er jedoch den Blickwinkel eines Außenstehenden eingenommen und andere Länder zum Maßstab gemacht; die Japaner selbst sind damit sehr gut gefahren. Ein Japaner, Norinaga Motoori, gab dieser japanischen Haltung seine aus ganzem Herzen kommende Zustimmung: »Alles, das Gute wie das Schlechte, ist das Werk der Götter, und so sind die Lehren des Konfuzianismus, Buddhismus und Taoismus alle das Werk von Göttern – genauso wie die Tatsache, daß die Menschen von ihnen irregeführt werden. Nur in diesem Sinne existiert die Unterscheidung zwischen gut und böse, richtig und falsch. Konfuzianismus, Buddhismus und Taoismus sind alle im weitesten Sinne Wege der Götter zu ihrer jeweiligen Zeit. (. . .) Daraus folgt, daß man beim Regieren eines Landes zuallererst versuchen sollte, sich vor Schaden zu sichern, indem man dem Willen der wohltätigen Götter folgt, so wie die Alten es taten; und wenn es sich als schwierig erweisen sollte, ohne Zuflucht zum Konfuzianismus zu regieren, so sollte man mit dem Konfuzianismus regieren. Wenn nur der Buddhismus den Forderungen der Zeit gerecht wird, sollte man mit dem Buddhismus regieren. Denn sie alle sind – zu ihrer Zeit – der Weg der Götter. Wenn man auf der anderen Seite aber glaubt, die älteren Regierungsformen mit allen Mitteln auf spätere Zeiten übertragen zu können, so stellt man den Willen des Menschen über den der Götter; dies ist nicht nur unmöglich, es widerspricht auch dem Weg der Götter der jeweiligen Zeit. (...) Da es daher nicht in der Macht des Menschen liegt, sollte er sich damit begnügen, das zu tun, was zum gegebenen Zeitpunkt als das Beste erscheint.«[53]

Es scheint, daß der Versuch, sich dem japanischen Denken positiv zu nähern, unweigerlich damit endet, den »Weg der Götter« zu akzeptieren. Hierzu werde ich später noch einiges zu sagen haben. Für den Augenblick wollen wir uns dem japanischen ästhetischen Gefühl zuwenden.

Auch in diesem Bereich scheinen die mit *amae* verbundenen Gefühle eine große Rolle zu spielen. »Schönheit« bedeutet normalerweise, daß ein Objekt den Sinnen angenehm ist und daß derjenige, der sich an der Schönheit des Objekts erfreut, durch diese Erfahrung eins mit ihm wird. Dies hat viel gemeinsam mit der *amae*-Erfahrung, da *amae* selbst, wie wir bereits wiederholt gesehen haben, die Identität mit dem anderen zu erreichen sucht. Natürlich ist es im letzteren Fall von wesentlicher Bedeutung, daß die andere Person die eigene Absicht erkennt und mit ihr übereinstimmt. Da dies nicht immer möglich sein wird, erfährt die Person, die *amae* zu verwirklichen sucht, oft Frustrationen. Und auch wenn ihre Suche befriedigt wird, so hält diese Befriedigung doch gewöhnlich nicht unbegrenzt an. Hierin scheint der Grund dafür zu liegen, warum sich manche Menschen dem Zen oder anderen Religionen zuwenden, und dasselbe Motiv scheint auch der Suche nach Schönheit zugrunde zu liegen. Unter den Menschen, die sich der Schönheit verschrieben haben, findet man nicht selten solche, die sich ihres unbefriedigten *amae* selbst sehr bewußt sind und die sich daher um so intensiver auf die Suche nach dem ästhetischen Erlebnis begeben. Der Grund dafür, daß die Japaner im allgemeinen stärkere ästhetische Neigungen haben als andere Völker, ist möglicherweise der folgende: jemandem, der ununterbrochen in der *amae*-Welt lebt und dessen *amae*-Sensibilität also ständiger Stimulation ausgesetzt ist, scheint nichts anderes übrig zu bleiben, als die ästhetische Erfahrung zu suchen, ob er es will oder nicht.

In diesem Zusammenhang denkt man sofort an den *wabi*- und *sabi*-Geist, jene berühmten Ingredienzen des japanischen ästhetischen Gefühls. Sowohl *wabi* wie auch *sabi* implizieren eine Form von Quietismus, in der die Welt der Menschen gemieden wird. Zunächst scheint eine solche Haltung der Sehnsucht nach *amae*-Beziehungen diametral entgegengesetzt zu sein. Aber dennoch verschließt sich derjenige, der den ersehnten Zustand von Ruhe erreicht hat, nicht in seiner Einsamkeit, sondern erfährt auf ganz eigene Weise ein Gefühl der Identität mit seiner Umgebung. Und es ist sogar denkbar, daß es ihm dieser Gefühlszustand erlaubt, mit Gleichgesinnten auf eine neue Weise in Kontakt zu treten.

Ein anderes wichtiges Konzept – das gewissermaßen in Kontrast zu *wabi* und *sabi* steht – ist der *iki*-Begriff (er bedeutet ungefähr »Flair«, »Witz«, »Geschmack«). Anders als *wabi* und *sabi* wird *iki* nicht durch das Sichabwenden von der Welt der Menschen erreicht, sondern kann als das ästhetische Gefühl eines Menschen beschrieben werden, der mitten in der kunstlosen Wirklichkeit steht. Es gelingt ihm jedoch, diese von ihrer Schwerfälligkeit und Häßlichkeit, die oft mit den groberen *amae*-Manifestationen einhergehen, zu befreien. Mit der Häßlichkeit von *amae* sind der Trotz, die Ressentiments und andere Gefühlsverzerrungen, die aus einem frustrierten *amae* entstehen, gemeint, die eine Person wie in einem Gefängnis, aus dem sie nicht entfliehen kann, gefangenhalten. Der *iki*-Mensch kennt sich auf allen Wegen aus, ist geistvoll, und wenn die Situation es erfordert, kann er mit einem *savoir-faire* aufwarten, das ihm die Bewunderung aller Umstehenden einträgt.

In *Iki no Kōzō* (Die Struktur von *Iki*), einer schönen Arbeit von Shūzō Kuki, die sich sehr detailliert mit *iki* beschäftigt, definiert der Autor *iki* als »frei von jeder Unbeholfenheit, *sophisticated*«, als eine »vollkommen *sophisticated*, wendige und sprühende Qualität«; er geht dann auf die Beziehung zwischen *iki* und der *amae*-Mentalität ein.[54] In *amae* sieht er keine spezifisch japanische Qualität in dem Sinne, in dem wir sie in der vorliegenden Arbeit betrachten. Aber nichtsdestoweniger ist er der Überzeugung, daß »*iki* eine der hervorstechendsten Selbstmanifestationen der besonderen japanischen Seinsweise sei«, und in dem Versuch, dieses zu erklären, berührt er auch deren Beziehung zur *amae*-Mentalität, wodurch die in diesem Buch vertretenen Thesen eine zusätzliche Bestätigung erhalten. Er meint, *iki*, *shibumi* (wörtlich: »Herbe«, »Härte«) und *amami* (wörtlich: »Süße«) seien besonders geeignet, die Beziehungen zwischen Mann und Frau zu beschreiben. Wenn man *amami* als den Normalzustand ansieht, so gibt es daneben einen Pfad, der mittels *iki*, wo man beginnt, eine etwas distanziertere und intellektuellere Haltung einzunehmen, zu *shibumi* führt. Die Stimmung von *amami* wird sehr deutlich in Ausdrücken wie *amaeru sugato iro fukashi* (»eine Frau ist am begehrenswertesten, wenn sie *amaeru*(t)«).

Es ist sehr interessant, daß er hier die infantilen Ursprünge dieses *amae* in keiner Weise erwähnt, sondern es hauptsächlich als Funktion innerhalb zwischengeschlechtlicher Beziehungen interpretiert. Dies mag zum Teil darin begründet sein, daß die Literatur, auf die er sich in *Iki no Kōzō* bezieht, überwiegend aus der Edo-Periode stammt; es kann jedoch auch daran liegen, daß Kuki selbst den infantilen Charakter von *amae* nicht erkannt hat. Vielleicht hat er ihn auch bemerkt, sich aber dagegen gewehrt, ihn anzuerkennen, indem er dessen Relevanz für etwas, das so eng mit sexueller Attraktion verbunden ist wie *iki*, diskutiert hätte. Wie auch immer, dies scheint doch meine Ansicht zu bestätigen, daß man erst in der jüngsten Zeit den infantilen Charakter des *amae* erkannt hat. Kukis Arbeit wurde zuerst 1930 veröffentlicht, und wenn seine Assoziationen mit denen der Durchschnittsjapaner übereinstimmen, so kann man daraus schließen, daß *amae* im allgemeinen – zumindest bis zu diesem Zeitpunkt – vor allem mit zwischengeschlechtlichen

Beziehungen und kaum mit der Psychologie des Kindes assoziiert wurde.

Man kann hierüber wahrscheinlich kaum etwas mit Gewißheit sagen, es sei denn, man dringt tiefer in diesen Problemkreis ein und untersucht, wie das Wort *amae* in den Romanen und anderen Schriften, die in der Zeit zwischen der Meiji-Restauration und der Gegenwart entstanden, gebraucht wurde. Beispielsweise konnte ich nur einen Fall entdecken, in dem Sōseki Natsume das Wort benutzt, und hier steht es im Zusammenhang mit den Beziehungen zwischen Mann und Frau, was wiederum meine Ansicht zu bestätigen scheint. Dieser besagte Fall findet sich zu Beginn des Romans *Meian*. Tsuda unterhält sich mit seiner Frau darüber, daß sein plötzlich festgelegter Operationstermin mit dem Tag zusammenfällt, an dem sie von Verwandten zum Theater eingeladen wurden. Seine Frau sagt, sie will den Verwandten nicht absagen, da sie so freundlich zu ihnen waren. Tsuda entgegnet, daß dies nicht schlimm sei, da die Umstände nicht in ihrer Macht lägen. Darauf antwortet seine Frau: »Aber ich *will* gehen.« »Dann geh, wenn du willst.« »Aber warum kommst du dann nicht auch?« fragt seine Frau. »Willst du nicht?« – Die Gefühle Tsudas hierauf werden wie folgt beschrieben: als er seine Augen aufschlug, um seine Frau anzusehen, fiel ihm plötzlich eine seltsame Kraft auf, die in den Augen seiner Frau lag. Ihre Augen hatten einen eigenartigen Glanz, der in krassem Gegensatz zu den sanften *(amae)* Worten stand, die sie gerade gesagt hatte. Er wollte gerade ansetzen, ihr zu antworten; der Ausdruck ihrer Augen ließ seine Gedanken jedoch stocken. Aber plötzlich lächelte sie und zeigte ihre schönen weißen Zähne, der Ausdruck in ihren Augen war völlig verschwunden. Ihre nächste Bemerkung lautete: »Mach dir keine Gedanken. Mir liegt gar nicht so viel daran, ins Theater zu gehen, ich wollte mich nur bei dir einschmeicheln *(amaeru)*.«

Ich habe einige der Charakteristika des japanischen Denkens und deren Beziehung zur *amae*-Mentalität erörtert, aber man kann zweifellos in den verschiedensten Sphären eine solche Beziehung entdecken. Auch das berühmte *mononoaware* z.B., das Norinaga Motoori zitiert (die Empfänglichkeit für Schönheit, der »Achwieschönheit« der Dinge), hängt offenbar mit der *amae*-Mentalität zusammen. *Aware* heißt, von einem bestimmten Objekt – sei es ein menschliches oder eines in der Natur – bewegt zu sein und still und tief mit diesem Objekt eins zu werden. Man könnte sogar sagen, daß sowohl *wabi* und *sabi* wie auch *iki* – und sogar jene menschlichen Beziehungen, die von *giri* und *ninjō* geformt werden – ursprünglich alle in *mononoaware* wurzeln. Und wenn man dies noch weiter zurückverfolgt, würde man bei der Urerfahrung der Japaner in der Frühzeit anlangen.

Diese Urerfahrung brachte auf der einen Seite das Kaisersystem und die damit zusammenhängende familienzentrierte Gesellschaft hervor und auf der anderen Seite die eigenartigen Fühl- und Denkweisen der Japaner. Ich bin nun der Meinung, daß die grundlegende emotionale Triebkraft, die die Japaner zwei Jahrtausende lang bewegte, keine andere ist als die *amae*-Mentalität. Die Erkenntnis, daß diese Mentalität, wie wir bereits oft betont haben, ihrem Wesen nach kindlich ist, konnte meiner Vermutung nach sich erst durchsetzen, als Japan im Zweiten Weltkrieg eine Niederlage erlitt. Wenn dies, wie ich sicher glaube, zutrifft, dann könnte man diese Tatsache auf die folgende Weise erklären.

Zunächst kann man sagen, daß die Vorfahren ihre Urerfahrung natürlich nicht als »primitiv« oder »kindlich« bezeichnet hätten, sondern daß sie diese einfach als Gefühl erlebten. Es ist gut vorstellbar, daß sich aufgrund Japans Isolation als Inselstaat das in der Urerfahrung verkörperte Gefühl über sehr lange Zeit kaum veränderte, auch wenn es sich im Laufe der Zeit etwas verfeinert haben mag. Trotz seiner Isolation war Japan natürlich den Einflüssen verschiedener fremder Kulturen ausgesetzt, und dies führte dann allmählich dazu, daß man sich des spezifischen Charakters der eigenen japanischen Kultur bewußt wurde. Deshalb wurde seit den Zeiten Norinaga Motooris soviel vom »Weg der Götter« geredet – ungeachtet der Tatsache, daß dieser sich nicht durch Worte erfassen läßt. Aus demselben Grunde machte zweifellos auch in der Zeit nach der Meiji-Restauration die »nationale Politik« soviel Aufhebens. Für die große Verbreitung, die der Zen nach der Meiji-Restauration in weiten Kreisen der Bevölkerung erfuhr, waren wahrscheinlich ähnliche Gründe verantwortlich. In diesem Zusammenhang ist es interessant, daß die »Nishida-Philosophie« mit ihrer Betonung der reinen Erfahrung, in der Subjekt und Objekt miteinander verschmelzen – die im Vorkriegsjapan eine überaus große Gefolgschaft gefunden hatte –, offensichtlich stark vom Zen beeinflußt war; denn Nishida* selbst war fest davon überzeugt, daß seine Philosophie, obwohl sie von westlichen philosophischen Traditionen inspiriert war, letzten Endes in der japanischen Erfahrung wurzelte.[55]

Wie wir im Abschnitt »Die *amae*-Ideologie« gesehen haben, war die Erkenntnis, daß die Essenz japanischer Erfahrung in der frühen Kindheit liegt, offensichtlich erst nach dem Schock der Niederlage möglich, der die Autorität der moralischen Begriffe, die bis dahin die japanische Gesellschaft gestützt hatten, unterminierte. Als die Menschen dann inmitten der Kriegsverwüstungen ihre Loyalitäts- und Sohnestreue-Ethik aufgaben, langsam *giri* und *ninjō* als altmodisch zu betrachten begannen und allmählich ohne Angst vor dem Vorwurf, »ihre Pflichten vergessen zu haben«, lebten, wurde ihnen schließlich bewußt, daß *amae* die bewegende Kraft in ihrem Leben war und daß dieses *amae* noch dazu tief verletzt worden war. Es scheint, daß sie hier eigentlich zum ersten Mal erkannten, daß *amae* ursprünglich etwas Infantiles ist. Die *amae*-Mentalität als infantil zu bezeichnen, bedeutet natürlich nicht unbedingt, daß man

---

* Nishida Kitaro (1870–1945), Philosoph und japanischer Kulturforscher, der eine japanisch geprägte, eklektische Philosophie schuf, die um den *mu* (das Nichts-)Begriff kreist.

sie als wertlos erachtet. Man muß nur einen Blick auf die japanische Geschichte werfen, um den Beweis dafür zu finden, daß – ganz im Gegenteil – *amae* als Antriebskraft hinter einer großen Anzahl kultureller Leistungen stand. Und solche kulturellen Leistungen gehören nicht nur der Vergangenheit an, sondern entstehen auch im heutigen Japan noch. Ich habe jedoch große Zweifel, ob sich das Japan der Zukunft noch ohne böse Ahnungen der Reinheit des japanischen Geistes rühmen können wird. Von jetzt an wird das Ziel wohl sein müssen, *amae* zu überwinden. Es wird auch nicht damit getan sein, einfach zum Zen und seiner Identität von Subjekt und Objekt zurückzukehren; es wird vielmehr notwendig sein, *amae* zu transzendieren, indem man die Unterschiedenheit von Subjekt und Objekt entdeckt, d.h. mit anderen Worten, die andere Person.

Amae und Freiheit

Das japanische Wort *jiyū*, mit dem normalerweise das deutsche Wort Freiheit oder andere westliche Worte mit entsprechender Bedeutung übersetzt werden, ist chinesischen Ursprungs, aber es scheint schon seit sehr früher Zeit in Japan gebräuchlich gewesen zu sein. Für unseren Zusammenhang ist hierbei von Interesse, daß die Bedeutung, in der es traditionellerweise benutzt wurde, offenbar in enger Beziehung zum *amae*-Wunsch steht – was auch in der Wortzusammensetzung *jiyū-kimana* (je nach Laune) schon deutlich wird. Mit anderen Worten, traditionellerweise bedeutete »Freiheit« in Japan, die Freiheit zu *amaeru*(en), d.h., sich so zu benehmen, wie man gerade Lust hat, ohne Rücksicht auf die anderen. Nie bedeutete sie die Freiheit von *amae*. Eigenwilligkeit oder Rücksichtslosigkeit werden natürlich nicht als positive Eigenschaften gewertet; und so hat auch das Wort *jiyū* – betrachtet man seine Verwendung in alten chinesischen und japanischen Dokumenten – oft, wie Sōkichi Tsuda[56] betonte, gewisse kritische Untertöne. In diesem Sinne steht das Wort *jiyū* in genauem Gegensatz zu dem Freiheitsbegriff des Westens, der den Respekt vor dem Menschen anzeigt und keine Spur von Kritik enthält – und für dessen Übersetzung *jiyū* seit der Meiji-Restauration verwandt wird. Hierin liegt sicher der Grund dafür, warum *jiyū* in der jüngeren Zeit zu einem Wort geworden ist, das sowohl die positiven Konnotationen im westlichen Sinne als auch die negativen im japanischen Sinne enthält, was zu einer extremen Ambiguität des Konzeptes selbst geführt hat. Im folgenden möchte ich dieses Problem etwas ausführlicher untersuchen.

Zunächst wollen wir die westliche Freiheitsidee etwas näher betrachten. Historisch gesehen geht dieser Begriff offensichtlich auf die Unterscheidung zwischen Freien und Sklaven im alten Griechenland zurück. Freiheit bedeutete mit anderen Worten das Nichtvorhandensein eines aufgezwungenen Gehorsams gegenüber jemand anderem – als Gegensatz zur Sklaverei; genau hierin ist der Grund dafür zu sehen, daß im Westen der Freiheitsbegriff immer mit den Ideen von Menschenwürde und Menschenrechten verknüpft war und Freiheit als etwas Gutes und Erstrebenswertes angesehen wurde. Darüber hinaus bildete die westliche Freiheitsidee auch die Grundlage dafür, daß die Interessen des Individuums über die Interessen der Gruppe gestellt wurden; auch in dieser Hinsicht steht der westliche Freiheitsbegriff in scharfem Kontrast zur japanischen *jiyū*-Vorstellung. Wenn man, wie ich es soeben getan habe, *jiyū* als das Recht interpretiert, zu tun, was einem gefällt *(wagamama)*, so drückt sich hierin zweifellos ebenso in gewisser Weise ein Interesse des Individuums aus, z.B. der Wunsch, sich aus Ärger über die Einmischung der Gruppe so zu benehmen, wie es einem gefällt. Hier jedoch entsteht der Freiheitswunsch erst, wenn die Gruppe nicht mit den Wünschen des Individuums übereinstimmt, und so gesehen bleibt auch der Freiheitswunsch des Individuums letzten

Endes von der Gruppe determiniert. Mit anderen Worten, die japanische *jiyū*-Vorstellung ist nicht geeignet, den Vorrang des Individuums vor der Gruppe zu sichern. Dies ist auch keineswegs überraschend, wenn man bedenkt, daß das japanische *jiyū*-Konzept ursprünglich in *amae* wurzelt; denn *amae* ist auf die Gegenwart anderer angewiesen: es mag das Individuum von der Gruppe abhängig machen und es ihm erlauben, sich auf die Gruppe zu verlassen, aber es wird niemals zulassen, daß das Individuum sich wahrhaft unabhängig von der Gruppe macht. Im Gegensatz hierzu steht die Tatsache, daß im Westen mit seiner Betonung individueller Freiheit die Menschen immer auf die Form von emotionaler Abhängigkeit, die in *amae* verkörpert ist, herabgesehen haben und daß dort nicht einmal ein entsprechendes Wort existiert, das diese Form von Gefühlen ausdrücken könnte.

Man könnte noch viele Argumente anführen, um zu zeigen, daß das westliche Freiheitskonzept auf der Zurückweisung von *amae* beruht; ich möchte hier jedoch die folgende Passage, die dem Renaissance-Gelehrten Juan Luis Vives (1492–1540) zugeschrieben wird, zitieren: »Passive Liebe, d.h. die Bereitschaft, Liebe zu empfangen, schafft Dankbarkeit; und Dankbarkeit ist immer mit Scham verbunden. Scham wird aber natürlicherweise das Dankbarkeitsgefühl stören.« Als ich dieses Zitat in Zilboorgs *Geschichte der Psychologie*[57] entdeckte, mußte ich sofort an das japanische *sumanai* denken. Ich habe diesen Gebrauch von *sumanai* – als Antwort auf ein Zeichen von Freundlichkeit, als Entschuldigung für die Last, die man jemand anderem aufbürdet – bereits erklärt; kein Japaner würde hierin etwas Ungewöhnliches oder Besonderes sehen. Manchmal werden auch anstelle von *sumanai* die Ausdrücke *kyōshuku desu* oder *itamiirimasu* gebraucht (was beides ungefähr »ich bin überwältigt« oder »ich bin von Ehrfurcht ergriffen« bedeutet), die als der höchste Ausdruck von Dankbarkeit gelten. Die Menschen im Westen scheinen jedoch, wie das Zitat von Vives nahelegt, das Gefühl zu haben, daß Dankbarkeit Scham bedeute, was sich wiederum nicht mit dem Dankbarkeitsgefühl vertrage. Man könnte den Eindruck gewinnen, daß die Abendländer in ihrem Versuch, dieses Schamgefühl zu umgehen, große Anstrengungen darauf verwandt haben, auch besondere Dankbarkeit – und damit passive Liebe – zu vermeiden. Ohne Zweifel hat dies zu einer Stärkung des individuellen Freiheitsgefühls beigetragen. In diesem Zusammenhang ist es sehr interessant, daß das Sprichwort »Hilf dir selbst, so hilft dir Gott!« ursprünglich kein jüdisches oder christliches Sprichwort war, sondern zuerst in George Herberts 1640[58] erschienener Sammlung *Outlandish Proverbs* auftauchte. Dieses Sprichwort, das auch in Algernon Sidneys *Discourses Concerning Government*[59] zitiert ist, signalisiert, daß in einer Welt, in der jeder Mensch des andern Feind ist, das Sich-auf-sich-selbst-Verlassen und die Selbstverteidigung die einzig sicheren Wege sind. Anders ausgedrückt: das Sprichwort will davor warnen, sich auf Gott oder die Menschen zu verlassen, und es steht in genauem Gegensatz zum Geist des japanischen Sprichworts *tabi wa michizure, yo wa nasake* (»Auf Reisen ein Kamerad, im Leben Mitleid«). So wie sich jene Tendenz im Westen offenbar seit der Renaissance bis zur Gegenwart immer stärker ausprägte, so wuchs damit einhergehend auch das Bewußtsein individueller Freiheit.

Der Geist des *amae* und die Vorstellung individueller Freiheit scheinen also einander entgegengesetzt zu sein. Wenn dies zutrifft, so muß die Berührung mit der westlichen Form von Freiheit nach der Meiji-Restauration für die Japaner ein großer Schock gewesen sein. Hätten sie damals die individuelle Freiheit wirklich positiv bewertet, so wäre es ihnen vielleicht gelungen, über den Konflikt zwischen *giri* und *ninjō* hinauszuwachsen, der sie immer gefangenhielt; aber dies war nicht leicht zu bewältigen. Das Schicksal vieler war es, neue Konflikte zu erleiden, weil sie die ersehnte Freiheit nicht erreichen konnten. Ironischerweise meinten sie wahrscheinlich mit der westlichen Freiheit, die sie zu suchen glaubten, in Wirklichkeit eine japanische Form von Freiheit. Viele Schwierigkeiten entstanden aus der Verwirrung über die Bedeutung des *jiyū*-Begriffs; man hat sogar darauf hingewiesen, daß *jiyū* die falsche Übersetzung für Freiheit sei; aber wie dem auch sei, seit den Meiji-Zeiten waren die Japaner immer von der Freiheitsfrage besessen, was sich auch in der modernen Literatur deutlich reflektiert.

Um dies zu illustrieren, möchte ich mich einer Episode[60] aus *Botchan* von Sōseki Natsume, für dessen Werke ich mich schon seit langem interessiere, zuwenden. Der Held Botchan insistiert – anders als die Menschen seiner Umgebung, die im Zustand gegenseitiger emotionaler Abhängigkeit leben – auf seiner eigenen Freiheit, ohne die Notwendigkeit von Scham oder Hochachtung gegenüber anderen anzuerkennen. In seinem äußeren Verhalten ist er ein typischer Vertreter der Generation, die die neue »freie« Atmosphäre der Meiji-Zeiten eingeatmet hat. Aber auch er läßt sich sofort durch die Verleumdung Redshirts beirren und wird mißtrauisch gegenüber Yamaarashi, dem er zunächst vertraut hatte. Er fühlt sich verpflichtet, darauf zu bestehen, ihm anderthalb Sen zurückzuzahlen, die jener ausgegeben hatte, als er ihn einst zu einem Eis eingeladen hatte. Die Mentalität, die er hier an den Tag legt, scheint mir ein Zeichen dafür zu sein, wie zerbrechlich sein Freiheitsgefühl ist; wir wollen uns jedoch zunächst anhören, was Botchan selbst zu sagen hat.

»Yamaarashi war der erste, der mich nach meiner Ankunft hier zu einem Eis einlud. Mein Stolz war verletzt, weil ich etwas von einem zwielichtigen Typen wie ihm angenommen hatte – auch wenn es nur ein Eis war. Ich hatte nur eine Portion gegessen, so daß Yamaarashi wohl kaum mehr als 1.5 Sen bezahlt haben kann. Aber von einem Schwindler auch nur einen oder einen halben Sen bekommen zu haben würde mir ein Leben lang ein ungutes Gefühl bereiten. Wenn ich morgen in die Schule gehe, werde ich ihm die 1.5 Sen zurückgeben. Ich habe mir einmal drei Yen von Kiyo geliehen. Seitdem sind fünf Jahre vergangen, und ich habe sie ihr nicht zurückgezahlt. Nicht daß ich es nicht hätte tun können, aber ich mache es einfach nicht. Kiyo erwartet überhaupt nicht, daß ich es ihr gleich zurückgebe. Und ich habe auch gar nicht die Absicht, dies zu tun; ich fühle mich nicht verpflichtet dazu – so als ob sie eine Fremde wäre. Das hieße ja fast, daß ich ihre Freundschaftlichkeit gar nicht schätzen würde oder daß ich in ihrer Herzensgüte einen Fehler gefunden hätte. Daß ich es ihr nicht zurückzahle, bedeutet nicht, daß ich sie nicht achte, sondern daß ich sie als einen Teil von mir selbst ansehe. Kiyo und Yamaarashi kann man natürlich nicht miteinander vergleichen; aber wenn man von jemandem einen Gefallen akzeptiert, der nicht zu den eigenen Leuten gehört, und nichts unternimmt, um ihn wiedergutzumachen, dann tut man ihm damit einen Gefallen; man behandelt ihn dann so, als ob er einem selbst etwas bedeute. Wenn du deinen Anteil selbst bezahlst, so ist die Angelegenheit damit erledigt. Wenn du aber in deinem Innern ein Gefühl von Dankbarkeit bewahrst, dann ist das eine Erwiderung des Gefallens, die nicht mit Geld bezahlt werden kann. Ich bin vielleicht keine wichtige Person, aber ich bin ein unabhängiges menschliches Wesen. Und ein unabhängiges menschliches Wesen sollte sein Haupt vor irgend jemandem beugen – warum? Dies ist eine Art von Dank, die man mit keiner Geldsumme erkaufen kann.«

Bemerkenswert ist hier die Art, in der Botchan, nachdem in ihm – wie seine Worte: »Ich bin vielleicht keine wichtige Person, aber ich bin ein unabhängiges menschliches Wesen« zeigen – die Freiheit des Individuums erwacht ist, mit der Bedeutung des Dankbarkeitsaktes zu kämpfen hat. Dankbarkeit heißt, »sein Haupt vor jemandem beugen«, aber dies ist nicht problematisch, solange die andere Person jemand ist, den man respektieren kann. Er sieht nun in der Dankbarkeit auch einen »Akt der Freundlichkeit« gegenüber dem anderen und versichert, daß dies eine Art des Zurückzahlens sei, die mit keiner Summe Geldes erkauft werden kann. Man könnte dies als eine wirklich fundierte Auseinandersetzung mit dem Dankbarkeitsakt ansehen, läge in Botchans Worten nicht eine eigentümlich pathetische Note. Er erörtert das Problem, Dankbarkeit gegenüber jemand anderem zu zeigen; aber es gelingt ihm, den Eindruck zu vermitteln, daß die andere Person für seine eigene Dankbarkeit dankbar zu sein hätte. Man kann hierin sicherlich den Fall erblicken, in dem sich das mit der Dankbarkeit verbundene Schamgefühl, von dem Vives spricht, in sein Gegenteil verkehrt hat. Wenn dies nicht der Fall wäre, warum hätte dann Botchan, nachdem er einmal das Vertrauen in Yamaarashi verloren hat, den kaum erwähnenswerten Gefallen um alles in der Welt zurückzahlen wollen, so als sei dies ein Vergeltungsakt?

Ich bin fast sicher, daß sehr viele Japaner in einer vergleichbaren Situation in eine ähnliche Gefühlsverwirrung geraten wären wie Botchan – auch wenn sie sich vielleicht nicht auf so extreme Weise verhalten hätten wie er. Wenn ihnen jemand einen Gefallen tut oder ihnen seinen guten Willen zeigt, sind sie tief beeindruckt. Auch wenn sie dies nicht demonstrativ zeigen mögen, sind sie in ihrem Herzen tief davon bewegt. Dies ist nicht problematisch für sie, solange die Beziehung zum anderen gut ist; sollte sie jedoch einen Sprung bekommen, verwandeln sich diese Gefühle sofort in eine unerträgliche Last. Solange ein Individuum nun nichts unternimmt, fühlt es sich in seiner Freiheit (*jiyū*) eingeschränkt und verpflichtet, die Schuld auf die eine oder andere Weise zurückzuzahlen. Wenn ein Japaner einmal zu einem solchen Bewußtsein individueller Freiheit erwacht ist, ist er eben aus diesem Grunde notwendigerweise sehr viel empfindlicher als derjenige, der kein solches Bewußtsein hat. Man könnte sagen, daß die Freiheit des Individuums für die Japaner etwas sehr Zartes ist, das mit dem Etikett »Vorsicht zerbrechlich« versehen werden muß.

Auf der anderen Seite kann man bei den Abendländern, in deren Wesen die individuelle Freiheit doch so fest verankert ist, diese überempfindliche Reaktion der Japaner nicht finden. Auch im Westen trifft man natürlich gelegentlich Menschen, die auf eigentümliche Weise *amae* zugeneigt sind, und andere, die sich – vielleicht durch längeren Kontakt mit Japanern beeinflußt – von Dankbarkeitsgefühlen übermannt zeigen. Aber nichtsdestoweniger ist im Westen der Ausdruck von Dank im allgemeinen kurz und geradeheraus und ohne unangenehmes Nachspiel. Wenn ein Abendländer »Danke schön« sagt, ist die Angelegenheit damit »abgetan«; es gibt hier nicht das den Japanern eigentümliche sich hinziehende Gefühl, das, wie es sich im Wort *sumanai* ausdrückt, anzeigt, daß die »Sache noch nicht abgetan« ist.

Warum sollte dies aber so sein? Warum sollte die individuelle Freiheit ein solch wesentlicher und unzerstörbarer Teil des westlichen Charakters sein? Kann man den Grund darin suchen, daß die Geschichte des Westens – im Vergleich zur japanischen Geschichte – so viele gewaltsame Umstürze erlebt hat, so daß sich beim Individuum das Gefühl eingestellt hat, daß es sich selbst gegen alle möglichen Gefahren schützen muß? Ich glaube nicht, daß dies als Erklärung ausreicht. Meiner Meinung nach gab es auch im Westen einst ein geistiges Vermächtnis, das den Dankbarkeitsakt und die Freiheit des Individuums miteinander vereinbaren konnte. Das geistige Erbe, an das man hier zuerst denkt, ist das Christentum. Eine Beschäftigung mit dem Christentum mag hier als fehl am Platz erscheinen; aber da unsere Erörterung von *amae* und seiner Beziehung zum Freiheitskonzept uns so selbstverständlich zu diesem Punkt geführt hat, will ich die Gelegenheit benutzen, einige Ansichten zu diesem Thema vorzubringen.

Ehe ich damit beginne, möchte ich jedoch für einen Augenblick zu Botchan zurückkehren und versuchen, den Fall zu beschreiben, in dem ein Japaner Dankbarkeit empfindet, ohne dieses Gefühl zugleich als Fessel zu empfinden. Wie wir bereits gesehen haben, bedeuten für Botchan Dankbarkeits- und Verpflichtungsgefühle gegenüber jemandem, der außerhalb des eigenen persönlichen Kreises steht, daß ein »unabhängiges menschliches Wesen« sein Haupt beugen muß. Dies ist unausweichlich mit einem gewissen Grad von Unbehagen verbunden. In deutlichem Kontrast hierzu steht sein Gefühl gegenüber dem Dienstmädchen Kiyo. Auch ihr schuldet er Geld, aber er hat nicht die Absicht, es ihr zurückzugeben. Anzunehmen, daß sie dies erwarten würde, käme einem Zweifel an ihrer Ernsthaftigkeit gleich; dies wäre so, als ob er einen Fehler in ihren besten Gefühlen entdeckt hätte. Aber daß er ihr die Schulden nicht zurückzahlt, heißt nicht, daß er sie nicht ernst nimmt, sondern ist ein Zeichen dafür, daß er sie als einen Teil seiner selbst betrachtet.

Ist Botchan nun aber dankbar für ihre Freundlichkeit oder ist er es nicht? Man kann wohl kaum annehmen, daß er es nicht ist. Aber dennoch hat man das Gefühl, daß er ihr nicht ein einziges Mal ausdrücklich gedankt hat. Da er sie als Mitglied seines eigenen Kreises betrachtet, wäre dies zu kalt und förmlich gewesen. Doch impliziert ist hierin auch, daß er selbst nicht wirklich ein von ihr unabhängiges menschliches Wesen ist. Und genau aus diesem Grunde – weil beide Teil eines Ganzen sind – ist es nicht denkbar, daß einer sein Haupt in Dankbarkeit vor dem anderen beugen würde. Ich denke, jeder Japaner wird diese Argumentation verstehen. Wenn die Japaner Dankbarkeit fühlen, so machen sie entweder ein großes Getue, um zu zeigen, wie bewegt sie sind, oder sie sagen überhaupt nichts. Je intimer die Beziehung, desto weniger wird Dankbarkeit ausgedrückt; zwischen Mann und Frau oder Eltern und Kindern sind Dankesworte so gut wie unbekannt. Ich bin nicht sicher, ob dies schon immer so war oder ob es besonders für die jüngste Zeit zutrifft und ob es nicht in verschiedenen sozialen Klassen oder Schichten gewisse Unterschiede gibt. Aber wie dem auch sei, es ist nicht falsch zu sagen, daß dort, wo Dankbarkeit nicht ausgedrückt wird, beide Seiten – so wie im Falle von Botchan und Kiyo – nicht unabhängig voneinander sind.

Die japanische Eigenart, Freundlichkeiten von *tanin*, denen gegenüber sie eine gewisse Zurückhaltung haben, als Last zu empfinden, während sie die Freundlichkeiten ihres inneren Zirkels, mit dem sie sich eins fühlen, noch nicht einmal mit einem »Danke« bedenken, ist den Japanern selbst vollkommen selbstverständlich; sie würden sich wundern, daß man überhaupt anders empfinden kann. In einer so beschaffenen Welt gibt es keine Freiheit und Unabhängigkeit des Individuums im strengen Sinne dieses Begriffs. Was als Freiheit und Unabhängigkeit des Individuums erscheint, ist bloße Illusion. Aber was geschähe, wenn es ein überirdisches Wesen gäbe, das sie mit dem Geschenk der individuellen Freiheit beglücken würde? In diesem Falle könnten sie noch so viel Dankbarkeit empfinden – und doch wäre es nicht nötig, die eigene Freiheit verletzt zu sehen.

Genau hierin liegt, so glaube ich, die zentrale Botschaft des Christentums. Hierzu sagte Paulus, der erste Denker des Christentums: »So bestehet nun in der Freiheit, zu der uns Christus befreit hat, und lasset euch nicht wiederum in das knechtische Joch fangen.«[61] Er erweiterte und vertiefte die Begriffe des Freien und Sklaven, die ihren Ursprung in sozialen Unterscheidungen hatten. Er benutzte sie, um die zwei dem Menschen möglichen Wege anzuzeigen – die Freiheit durch Christus oder die Sklaverei der Sünde. Wenn man seine Episteln liest, erhält man einen lebhaften Eindruck davon, was Freiheit für ihn in seinem Leben bedeutete. Er kümmerte sich nicht im geringsten um die jüdische Tradition, in der er aufgewachsen war, und auch nicht um heidnische Sitten. Die Möglichkeit der Freiheit des Menschen – wie sie sich in dem Ausdruck »Freiheit in Christi« spiegelt – war natürlich nur dadurch gegeben, daß Christus selbst vollkommen frei war. Man könnte sagen, er wurde getötet, weil er zu frei war und weil er darüber hinaus noch den festen Glauben hatte, daß er selbst gegenüber dem Tod die Freiheit gewonnen hatte.

Diese Idee der Freiheit in Christus wurde wiederum von Augustinus und Luther aufgenommen; aber im Falle Luthers hat man das Gefühl, daß er mit der Betonung dieser Freiheit gleichzeitig ihre Transformation vornahm. Die Freiheit, von der Luther sprach, war – wie aus seinem Pamphlet *Über die Freiheit eines Christenmenschen*[62] deutlich hervorgeht – durchgängig eine durch Christus gegebene Freiheit; im Laufe seiner Rebellion gegen die politische Macht der römischen Kirche verwandelte sich dieses Freiheitskonzept jedoch immer mehr zu einem Begriff, der die Freiheit des Individuums angesichts politischer Unterdrückkung beinhaltete. Man könnte sagen, daß Luther unter dem Namen der Freiheit in Christus ein politisches Freiheitsverständnis, so wie es sich zuerst im antiken Griechenland entwickelt hatte, wiedererweckte.

Luther selbst hatte natürlich keine solchen Absichten; paradoxerweise verneinte er geradezu den freien Willen des Menschen. Auch in seinem praktischen Verhalten war er sehr widersprüchlich – wenn er einerseits die römische Kirche im Namen göttlicher Gerechtigkeit angriff und andererseits die aufständischen Bauern mit Gewalt unterdrücken wollte. Unglücklicherweise sollte sich diese Widersprüchlichkeit Luthers weitervererben und bis zum heutigen Tage überleben.

Daß sich im Westen mit Beginn der Moderne ein Selbstbewußtsein des Individuums und die Idee politischer Freiheit durchsetzen konnten, hing wahrscheinlich mit der durch mehrere Faktoren eingeleiteten Auflösung der feudalen politischen Strukturen des Mittelalters zusammen. Unabhängig von Luther traten innerhalb eines kurzen Zeitraums viele andere Verfechter politischer Freiheit auf – so viele, daß Luther über deren Anzahl erschrocken war –, denn er selbst war in seinen Ansichten noch stark dem Mittelalter verhaftet. Aber trotz dieses Freiheitsgeistes hüllte sich nicht nur Luther, sondern auch die anderen neuen freien Europäer immer noch auf die eine oder andere Weise in den Deckmantel der Religion. Hierin unterschieden sie sich von den Freien des antiken Griechenlands. Mit der Zeit aber wurde dieser Mantel immer fadenscheiniger, und schließlich wurde er gegen das Kleid des säkularisierten Individualismus und des Liberalismus der Moderne ausgewechselt. Aber diese enthielten noch immer – wie schon ihre »ismen« implizieren – eine beträchtliche ideologische und damit religiöse Aura. Um es etwas anders auszudrücken: während der Freie im antiken Griechenland sich seiner Freiheit bewußt war, ohne darüber nachzudenken, wurde die individuelle Freiheit für den modernen Europäer zu einem Glaubensartikel. Als eine Form säkularisierter Religion haben Individualismus und Liberalismus sich bis zum heutigen Tag erhalten, zuweilen treten sie in Konflikt mit dem orthodoxen Christentum, zuweilen gehen sie eine subtile Verbindung mit ihm ein. Zum Teil deshalb, weil mächtige totalitäre Regime begonnen haben, sowohl die politische Freiheit des Individuums wie auch das Christentum zu unterdrücken, neigen heute die Kräfte, die die beiden letzteren repräsentieren, dazu, sich zusammenzutun – eine Situation, die es noch schwieriger macht, die Frage, was Freiheit ist, zu beantworten.

Diese – vielleicht etwas tollkühne – Abschweifung in einen mir fremden Forschungsbereich geschah in der Absicht, die folgende Frage zu stellen: kann man wirklich an die Freiheit des Individuums, diesen illustren Glaubensartikel der modernen westlichen Welt, glauben, oder ist sie lediglich eine Illusion, der ein Teil der Bevölkerung des Westens anhängt? Zu Beginn des 20. Jahrhunderts, sogar noch nach den Erfahrungen des Ersten Weltkrieges, blickten die Abendländer mit Stolz auf ihre Freiheitsidee, ihr ureigenstes geistiges Vermächtnis. Der Historiker und Soziologe Troeltsch z.B. schrieb: »Die Idee der Persönlichkeit, die als Freiheit in der Gewissensmoral, als Sachgehalt in der Gütermoral alles bestimmt, ist selber ein abendländischer Glaube, den der ferne Osten in dieser Weise nicht kennt und der vor allem unser individuelles Schicksal des Europäertums ist.« Es trifft auch heute noch für die Menschen des Westens zu, daß sich ihr

Verhalten auf die stillschweigende Voraussetzung der Freiheit des Individuums gründet, so daß es zwischen ihrem Verhalten und dem der Japaner, die einen solchen Glauben nicht haben, beträchtliche Unterschiede gibt. Aber viele Anzeichen sprechen dafür, daß jener Glaube im Westen in der letzten Zeit allmählich beginnt, zu einer leeren Hülse zu verkommen.

Kurz, den modernen Abendländern ist allmählich der Verdacht gekommen, daß jene Freiheit nichts als eine leere Phrase ist. Die einschneidenden Analysen von Marx, der davon überzeugt war, daß der Kapitalismus die Menschen notwendigerweise entfremde, Nietzsche mit seiner Proklamation, das Christentum sei eine Sklavenmoral, und die Psychoanalyse Freuds, der behauptete, daß das geistige Leben vom Unbewußten beherrscht würde – sie alle trugen dazu bei, den Menschen des Westens über diesen Punkt die Augen zu öffnen. In der Folge wurde der Freiheitsglaube des Abendländers auf grausame Art zerbrochen. Zugegebenermaßen gibt es einige Denker, wie z.B. Sartre, die an der menschlichen Freiheit als einzigem Absolutum in einer Gesellschaft, deren Superstruktur sich im Prozeß der Auflösung befindet, festhalten. Doch wohin führt diese Form von Freiheit? Letzten Endes kann sie nur – wenn mit ihr nicht bloß die einfache Befriedigung individueller Bedürfnisse gemeint ist – die Solidarität mit anderen durch Teilnahme bedeuten; und in diesem Falle würde sich die westliche Freiheitsidee gar nicht so sehr von der japanischen unterscheiden.

Kurz, Freiheit mit *jiyū* zu übersetzen ist nicht so falsch, wie es auf den ersten Blick erscheinen mag, denn Freiheit hat immer nur als Fiktion existiert. Obwohl Marx, Nietzsche und Freud den Freiheitsglauben des modernen Abendländers zerstört haben, wurde anstelle der alten Freiheitsidee keine neue geboren. Der Westen, so wie wir ihn heute vorfinden, ist in einem Morast von Verzweiflung und Nihilismus gefangen. An dieser Stelle ist es sinnvoll, sich daran zu erinnern, daß die japanische Erfahrung seit alters her die Unmöglichkeit von Freiheit lehrt. Für die Japaner existierte Freiheit praktisch nur im Tode. Deshalb wurde der Tod so oft gepriesen und ersehnt. Der Grund hierfür liegt natürlich darin, daß die Japaner im Einklang mit der *amae*-Psychologie lebten; aber es ist auch wahr, daß alle Versuche des modernen Abendländers, *amae* zu verleugnen oder zu umgehen, ihm nicht dazu verhalfen, *amae* zu transzendieren und erst recht nicht der Todeslockung zu widerstehen. Sowohl im religiösen wie auch im weltlichen Bereich waren die Glaubensweisen, die den Westen am Leben hielten, vielleicht Täuschungen und eine Art Opiat; und möglicherweise war es die Erkenntnis dieser Tatsache, die die Abendländer manchmal in den Tod trieb. Wenn dies zutrifft, dann möchte ich daraus schließen, daß auch sie von einem versteckten *amae* verzehrt wurden.

Das *ki*-Konzept

Das Wort *ki* stammt ursprünglich aus dem Chinesischen, so daß das chinesische Verständnis dieses Konzepts zweifellos den japanischen Gebrauch des Wortes beeinflußt hat. Ich möchte mich aber hier hauptsächlich mit der Bedeutung des *ki*-Konzepts beschäftigen, die sich aus Idiomen japanischen Ursprungs erschließen läßt; da der Begriff *ki* in einer großen Anzahl japanischer Ausdrücke, die mit Gefühlen, Temperament und Verhalten zu tun haben, erscheint, hat er offenbar eine vom ursprünglichen chinesischen Verständnis unterschiedene Tönung erhalten. Wenn man sich die Eintragungen unter *ki* in einem beliebigen japanischen Wörterbuch ansieht, so findet man dort eine große Anzahl von besonderen Idiomen, die den Begriff *ki* verwenden. Vorstellungen, die den deutschen Adjektiven schuldig, kapriziös, verquer, verrückt, nervös, engstirnig, reizbar, deprimiert, empfindsam, widerwillig, genial, ungeduldig, vernünftig, großzügig, frei heraus – um nur einige zu nennen – entsprechen, können alle durch Idiome, in denen *ki* das Schlüsselwort bildet, ausgedrückt werden.

Diese Beispiele lassen vermuten, daß *ki* hauptsächlich im Zusammenhang mit dem Gefühlsleben gebraucht wird; aber es gibt auch einige Beispiele, in denen es in Beziehung zu Tätigkeiten des Urteilens, des Bewußtseins oder des Willens zu stehen scheint. In Fällen wie *ki ga togameru* scheint *ki* wiederum so etwas wie »Gewissen« zu bedeuten, was, obwohl es natürlich auch mit Gefühl zu tun hat, ein ganz eigener Fall ist. Worte wie *risei* (»Vernunft«), *kanjō* (»Gefühl«), *ishiki* (»Bewußtsein«), *ishi* (»Wille«), *ryōshin* (»Gewissen«) etc. sind ursprünglich Übersetzungen von Worten aus europäischen Sprachen, und eine der Eigentümlichkeiten des *ki*-Konzepts in der japanischen Sprache ist, daß es ein Allzweck-Wort ist, das für alle hier genannten Beispiele angewandt wird. Im folgenden möchte ich daher die Bedeutung von *ki* nicht im Vergleich zu den Konzepten europäischer Sprachen, sondern im Vergleich zu anderen Begriffen des Japanischen, die mit Seelenfunktionen zu tun haben, betrachten. Die Begriffe, an die man hier – außer *ki* – zunächst bei solchen Funktionen denkt, sind *atama* (»Kopf«), *kokoro* (»Herz«), *hara* (»Bauch«) und *kao* (»Gesicht«).

Bei *atama* liegt die Erklärung auf der Hand. »Kopf« bezieht sich offensichtlich auf die Fähigkeit zu denken oder auf den Denkprozeß, obwohl es sich auch manchmal – wie in den Ausdrücken *atama ga sagaru* (»sich unterlegen geben«, »sich vor etwas beugen«) oder *atama ga takai* (»arrogant sein«) – auf eine Haltung in der Beziehung zu anderen Menschen bezieht. Diese beiden letzteren scheinen einfache wörtliche Beschreibungen menschlicher Haltungen zu sein, aber die erste bezeugt Respekt vor dem »Kopf« des anderen und die zweite entsprechend den fehlenden Respekt. Und natürlich läßt manchmal jemand buchstäblich seinen Kopf hängen oder trägt ihn hoch.

Kokoro bedeutet die Kraft, etwas zu fühlen, oder ein Gefühl selbst. Da diese Bedeutung der von *ki* sehr ähnelt, gibt es verschiedene Fälle, in denen beide Ausdrücke parallel gebraucht werden; sie werden entweder mit *ki* oder *kokoro* gebildet und haben fast identische Bedeutungen. Im Vergleich zu *ki* ist *kokoro* jedoch ein weitergefaßtes und reicheres Konzept. Man kann sagen, *kokoro* sei tief *(fukai)* oder flach/oberflächlich *(asai)*, oder man kann von der »inneren Tiefe« des *kokoro* sprechen, während es entsprechende Ausdrücke mit *ki* nicht gibt. Dies umgrenzt, so glaube ich, das *ki*-Konzept schon etwas näher. Ich möchte die weitere Betrachtung dieses Punktes jedoch für später aufheben und mich zunächst der Bedeutung von *hara* (»Bauch«) zuwenden. So wie der Bauch der Teil des Körpers ist, in dem sich Dinge sammeln und wälzen, so scheinen sich auch die metaphorischen Umschreibungen seelischer Vorgänge mit Hilfe dieses Wortes auf das Selbst als eines Sammelplatzes oder Kompendiums individueller Erfahrungen zu beziehen; d.h. auf etwas, das anderen gegenüber nicht gern gezeigt wird und für diese nicht leicht erkennbar ist. Das *kao*, »Gesicht«, erinnert an das *persona* in seiner ursprünglichen lateinischen Bedeutung, mit der die Maske gemeint ist – d.h. die Oberfläche, die anderen gezeigt wird; eine Außenseite, die täuschen kann, während im Westen das Wort »Person« eine weit profundere Bedeutung erlangt hat.

Um schließlich zu *ki* zurückzukehren: dessen Bedeutung ist, wie wir gesehen haben, der von *kokoro* sehr nahe, aber strenggenommen gibt es zwischen beiden doch Unterschiede; und *ki* hat natürlich auch andere Bedeutungen als *atama* und *hara*. Urteilt man nach der Art, in der es gebraucht wird, so kann man *ki* vielleicht am exaktesten als die Bewegung des Gemüts in der Zeit definieren. Mit anderen Worten, während *atama, kokoro* und *hara* alle die Lokalitäten, in denen die seelischen Vorgänge stattfinden, und die Dinge, die im Hintergrund dieser Phänomene stehen, anzeigen, bedeutet *ki* das Wirken des Phänomens als solches. Dies wird, glaube ich, in dem Ausdruck *ki wa kokoro* (»*ki* ist *ko*-

koro«) sehr gut veranschaulicht, womit gesagt werden soll, daß, obwohl etwas, das man tut, belanglos erscheinen mag, es doch immer eine Manifestation des Herzens ist. Obwohl man also sagt, »*ki* ist *kokoro*«, sagt man normalerweise nicht, »*ki* ist *atama*« oder »*ki* ist *hara*«. Aber wenn die eben gegebene Definition von *ki* richtig ist, müßte es möglich sein, sowohl über *atama* als auch über *hara* mittels des *ki*-Phänomens eine genauere Vorstellung zu gewinnen. Man kann z.B. sagen, er *ki ga kiku* (»er ist schnell von Begriff«), daher hat er einen guten Kopf; oder er *ki ni shinai* (»um bestimmte Dinge schert er sich nicht«), da er *hara ga dekite iru* (»seine eigene Persönlichkeit hat«). Jemand kann sicherlich einen guten Kopf haben, auch ohne *ki ga kiku;* und *ki ni shinai* bedeutet nicht notwendigerweise *hara ga dekite iru,* wahrscheinlich weil die *atama-* und *hara*-Aktivitäten sehr kompliziert sind und oft nicht als *ki*-Phänomene erkannt werden können. In diesem Sinne hat vielleicht der Ausdruck *ki wa kokoro* seine Berechtigung, denn es ist das Wirken des »Herzens«, das am leichtesten durch das *ki*-Phänomen erkannt wird.

Ki erscheint auch als Subjekt in den Beschreibungen der verschiedensten Seelenaktivitäten, wie z.B. *ki ga shizumu* (»*ki* sinkt«, d.h. deprimiert sein) und *ki ga muku* (»*ki* geht in diese Richtung«, d.h. Lust haben, etwas Bestimmtes zu tun). Zusammen gesehen vermitteln diese Beispiele eine Vorstellung von den die Seelenaktivitäten leitenden Grundprinzipien.

Mit anderen Worten, auch wenn sich die Menschen unterscheiden mögen, so scheint doch das in ihnen wirksame *ki* demselben Prinzip zu folgen. Natürlich bedeutet »dasselbe Prinzip« nicht, daß unterschiedliche Menschen notwendigerweise gut miteinander auskommen, denn es kann geschehen, daß ihre *ki* zu entgegengesetzt sind. Aber gerade die Betonung der Unterschiedlichkeit ihres *ki* legt nahe, daß das *ki* von jedem auf der Suche nach derselben Sache ist. Mit anderen Worten, beide suchen im Grunde etwas, das ihrem

Selbst zuträglich ist; aus diesem Grunde wird es als etwas Unangenehmes erfahren, wenn es nicht gelingt, die beiden *ki* miteinander in Einklang zu bringen.

Wenn man sich nicht nur auf die Frage konzentriert, ob die *ki* zusammenpassen oder nicht, sondern alle anderen *ki*-Aktivitäten mit berücksichtigt, so könnte man zu dem Schluß kommen, daß *ki* ständig auf der Suche nach Lustgewinn ist. Und genau hierin liegt das Prinzip der Seelenaktivitäten. Dieses Prinzip entspricht mehr oder weniger Freuds »Lustprinzip«, aber während Freud neben dem Lustprinzip das Realitätsprinzip postuliert, wird in Japan außer dem Lustprinzip keinem anderen psychischen Leitprinzip irgendeine Aufmerksamkeit geschenkt.

Dieser Punkt wird noch einsichtiger, wenn man die eigentliche Bedeutung des Ausdrucks *ki-mama* (der »so wie *ki* einen gerade überkommt« oder so etwas wie »je nach Laune« heißt) betrachtet; daß es einen solchen Ausdruck überhaupt gibt, weist darauf hin, daß *ki* vor allem mit der Suche nach Befriedigung zu tun hat. *Ki-mama* wird gewöhnlich gleichbedeutend mit *waga-mama* (»dickköpfig«, »eigenwillig«, »selbstsüchtig«) gebraucht, und auch die Wörterbücher behandeln beide Ausdrücke gleich; aber strenggenommen haben beide doch unterschiedliche Bedeutungsschattierungen. *Waga-mama* hat normalerweise leicht kritische Untertöne, während dies in den meisten Fällen für *ki-mama* nicht zutrifft. Man sagt z.B. *waga-mama o tōsu* (»sein eigenes *waga-mama* durchsetzen«, d.h. auf seinem Willen beharren), aber man kann nicht sagen *ki-mama o tōsu*. Dieser Unterschied hängt vielleicht mit der Tatsache zusammen, daß *ki-mama* für einen selbst gebraucht werden kann, während *waga-mama* meistens in bezug auf Dritte gebraucht wird. *Ki-mama ni* zu leben (so wie man gerade Lust hat) ist in gewisser Weise ein beneidenswerter Zustand. In der japanischen Gesellschaft wird *waga-mama* prinzipiell nicht gutgeheißen, aber interessanterweise mokiert sich niemand über *ki-mama*, solange es nicht in *waga-mama* umschlägt.

Vielleicht kann man hier den folgenden Schluß ziehen: *amae* ist im wesentlichen eine Sache der Abhängigkeit vom Objekt, die Sehnsucht nach der Identität von Subjekt und Objekt. Auf diesem Hintergrund bedeutet *waga-mama* – mit seinem unverhüllten *amae* – nicht nur den Versuch, von der anderen Person abzuhängen und sich auf sie zu verlassen, sondern auch den Versuch, sie zu beherrschen. Wenn man jedoch *amae* als eine *ki*-Tätigkeit betrachtet, so müßte sich dieses *amae* bis zu einem gewissen Grade objektivieren lassen (d.h., es müßte möglich sein, eine distanziertere Haltung gegenüber dem eigenen *amae* zu gewinnen. *Anm. d. Übers.*). Und in dem Maße, in dem dies gelingt, wird es möglich sein, die Grenzen des eigenen Selbst zu errichten und damit die Unterschiedenheit des eigenen Selbst und der anderen zu akzeptieren. Vielleicht machte gerade die Dominanz der *amae*-Mentalität in der japanischen Gesellschaft die Entwicklung dieses speziellen *ki*-Konzepts erforderlich.

Zum Schluß möchte ich noch etwas über die Konzepte *ki no yamai* (»Geisteskrankheit«) und *kichigai* (»geistiger Zusammenbruch«) hinzufügen. *Ki no yamai* ist ein Zustand, in dem irgend etwas mit *ki* nicht stimmt, weil es in seiner Suche nach Lustgewinn blockiert ist. Um es anders auszudrücken: die *ki*-Tätigkeiten sind normalerweise von einem subjektiven Freiheitsgefühl begleitet, aber im Falle von *ki no yamai* fehlt dieses Bewußtsein. *Kichigai*, als nächstes, bezieht sich auf Fälle, in denen die Lustsuche des *ki* als solche gestört ist. Kurz, *ki* ist abnorm geworden; oder in manchen Fällen kann man sagen, es ist überhaupt nicht mehr vorhanden. Es ist sehr interessant, daß *ki no yamai* und *kichigai* jeweils den modernen Begriffen *shinkeishō* (»Neurose«) und *seishinbyō* (»Psychose«) entsprechen, die beide Übersetzungen aus europäischen Sprachen sind. Darüber hinaus sagen sie weit mehr über das eigentliche Wesen psychischer Störungen aus als solche übersetzten Begriffe und sogar mehr als die ursprünglichen europäischen Worte. Unglücklicherweise geht heute der Trend in Japan dahin, die Begriffe *ki no yamai* und *kichigai* fallenzulassen, weil man sie als unwissenschaftliche Populärausdrücke ansieht. Sie werden dann zumeist durch *noiroze*, d.h. das deutsche Wort *Neurose*, ersetzt, obwohl der Gebrauch dieses Begriffes amüsanterweise genau dem von *ki no yamai* und *kichigai* entspricht. Was im populären Sprachgebrauch als *noirozegimi* bezeichnet wird (»eine Tendenz zur/eine Spur von Neurose«), ist in Wirklichkeit *ki no yamai* und entspricht der Neurose, während *hommono no noiroze* (»richtige Neurose«) *kichigai* bedeutet; bei dieser handelt es sich vom Spezialistenstandpunkt aus gesehen in den meisten Fällen um viel schwerwiegendere psychische Krankheiten als bei der Neurose. Dieser Sprachgebrauch hängt wahrscheinlich damit zusammen, daß die *ki no yamai*- und *kichigai*-Konzepte noch immer fest im japanischen Empfinden verwurzelt sind. aber wie dem auch sei, die japanische Sprache erfaßt nicht nur mit diesen umgangssprachlichen Begriffen das Wesen psychischer Krankheiten, sie ist überhaupt sehr gut geeignet, die verschiedensten Schattierungen psychischer Krankheiten sichtbar zu machen.

Viertes Kapitel

Die Pathologie des *Amae*

Die *toraware*-Mentalität

Shōma Morita gebraucht das Wort *toraware*, um den psychischen Ablauf zu kennzeichnen, den er als charakteristisch für die in Japan mit dem Begriff *shinkeishitsu* bezeichnete Krankheitsform ansah. *Shinkeishitsu* (»nervöse Leiden«) ist ein allgemeiner Begriff, der auf Patienten angewandt wird, die über bestimmte physische Symptome wie Kopfschmerzen, Herzklopfen, Erschöpfung oder Magenblähungen klagen, bei denen die medizinische Untersuchung jedoch keine physischen Abnormitäten ergibt. Derselbe Ausdruck wird manchmal auch für Patienten gebraucht, bei denen solche physischen Symptome von starken Angstgefühlen, Sorgen und Schamgefühlen begleitet sind. Morita erklärt die Ursache von *shinkeishitsu* wie folgt: »Wenn sich die ganze Aufmerksamkeit auf eine bestimmte Körperempfindung konzentriert, so verstärkt sich diese Empfindung; hierdurch wird wiederum die Aufmerksamkeit noch stärker auf diese Empfindung gelenkt. Körperempfindung und Aufmerksamkeit bedingen sich wechselseitig, so daß sich die Fixierung (Befangenheit) immer weiter verstärkt.«[64] Morita bezeichnete diesen Prozeß als »seelische Interreaktion« oder mit einem sehr gebräuchlichen umgangssprachlichen Ausdruck: *toraware* (»Befangenheit«, »Obsession«). Offenbar sagte er zuweilen wirklich zu seinen Patienten: »Du bist *torawareru* (»besessen von«, »befangen in«) . . .« Und zweifellos kam es in nicht so schwerwiegenden Fällen oft vor, daß ein Patient, der der Meinung war, er sei physisch krank, oder der bestimmte irrationale Ängste hatte, sich durch die einfache Erkenntnis der Tatsache, daß dies zutraf, besser fühlte.

Moritas Leistung, dieses *toraware*-Element beim nervösen Patienten erkannt zu haben, ist unbestritten; aber dennoch scheint mir die von ihm eingeführte Theorie der seelischen Interreaktion als solche nicht befriedigend. Es trifft zu, daß diese Interreaktion zwischen Aufmerksamkeitskonzentration und Körperempfindung als Phänomen sehr oft bei *shinkeishitsu*-Patienten zu beobachten ist. Es handelt sich hier jedoch um eine Art Teufelskreis, und jeder Teufelskreis muß eine außerhalb liegende Ursache haben, die ihn ausgelöst hat. Ohne Zweifel war auch Morita sich hierüber im klaren, und wahrscheinlich liegt darin der Grund für seine Behauptung, die Ursache dieser seelischen Interreaktion sei eine »hypochondrische Disposition«. Hier wäre es aber notwendig gewesen, diese hypochondrische Disposition genau zu erklären, aber Morita tut sie einfach als die Angst ab, die jedermann vor Krankheit und Tod hat. Auf theoretischer Ebene kann man sich vielleicht auf diese Weise das Problem vom Hals schaffen, aber natürlich werden durch eine solche Erklärung nicht automatisch die Ängste und Obsessionen eines Patienten geheilt. Deshalb wandte sich Morita wahrscheinlich auch der Arbeitstherapie zu – einem Mittel, die Aufmerksamkeit des Patienten von dieser Interreaktion abzulenken. Gleichzeitig ließ er seine Patienten unter Aufsicht Tagebuch führen und in Gruppen diskutieren, um sie dadurch immer wieder auf die Tatsache ihres *toraware* hinzuweisen.

Ich habe mich recht ausführlich mit Moritas Theorie beschäftigt, weil man sein *toraware* im Zusammenhang mit der *amae*-Psychologie sehen kann – d.h. als eine pathologische Variante dieser Psychologie. Moritas *toraware*-Theorie wurde in Japan lange Zeit als eine spezifisch japanische *shinkeishitsu*-Theorie betrachtet, und als solche wurde sie auch weithin im Ausland rezipiert. Wenn sich nun herausstellen sollte, daß sein *toraware* eine mit dem *amae* zusammenhängende seelische Reaktion ist, würde dies um so mehr für die Richtigkeit dieser Auffassung sprechen. Als ich *shin-*

keishitsu-Patienten mit den Methoden der Psychoanalyse behandelte, wurde meine Aufmerksamkeit zum ersten Mal auf diesen Zusammenhang gelenkt. Mir fiel auf, daß sie alle extrem empfindlich anderen Menschen gegenüber waren und sogar in der therapeutischen Beziehung eine enorme Zurückhaltung zeigten und »befangen« *(kodawari) waren.* Aber man konnte auch feststellen, daß in dem Maße, in dem sie stärkere Gefühle gegenüber anderen zeigten, die Intensität ihrer Symptome abnahm.

Wie ich bereits erwähnte, haben *kigane* (»Zurückhaltung«) und *kodawari* ihren Ursprung in einem versteckten *amae;* hieraus zog ich den folgenden Schluß: der Seelenzustand dieser Patienten erlaubt es ihnen nicht zu *amaeru*(en), auch wenn sie es möchten – dies ist die Brutstätte ihrer Grundangst. Es gelingt solchen Patienten nicht, diese Angst in sich selbst zu verstecken, und so werden sie ständig von ihr verfolgt. Sie verknüpfen diese Angst dann mit einer in Wirklichkeit belanglosen physischen Reaktion – und genau hierin liegt der Auslöser des *toraware*-Zustandes. Meine Theorie dieses Phänomens führt vielleicht insoweit Neues ein, als sie *toraware* im Lichte von *amae* interpretiert; obwohl sie durchaus nicht in Widerspruch zu Moritas Theorie steht, so glaube ich doch, daß sie diese weiterführt, indem sie die psychische Struktur der von Morita postulierten hypochondrischen Disposition aufdeckt.

Wie wir gesehen haben, liegt die Originalität Moritas darin, daß er bereits zu einem frühen Zeitpunkt, 1900, die Aufmerksamkeit auf die *toraware*-Psychologie lenkte. Seine *shinkeishitsu*-Theorien können mit Recht als ein schönes Beispiel origineller Forschung betrachtet werden; aber auch wenn sie als eine spezifisch japanische Theorie gilt – so unterscheidet sich die menschliche Psyche an den verschiedenen Orten der Welt doch nicht grundsätzlich. Selbst wenn sie unterschiedliche Manifestationen annehmen kann, beruht sie doch immer auf allen gemeinsamen Grundpfeilern. Insbesondere die »nervöse« Reaktion, die Morita untersuchte, findet sich auch im Westen; und es wäre in der Tat verwunderlich, wenn es bei westlichen Patienten nicht auch die *toraware*-Mentalität gäbe, auf die Morita hinwies. Nur haben in der Vergangenheit die westlichen Forscher sie nicht bemerkt; dies hängt wahrscheinlich damit zusammen, daß es beim Durchschnittsabendländer im allgemeinen die psychische Tendenz gibt, sie zu verbergen. Es ist aber interessant, daß in den letzten Jahren einige Wissenschaftler sich – unabhängig von den Arbeiten Moritas – mit einem Phänomen beschäftigten, das dem *toraware* entspricht. Einer von ihnen, G. A. Ladee[65] aus Holland, stellt fest, daß das Wesen der Hypochondrie in dem Gefühl liege, man sei von einer pathologischen Veränderung affiziert, plus der Faszination, die dieses Gefühl auslöst. Das Wort »Faszination«, das er für diese Obsession benutzt, ist offensichtlich identisch mit *toraware*. Der deutsche Psychologe Walter Schulte[66] nennt als Behandlungsziel neurotischer Patienten »die Unbefangenheit, zu leben«, d.h. mit anderen Worten, ohne *toraware* zu leben. – Von einem solchen Ziel, so sagt er, sei bisher in der in Frage kommenden Literatur noch nie die Rede gewesen. Die *toraware*-Psychologie, auf die Morita hinwies, ist also neuerlich von zwei Wissenschaftlern anderer Länder, die unabhängig voneinander arbeiteten, erkannt worden; aber keiner von ihnen hat dieses *toraware* weiter hinterfragt und das zugrundeliegende *amae* entdeckt.

Die Angst vor anderen

Der Ausdruck *taijin kyōfu* (»Angst vor anderen«, »Angst im Umgang mit anderen Menschen«), der offenbar zuerst von den Psychiatern, die der Morita-Schule folgten, gebraucht wurde, ist inzwischen für die japanische Psychiatrie zu einem unverzichtbaren Begriff geworden. Er ist nahezu der einzige psychiatrische Spezialbegriff, der nicht nach Übersetzung aus irgendeiner westlichen Sprache klingt; die meisten anderen Fachtermini sind immer noch nicht in die japanische Sprache integriert, und ihre Bedeutung ist für den Laien schwer zu erfassen. Daß die Bezeichnung *taijin kyōfu* eine Ausnahme bildet, hängt ganz gewiß damit zusammen, daß diese Begriffsbildung sich auf die Beobachtung japanischer Patienten stützt. Unter den Patienten, die – wie Morita es kennzeichnete – nervöse Symptome zeigten, gab es eine große Anzahl, die über verschiedene Ängste im Umgang mit anderen Menschen klagten – Angst vor Erröten, Angst, dem anderen in die Augen zu sehen, Ängste hinsichtlich des eigenen Aussehens, Angst vor Körpergeruch usw. Wenn auch nicht alle Patienten ausdrücklich über die hier genannten Schwierigkeiten klagten, so hatten sie doch alle – zumindest die, deren Probleme so ernst waren, daß sie als *shinkeishitsu* diagnostiziert wurden – Schwierigkeiten in der Beziehung zu anderen Menschen. Ein bereits zitierter Beweis dafür ist, daß dieser Patiententypus sich im Verlaufe der Behandlung sehr stark seiner Zurückhaltung *(kigane)* und Schwierigkeiten *(kodawari)* bewußt wird. Daß solche Ängste in der Beziehung zu anderen Menschen – sowohl denen des inneren wie auch denen des äußeren Kreises – bei *shinkeishitsu*-Patienten so ausgeprägt sind, wird von den Anhängern der Morita-Schule den historischen und sozialen Bedingungen, unter denen die Japaner leben, zugeschrieben.

In diesem Zusammenhang ist der Gebrauch des Wortes *hitomishiri*[67] – das wörtlich »Leute kennenlernen« heißt und in den Wörterbüchern normalerweise einfach mit »Schüchternheit« oder »Verschämtheit« übersetzt wird – von größtem Interesse. In der Praxis wird es zumeist im Zusammenhang mit kleinen Kindern gebraucht, zuweilen jedoch auch für junge Erwachsene. Wir wollen uns nun einige typische Beispiele seiner Verwendung etwas näher ansehen.

Kono ko wa mō hitomishiri suru (»dieses Kind zeigt schon *hitomishiri*«) wird für den auf dem Arm getragenen Säugling gebraucht und bezieht sich auf folgendes Phänomen: der

Säugling hat gerade begonnen, seine Mutter von anderen zu unterscheiden und wehrt sich dagegen, von jemand anderem gehalten zu werden, beruhigt sich aber sofort, wenn die Mutter ihn wieder auf den Arm nimmt. Dies entspricht genau dem Phänomen, das der Psychoanalytiker R. Spitz als »Achtmonatsangst« oder »Fremdenangst«[68] bezeichnet. Bemerkenswert ist, daß dieses Phänomen, das im Westen zuerst von einem Wissenschaftler erkannt wurde, in Japan seit alters her – wie sich im Wort *hitomishiri* ausdrückt – von den Müttern wahrgenommen wurde, und zwar nicht von eigens auf diesem Gebiet geschulten. In dem soeben zitierten Satz wird *hitomishiri* als eine Leistung betrachtet – als ein Zeichen für die gesunde seelische Entwicklung des Kindes. Es gibt jedoch auch andere Fälle, in denen eine Mutter z.B. sagt: »Das *hitomishiri* dieses Kindes ist viel zu stark.« In diesem letzteren Fall soll ausgedrückt werden, daß das Kind – obwohl es kein Säugling mehr ist – sich zu sehr an die Mutter klammert und besonders vor Fremden zurückschreckt. In einem ähnlichen Sinne wird das Wort *hitomishiri* manchmal bei Erwachsenen gebraucht; es erscheint dann als Synonym für »Selbstbefangenheit« im Sinne von Schüchternheit oder Verschämtheit. Man kann z.B. sagen: »Ich neige zu *hitomishiri*, deshalb besuche ich nicht gerne Fremde.«

Das Wort *hitomishiri* hat also vielfältige Bedeutungsschattierungen; es bezieht sich nicht nur auf die Zeit, in der ein Kind beginnt, andere wahrzunehmen, sondern es wird auch für die Persönlichkeitsentwicklung bis hin zum Erwachsenenalter gebraucht – hier wird mit ihm das Phänomen beschrieben, daß ein Erwachsener auf dieselbe Art wie das Kind, das gerade die Fähigkeit erworben hat, Menschen voneinander zu unterscheiden, Fremde meidet. Der letztere Fall, der als eine Form von Entwicklungsverzögerung betrachtet werden kann, ist bei den Japanern recht häufig zu finden und kann für sich genommen wohl kaum schon als pathologisch bezeichnet werden, obwohl – wenn diese Tendenz zu stark ausgeprägt ist – die betreffende Person natürlich darunter leiden wird. Bei *shinkeishitsu*-Patienten, die oft über ihre Schwierigkeiten im Umgang mit anderen Menschen klagen, ist dies der Fall; während jene, die als *taijin kyōfu* diagnostiziert werden – mit den Symptomen wie Erröten, Unfähigkeit, dem Blick des anderen zu begegnen, Ängste über die persönliche Erscheinung, Körpergeruch usw. – als Individuen betrachtet werden können, deren Persönlichkeit durch ein stark ausgeprägtes *hitomishiri* pathologische Züge trägt. Daß in Japan das *hitomishiri* schon immer wahrgenommen wurde, erleichtert die Untersuchung der Ursprünge dieser Schwierigkeiten oder Ängste im Umgang mit anderen, und daß diese Art von Schwierigkeiten in Japan so häufig zu finden ist, kann man als Bestätigung der von der Morita-Schule vertretenen Theorien sehen.

Ehe ich auf die Beziehung zwischen *hitomishiri* und der pathologischen Angst im Umgang mit anderen im Detail eingehe, wollen wir fragen, wie dieses *hitomishiri* aussieht, wenn es zuerst beim Säugling auftritt. Wie wir bereits gesehen haben, erscheint das erste *hitomishiri* dann, wenn das Kind seine Mutter wahrnimmt und sie von anderen unterscheidet. Diese Entwicklung, die darauf beruht, daß das Kind erkennt, daß es auf seine Mutter angewiesen ist, ist auch die Basis, auf der sich das *amae* des Kindes gegenüber seiner Mutter entwickelt. Tatsächlich kann man sagen, daß das *amae* des Kindes gleichzeitig mit seinem *hitomishiri* beginnt. Dies legt die Annahme nahe, daß *amae* im Spiel ist, wenn in der post-infantilen Periode Phänomene auftreten, die dem *hitomishiri* ähneln. Mit anderen Worten, *hitomishiri* und *amae* sind die zwei verschiedenen Seiten derselben Münze. In der als normal betrachteten Entwicklung folgt der ersten *hitomishiri*-Erfahrung die allmähliche Ich-Entwicklung des Kindes. Im Laufe dieses Prozesses entwickelt das Kind Beziehungen zu anderen Menschen neben seiner Mutter und wächst allmählich in ein breites Muster menschlicher Beziehungen hinein. Aber auch hierbei wird in der japanischen Gesellschaft immer die Unterscheidung zwischen innerem und äußerem Kreis aufrechterhalten, wobei das Individuum durch den inneren Kreis, in dem es ihm erlaubt ist, zu *amaeru*(en), geschützt ist. Da *amae* gegenüber Menschen des äußeren Kreises nicht unmittelbar möglich ist, wird ein gewisses Maß von *hitomishiri* für nichts Außergewöhnliches gehalten. Hinsichtlich dieses *hitomishiri* gibt es jedoch große individuelle Unterschiede. Wenn z.B. ein Mensch von Geburt an extrem empfindlich ist, oder wenn die Persönlichkeit der Mutter oder andere Umweltfaktoren eine gute Mutter-Kind-Beziehung während der frühen Kindheit verhindert haben, wird er, so scheint es, nie die *hitomishiri*-Erfahrung überwinden, die dann bis zum Erwachsenenalter überlebt und die entsprechenden Ängste im Umgang mit anderen Leuten hervorbringt.

Aber trotz all diesem enthält das Auftauchen von Angst im Umgang mit anderen Faktoren, die sich nicht allein auf der Ebene der Mutter-Kind-Beziehung in der frühen Kindheit erklären lassen; denn man kann sehr häufig feststellen, daß eine ähnliche Angst dann auftritt, wenn ein Individuum die vertraute Gemeinschaft verläßt, um in einer fremden Umgebung zu leben, z.B. wenn jemand vom Land in die Stadt zieht oder die Schule verläßt und in einer neuen Umgebung zu arbeiten beginnt.

Selbstverständlich wird nicht jeder Mensch unter solchen Umständen Angst empfinden; hier kommen natürlich individuelle Unterschiede ins Spiel, die davon abhängen, wie jemand seine frühen Lektionen gelernt hat. Mich interessieren hierbei jedoch die sozialen Faktoren, die dafür verantwortlich sind, daß ein derart prädisponiertes Individuum im Umgang mit anderen solche Angstsymptome zeigt. Eine entscheidende Rolle spielt hier die Tatsache, daß sich in Japan nach der Meiji-Restauration der Charakter der bis dahin vorherrschenden traditionellen Beziehungen allmählich veränderte. Man könnte diese Veränderung – um sich der

Terminologie Tönnies'[69] zu bedienen – als den Wandel von Beziehungsformen, die auf der »Gemeinschaft« beruhen, zu Beziehungen, denen die »Gesellschaft« zugrunde liegt, kennzeichnen. In der japanischen Gesellschaft herrscht in weiten Bereichen immer noch die Gemeinschaftsform vor, d.h. eine Welt, in der, wie wir in Kapitel 1 sahen, *amae* immer noch dominierend ist; es gibt jedoch Anzeichen dafür, daß sie sich Schritt für Schritt in ein Sozialgebilde mit »Gesellschafts«-Charakter verwandelt. Aus diesem Grund ist es für das Individuum von heute nicht mehr so einfach wie in der Vergangenheit zu *amaeru*(en). Oder vielleicht ist auch die Gesellschaft so komplex geworden, daß es nicht mehr so leicht ist, die Regeln zu erkennen, nach denen es erlaubt ist, unbefangen zu *amaeru*(en). Aber wie auch immer, das Ergebnis ist, daß Menschen mit einem von Anfang an stark ausgeprägten *hitomishiri* mehr und mehr unter frustriertem *amae* leiden, das sich dann so aufstaut, daß aus ihm neurotische Ängste im Umgang mit anderen entstehen. Dies ist natürlich nur eine Vermutung, aber auch wenn sie nicht in jedem Falle zutrifft, kann sie doch, so glaube ich, nicht weit von der Wahrheit entfernt sein. Und so haben jene, die sich nicht den der Meiji-Restauration folgenden sozialen Umbrüchen anpassen konnten, mit der Zeit eine Vielfalt neurotischer Symptome entwickelt. Für diese Menschen hielt die Morita-Therapie eine angemessene Lösung bereit.

Bedenkt man, wie anders im modernen Japan im Gegensatz zu früheren Zeiten Schamgefühle bewertet werden, so scheint sich das soeben Gesagte zu bestätigen. Die Schüchternheit und Verlegenheit, die ein Mensch mit *hitomishiri* Fremden gegenüber fühlt, ist ja auch eine Form von Scham. Während aber in der traditionellen japanischen Gesellschaft das Schamgefühl eine wichtige Rolle spielte und dem Zeigen von Scham mit Verständnis oder sogar Hochachtung begegnet wurde, habe ich den Eindruck, daß der Gesellschaft heute – unter dem Einfluß des Westens – die hierfür nötige

Großherzigkeit verlorengegangen ist. Wenn Schamgefühle heute auch nicht gerade zum Nachteil gereichen, so bringen sie doch niemandem mehr Vorteile. Es scheint plausibel, daß jemand, der spürt, daß der andere seinen Schamgefühlen nicht mit Verständnis begegnet, diese gegen sich selbst wendet; sie erzeugen dann Spannungen in ihm, die wiederum Angstsymptome wie Erröten und Zweifel an der eigenen Person noch verstärken. Diese Form sozialen Wandels hat sich seit dem Ende des Zweiten Weltkrieges noch beschleunigt und die sich heute zeigenden Manifestationen von Angst entsprechend beeinflußt. Eine neuere Studie über die Neurosetrends unter jungen Menschen[70] zeigt, daß in jüngerer Zeit Symptome wie Erröten, das offensichtlich aus einem Schamgefühl herrührt, langsam abgenommen haben, während die Unfähigkeit, jemand anderem in die Augen zu sehen, und Ängste wegen Körpergeruchs zugenommen haben – letztere Symptome kamen vor und unmittelbar nach dem Krieg nur selten vor. Diesen Befund, der mit meinen eigenen klinischen Beobachtungen übereinstimmt, könnte man – worauf auch der Autor dieser Studie hinweist – als den Wandel von einem »Schamgefühl gegenüber seiner Umgebung« zu einem »Angstgefühl gegenüber seiner Umgebung« interpretieren; das Grundmotiv hierfür liegt wahrscheinlich darin, daß die Gesellschaft, wie oben erwähnt, nicht mehr bereit ist, es zu akzeptieren, wenn ein Individuum Scham zeigt.

Ki ga sumanai

Das Gefühl, das mit den Worten *ki ga sumanai* (»nicht zufrieden sein«) – wie in dem Satz »er ist niemals zufrieden, solange nicht ...« – ausgedrückt wird, entsteht, wenn die Dinge sich anders entwickeln, als man es sich wünscht. Beispielsweise: *kono shigoto o kyō-jū ni shiagenai to dōmo ki ga sumanai* (»Ich werde mich einfach nicht wohlfühlen, wenn es mir nicht gelingt, diese Arbeit heute hinter mich zu bringen«). Diese *ki ga sumanai*-Mentalität erscheint bei bestimmten pathologischen Fällen in einer sehr ausgeprägten Form.

Ich habe bereits angedeutet, daß *ki* die Seelenbewegung in der Zeit anzeigt und ein psychisches Prinzip darstellt, das grundsätzlich lustorientiert ist. Ich habe außerdem gesagt, daß für die Japaner *ki* ein Medium darstellt, durch das sie ihre eigenen Seelentätigkeiten objektivierend betrachten und das zur Sicherung der eigenen Geistesfreiheit und -integrität dient. Wenn man den Ausdruck *ki ga sumanai* unter diesem Aspekt betrachtet, kann man zu einigen interessanten Schlüssen kommen: jemand, der *ki ga sumanai* fühlt, ist jemand, der sich bis zu einem gewissen Grad seiner eigenen Seelentätigkeiten als eines integrierten Ganzen bewußt ist. Er sucht, das zu befriedigen, was ihm als sein eigenes *ki* bewußt ist, und kann dabei alles andere vernachlässigen. In diesem Sinne könnte man ihn fast einen Egoisten nennen. Der Umgang mit ihm mag zuweilen schwierig erscheinen. Aber es bedeutet auch, daß er wenig davon hält, sich auf andere zu verlassen. Wenn man nun den Versuch unternimmt, zwischen *sumanai* und *ki ga sumanai* zu unterscheiden, so heißt *sumanai* gegenüber jemand anderem zu fühlen, daß man ihm gegenüber sein *amae* lebendig hält, während man bei dem *ki ga sumanai*-Gefühl den anderen Menschen weniger Bedeutung gibt als dem eigenen *ki:* jemand, der zu *ki ga sumanai*-Gefühlen disponiert ist – der Zwangscharakter –, ist offenbar über die infantile Form von *amae* hinausgewachsen; in einer Gesellschaft, die wie die japanische von *amae* beherrscht ist, gehört er zu den eher autonomen Persönlichkeiten.

Dies bezieht sich jedoch nur auf Vorgänge, die man als »normal« bezeichnen kann und bei denen das Individuum weiß, daß – wenn es auf eine bestimmte Weise handelt – sein Zwang befriedigt werden wird; wo eine solche Befriedigung nicht erreicht werden kann und die daraus resultierende

Frustration zu einer ständigen Quelle des Leidens wird, ist die Reaktion pathologisch. Im Normalfall gibt es Kommunikationswege zwischen dem Selbst und dem *ki*, aber im Falle einer Pathologie gibt es eine Spaltung zwischen beiden. Die Ursache dieser Spaltung liegt wahrscheinlich darin, daß das Individuum, das über *amae* hinausgewachsen zu sein scheint, dies in Wirklichkeit nicht ist, so daß in ihm unterdrückte Ressentiments und Gekränktheitsgefühle *(kuyashisa)* lebendig sind. Der Grad an Befriedigung, den das *ki* erreichen kann, ist also unterschiedlich; er hängt davon ab, ob es sich um einen normalen oder um einen pathologischen Fall handelt, aber der Ausdruck *ki ga sumanai* ist in beiden Fällen angemessen.

Daß derselbe Ausdruck *ki ga sumanai* in der Umgangssprache sowohl für das normale Individuum als auch für das unter einer Zwangsneurose leidende gebraucht werden kann, weist darauf hin, daß den Japanern ein zwanghafter Zug eigen ist. Solche zwanghaften Züge gibt es natürlich nicht nur bei den Japanern; in der einen oder anderen Form kommen sie in jedem Land vor, und es gibt sicherlich auch Völker mit ähnlichen Persönlichkeitszügen. Was man jedoch als ein Charakteristikum der Japaner bezeichnen könnte, ist deren Möglichkeit, in dem Satz *ki ga sumanai* all die verschiedenen Manifestationen zwanghafter Strebungen auszudrücken und zusammenzufassen. Sie meinen, daß es in solchen Fällen ganz natürlich sei, sich so zu verhalten, daß das *ki* befriedigt wird, und halten es in der Tat für lobenswert, dies zu tun.

Man könnte z.B. sagen, daß der berühmte japanische »Fleiß« mit dem zwanghaften Zug zusammenhängt, der in der Wendung *ki ga sumanai* ausgedrückt wird. Land-, Fabrik- und Büroarbeiter stürzen sich in Japan in ihre Arbeit, ohne sie in Frage zu stellen – und zwar nicht deshalb, weil sie durch Armut dazu gezwungen wären, sondern weil sie sich *ki ga sumanai* fühlen würden, wenn sie es nicht täten. Der Bedeutung ihrer Arbeit schenken sie kaum eine Überlegung; sie fragen auch nicht, welchen Nutzen sie für die Gesellschaft als Ganze oder für sie selbst und ihre Familien hat. Bis zu einem gewissen Grad zögern sie auch nicht, um ihrer Arbeit willen Opfer zu bringen. Vom Standpunkt der Arbeit selbst aus mag dies ideal sein, und es ist zweifellos schwierig, ohne ein gewisses Maß eines solchen Enthusiasmus irgendeine Arbeit gut zu bewältigen. Gefährlich hierbei ist jedoch die Tatsache, daß, ehe man es merkt, sich die Motivation von der Arbeit als solcher ablöst und sich nur noch aus dem *ki ga sumanai*-Gefühl nährt. Wenn ein bestimmter Arbeitsabschnitt beendet ist, wird auch ein solcher Mensch Befriedigung fühlen und sich eine Erholung erlauben. Aber da immer irgendeine Arbeit anstehen wird, fühlt er bald wieder *ki ga sumanai* und begibt sich aufs neue unter Arbeitsdruck.

Dies ist für die Japaner etwas derart Selbstverständliches, daß in der Vergangenheit niemand weiter darüber nachgedacht hat; in ihren extremeren Ausprägungen ist diese Tendenz jedoch mit der Zwangsneurose identisch. Wo es einem Individuum aus diesem oder jenem Grunde nicht mehr möglich ist, seine Arbeit zu vollenden und sein *ki ga sumanai*-Gefühl zu beschwichtigen, wird es nicht selten in eine krankhafte Melancholie verfallen. Jemandem, der nicht zufrieden ist, wenn er nicht arbeitet, gelingt es auch nicht, sich freie Zeit zu nehmen. Er kann auch nichts nur um des Spaßes willen tun. Und selbst wenn er es tut, geschieht es in vielen Fällen aus einem Verpflichtungsgefühl heraus oder weil er sich nicht von seinen Kollegen ausschließen will, so daß das Amüsement seine eigentliche Bedeutung einbüßt und selbst wiederum zu einer Art von Arbeit wird. Manchmal betrinkt sich ein solcher Mensch vielleicht mit seinen Kollegen, sie machen viel Lärm und Spektakel – aber dies zeugt wahrscheinlich nur von dem Wunsch, dem *ki ga sumanai*-Gefühl, wenn auch nur für kurze Zeit, zu entrinnen.

Mit dem »Freizeitboom« der letzten Jahre fing man an, die Tugend des Amüsements zu preisen, aber es stellen sich doch Zweifel ein, ob die Japaner wirklich die Fähigkeit erworben haben, sich sorglos zu amüsieren. Denn auch wenn sie sich amüsieren, hat man den Eindruck, daß sie irgendeine Art von Pflicht erfüllen – mit anderen Worten, sie würden *ki ga sumanai* fühlen, wenn sie es nicht täten. In diesem Zusammenhang ist es bemerkenswert, daß ausgerechnet das Wort *asobi* (sich amüsieren, spielen) – verglichen mit seinen Äquivalenten in westlichen Sprachen – einen recht abschätzigen Klang hat. Die große Ähnlichkeit dieses Phänomens mit dem westlichen Puritanismus ist sehr interessant; es ist denkbar, daß auch die Wurzeln des Puritanismus in einem psychischen Syndrom liegen, das dem hier skizzierten ähnlich ist.

Die Unfähigkeit, ein Amüsement als solches positiv zu erleben, hängt wahrscheinlich damit zusammen, daß das *ki ga sumanai*-Gefühl bei den Japanern so tiefgehend ist. Im allgemeinen ist es dort, wo die Arbeit eine objektive Verpflichtung ist und einen abgegrenzten Bereich darstellt, auch möglich, sich von dieser Verpflichtung zu befreien und sich eine Freizeitphase zu erlauben. Es ist auch möglich, eine Arbeit nicht nur aus einem *ki ga sumanai*-Gefühl heraus zu tun, sondern weil man eine seelische Befriedigung aus der Arbeit selbst bezieht. Aber wenn ein Individuum Zwängen unterliegt, so gibt es keine Ruhepause für den Geist *(ki)*, ob er nun arbeitet oder sich amüsiert. Dies mag der Grund dafür sein, warum die Japaner im Ausland im allgemeinen für ernst und steif gehalten werden und ihnen der Sinn für Humor abgesprochen wird. Es ist zwar eine extrem paradoxe Vorstellung, aber es scheint möglich, daß es gerade die Sehnsucht nach *amae* ist, die die Japaner veranlaßt, *amae* zu verleugnen, wenn es sich herausstellt, daß diese Sehnsucht in der Wirklichkeit schwer zu befriedigen ist. Deshalb sind sie so oft in dem einengenden Gefühlszustand gefangen, der durch *ki ga sumanai* ausgedrückt wird.

Homosexuelle Gefühle

Wenn ich nun von homosexuellen Gefühlen sprechen werde, so meine ich hiermit nicht Homosexualität im engen Sinne. Das Wort Homosexualität bezieht sich gewöhnlich auf die Erfahrung sexueller Attraktion und die Neigung zu sexueller Vereinigung zwischen Mitgliedern desselben Geschlechts; ich möchte hier jedoch »homosexuelle Gefühle« in einem weiten Sinne gebrauchen und mich mit ihnen auf den Fall beziehen, in dem die emotionalen Bindungen zwischen Mitgliedern des gleichen Geschlechts wichtiger werden als die zum anderen Geschlecht. Sie entsprechen etwa dem, was im allgemeinen als »Freundschaft« bezeichnet wird. Aber während bei einer Freundschaft normalerweise das Hauptgewicht auf der gegenseitigen Wohlgesonnenheit der Freunde liegt, ist in dem von mir gemeinten Fall die Tatsache von Bedeutung, daß die emotionalen Bindungen, die die Basis der Freundschaft bilden, Vorrang haben vor der zwischengeschlechtlichen Liebe. Auch kommen solche Gefühle nicht nur zwischen Freunden auf, sondern ebenso zwischen Lehrer und Schüler, zwischen älteren und jüngeren Mitgliedern einer Organisation oder auch zwischen Kind und gleichgeschlechtlichem Elternteil.

Darüber hinaus sollte man bedenken, daß – obwohl diese Gefühle mit Homosexualität im engen Sinne verbunden sein können – sie nicht notwendig in diese Form von Homosexualität münden müssen; eine solche Entwicklung findet in Wirklichkeit recht selten statt. Die hier gemeinten homosexuellen Gefühle gehören durchaus in den Bereich des Normalen, und jeder hat solche Gefühle im Verlaufe seines Heranwachsens erfahren – auch wenn es hier natürlich hinsichtlich der Dauer solcher Phasen, in denen diese Gefühle vorherrschen, individuelle, kulturelle und soziale Unterschiede gibt. Es ist z.B. möglich, daß ein sexuell normales Individuum, das bereits ein normales Eheleben führt, emotional immer noch unter der Dominanz homosexueller Gefühle steht.

Welche Bedeutung homosexuelle Gefühle in Japan haben, kam mir erst aufgrund des Kulturschocks, von dem ich in Kapitel 1 berichtet habe, zu Bewußtsein. Ich war überrascht, als ich entdeckte, welch große Bedeutung in Amerika – anders als nach der traditionellen japanischen Sitte – zwischengeschlechtlichen Beziehungen nicht nur nach der Heirat, sondern auch vorher, beigemessen wurde. Es ist richtig, daß Japan in den letzten Jahren in dieser Hinsicht Amerika immer ähnlicher geworden ist, aber doch hat die alte Tendenz noch weitgehend überlebt. Wenn jemand z.B. in Amerika eine Party gibt, bemüht er sich immer, daß die Zahl der Männer und Frauen aufgeht, in Japan dagegen geschieht das kaum. Die Japaner reisen sehr häufig in Gruppen – angefangen von Schulexkursionen bis hin zum Erwachsenenalter, wo die Menschen häufig mit Mitgliedern ihrer Firma oder einer anderen Organisation, zu der sie gehören, Reisen unternehmen –, aber normalerweise werden sie in solchen Fällen nicht von ihrer Familie begleitet. In Amerika nimmt man normalerweise seine Familie mit auf Reisen. Auch in Amerika existieren soziale Kontakte mit Mitgliedern des gleichen Geschlechts nicht nur vor, sondern auch nach der Heirat, aber im Prinzip hat die Ehebeziehung oder Liebesbeziehung immer den Vorrang. Wenn Mitglieder desselben Geschlechts immer zusammen auftreten oder sehr große Vertrautheit zeigen, bedeutet das, daß sie sofort der Homosexualität verdächtigt werden; und die Menschen dort sind in diesem Punkt besonders empfindlich. Japan, auf der anderen Seite, ist der ideale Ort, um gleichgeschlechtliche Freundschaften offen und ohne Scham auszuleben. Die Anziehungskraft, die die japanische Gesellschaft angeblich auf westliche Homosexuelle ausübt, hängt sicherlich damit zusammen, daß diese Gesellschaft schon immer darauf verzichtet hat, der Homosexualität Restriktionen aufzuerlegen, und daß man in Japan gegenüber dem Ausdruck homosexueller Gefühle extrem tolerant ist.

Ich kenne keine literarische Arbeit, die so exakt den Charakter homosexueller Gefühle in der japanischen Gesellschaft skizziert, wie Sosēki Natsumes *Kokoro*. Von dem Moment an, in dem der junge Mann, der als Ich-Erzähler der Geschichte auftritt, zum ersten Mal am Strand von Kamakura die Gestalt erblickt, die er später Sensei nennen wird, fühlt er sich von ihr angezogen und hat das starke Verlangen, ihre Bekanntschaft zu machen. Wenn der andere Mann z.B. schwimmt, so schwimmt er selbst in seinem Sog. Aber da Sensei keine Notiz von ihm nimmt, findet er keine Gelegenheit, mit ihm ins Gespräch zu kommen. Eines Tages jedoch ergibt sich die ersehnte Gelegenheit: als Sensei aus dem Wasser kommend seinen Sommerkimono anzieht und seine Brille, die unter dem Kimono lag, auf die Erde fällt.

Blitzschnell wirft er Kopf und Arme unter den Sitz, holt die Brille und gibt sie Sensei zurück – endlich hat er die Gelegenheit, ihn kennenzulernen. Dies erinnert auf fast peinliche Weise an die Anstalten, die ein Mann unternimmt, wenn er die Aufmerksamkeit einer Frau, die ihm gefällt, auf sich ziehen will. Wie auch immer, die Szene vermittelt dieselbe Atmosphäre erotischer Spannung wie bei einem vergleichbaren Zusammentreffen zwischen Mann und Frau.[71]

Der Autor war sich dessen offensichtlich vollkommen bewußt, als er diese Szene schuf; denn später in dem Roman, nachdem es dem Helden zur Gewohnheit geworden ist, Sensei zu besuchen, fragt ihn letzterer, warum er so oft zu ihm komme, und erklärt ihm dann später, daß es »aus Liebe« geschehe. Betroffen insistiert der Held, daß dies nichts mit Liebe zu tun habe, aber Sensei beharrt: »Du kommst in meine Wohnung – wir sind gleichen Geschlechts – und dies ist eine Station auf dem Weg zur Liebe mit Frauen.«

Neben dieser enthält der Roman *Kokoro* viele andere Skizzierungen homosexueller Gefühle. Es wird ersichtlich, daß Sensei während seiner Studentenzeit seinen Freund K mehr oder weniger überredet hatte, mit ihm in seiner Wohnung zu leben – das Motiv war offensichtlich homosexueller Natur. Zu dieser Zeit interessierte er sich für die Tochter seiner Wirtin, war aber, da er gleichzeitig fürchtete, in eine von der Mutter gestellte Falle zu gehen, verstört und unentschlossen. Er versuchte, sich den Plänen seiner Wirtin zu entziehen, und indem er seine Wohnung mit K teilte, hoffte er, seine psychische Stabilität wiederzuerlangen, die durch seine Beziehungen zum anderen Geschlecht aus dem Gleichgewicht geraten war. Die Wirkung hielt jedoch nur kurze Zeit an; denn in dem Augenblick, in dem sich zwischen seiner Wirtin, deren Tochter und K eine persönliche Freundschaft entwickelte, wurde Sensei von Eifersucht gepackt. Diese rührte wahrscheinlich zum Teil aus seinem Gefühl, daß K ihm die Liebe der beiden Frauen gestohlen hatte; aber es scheint fast, als spielte sein Groll darüber, daß K sich mehr für die Frauen als für ihn interessierte, eine noch größere Rolle. Er war überzeugt gewesen, daß K's asketisch gefärbter Idealismus ihn daran hindern würde, sich überhaupt mit dem anderen Geschlecht einzulassen, und auf dieser Voraussetzung war seine leidenschaftliche Freundschaft zu K entstanden. Diese Freundschaft erlitt einen schweren Schlag, als K ihm beichtete, daß er die Tochter liebt. Einerseits klagt er nun K mit genau den Worten an, die dieser selbst früher einmal an ihn gerichtet hatte: »Ein Mann, der nicht den Wunsch hat, sich selbst geistig zu erheben, ist ein Narr«, auf der anderen Seite rächt er sich, indem er K zusammenschlägt und mit der Wirtin eine Vereinbarung trifft, selbst die Tochter zu heiraten. Unmittelbar danach hat er starke Schuldgefühle *(sumanai)* gegenüber K, aber einige Tage später, noch ehe er die Chance hatte, sich bei K zu entschuldigen, begeht dieser Selbstmord, und der Schock hinterläßt Sensei in höchster Verzweiflung.

Von dieser Zeit an wird Sensei vom Geist K's heimgesucht, bis er schließlich K in den Tod folgt – auch er begeht später Selbstmord. Er sagte jedoch zu seiner Frau nie ein Wort über die tiefe Beziehung, die er zu K hatte. Gibt es einen deutlicheren Ausdruck homosexueller Gefühle?

Meine Darstellung von *Kokoro* ist recht ausführlich geworden. Auf einen Punkt möchte ich jedoch trotzdem noch eingehen: dieser Roman stellt nicht nur zutreffend dar, in welcher Weise homosexuelle Gefühle in der japanischen Gesellschaft vorherrschen, sondern er übt gleichzeitig eine Kritik hieran; denn die Schicksale von Sensei und K sind höchst eloquente Zeugnisse dafür, daß die ausschließliche Konzentration auf männliche Freundschaft für die Betroffenen oft Zerstörung bedeutet. Wenn Sensei dem Helden gegenüber die rätselhafte Bemerkung macht: »Liebe ist Sünde. Und sie ist auch göttlich«, hat man das Gefühl, daß er nicht so sehr an die Affäre mit der Tochter der Wirtin denkt, sondern an seine Beziehung zu K. Dies wird noch verstärkt durch Senseis anschließende Beobachtung, daß die Gefühle des Helden gegenüber ihm selbst verdächtig seien.

Es ginge natürlich zu weit, wollte man immer, wenn Sensei über Liebe spricht, annehmen, er meine homosexuelle Beziehungen. Man kann die Bemerkung »Liebe ist Sünde« auch ohne solche Hintergedanken – als die schlichte Überzeugung, daß Liebe zur Sünde führe – verstehen und als Warnung davor, sich mit Frauen einzulassen. Aber man kann sich des Eindrucks nicht erwehren, daß eine solche Interpretation zu oberflächlich ist und daß der Autor in Wirklichkeit etwas anderes andeuten wollte; denn die einzige Beziehung, über die im Roman ein Urteil gesprochen wird, ist Senseis Haltung gegenüber K, die der wirkliche Grund dafür ist, warum seine Liebesbeziehungen zu Frauen scheitern. Wie auch immer, es waren Senseis Erfahrungen in der Vergangenheit – als seine Zuneigung für K ihn auf der anderen Seite veranlaßte, sich an diesem zu rächen –, die ihn dazu bewegten, die Zuneigung des Helden ihm gegenüber zurückzuweisen. An einer Stelle sagt er: »Du sollst dich nicht zu sehr auf mich verlassen. Du würdest es dann später nur bereuen, und dann wirst du eine grausame Rache nehmen, weil du dich getäuscht fühlst.« Und er fügt hinzu: »Die Erinnerung daran, daß man einmal vor jemandem auf den Knien gelegen hat, läßt einen später wünschen, mit Füßen auf ihm herumzutrampeln. Ich ziehe es vor, heute auf Huldigungen zu verzichten und den Beleidigungen der Zukunft zu entgehen. Ich will lieber damit fertig werden, jetzt einsam zu sein, als in der Zukunft noch einsamer sein zu müssen. Wir leben in einer Zeit der Freiheit, der Unabhängigkeit und des Selbst, und ich glaube, diese Einsamkeit ist der Preis, den wir dafür zahlen müssen.«

Die hier zitierten Worte Senseis enthalten höchst bedeutsame Implikationen; aber um diese richtig verstehen zu können, muß man sich zunächst deutlich machen, was er so bitter anklagt. Das Vorausgegangene drängt die Antwort »homosexuelle Gefühle« auf; aber man muß dann fragen, was dies letzten Endes bedeutet. Klagt er homosexuelle Gefühle an, weil sie auf dasselbe Geschlecht gerichtet sind? Dies reicht offensichtlich als Erklärung nicht aus. Ein Gefühl ist sicherlich nicht verwerflich, nur weil es sich auf dasselbe Geschlecht richtet. Wenn man sich nun die zu Beginn dieses Abschnitts gegebene Definition ins Gedächtnis ruft und in dem Falle von homosexuellen Gefühlen spricht, wenn sie Priorität vor heterosexuellen Gefühlen haben, so werden die Umrisse dieses Phänomens etwas klarer erkennbar, obwohl man hiermit noch nicht zum Wesentlichen dieser Gefühle vorgedrungen ist.

Natürlich wird man aus dem soeben zitierten Beispiel aus *Kokoro* schon eine allgemeine Vorstellung über die hier in Rede stehenden Gefühle gewonnen haben, aber man würde doch in Verlegenheit geraten, sollte man deren *Gestalt* in Worten ausdrücken. Ich bin der Meinung, daß man in dieser Frage weiterkommt, wenn man sagt, daß das Wesen dieser homosexuellen Gefühle *amae* ist. Ich beeile mich hinzuzufügen, daß *amae* natürlich auch bei der Heterosexualität im Spiel ist und keineswegs auf homosexuelle Gefühle beschränkt ist. Besonders in Japan wird ja *amae* traditionellerweise als ein an heterosexuellen Beziehungen beteiligtes Gefühl betrachtet. Ganz allgemein ist *amae* ein unabtrennbarer Bestandteil von Liebe *(koi)*, und Liebe ist –

wie Plato in *Symposium* behauptet – immer dieselbe, gleichgültig ob das Objekt zum gleichen oder zum andern Geschlecht gehört. Aber doch kann man, so meine ich, zu Recht sagen, daß das Wesen homosexueller Gefühle in *amae* liegt. Die psychologische Begründung dieser Ansicht soll für später aufgehoben werden; zunächst möchte ich zeigen, daß es auf der Basis dieser Interpretation sehr viel deutlicher wird, was in *Kokoro* kritisiert wird. Dies mag für den japanischen Leser insoweit einigermaßen überraschend sein, als *amae* – sei es das *amae* eines Kindes zu seinen Eltern, eines Schülers gegenüber seinem Lehrer, eines Firmenangestellten gegenüber seinem Vorgesetzten, eines Jüngeren gegenüber einem Älteren – in der japanischen Gesellschaft als das Allerselbstverständlichste betrachtet wird. Er wird vielleicht sagen, daß *amae* etwas durch und durch Unschuldiges ist, etwas Unverzichtbares für den Bestand menschlicher Beziehungen. Und in der Tat – so gesehen erscheint *amae* eher als etwas Lobenswertes denn als etwas, das Kritik verdiente. Ohne Zweifel kann man argumentieren, daß es die Wurzel jener schönsten Früchte menschlicher Berührungen wie Freundschaft, die Meister-Schüler-Beziehung, ja wahrscheinlich von Liebe überhaupt ist. Das Anrührende der fast erotischen Beziehung zwischen Yoshitsune und Benkei, die in *Kabuki* gezeichnet wird, liegt sicherlich darin, daß in ihr ein solch tiefer geistiger Austausch stattfindet, der normalerweise in einer Meister-Schüler-Beziehung nicht zu finden ist.

All dies trifft ohne Zweifel zu. In *Kokoro* sagt Sensei: »Liebe ist eine Sünde ... Und sie ist auch göttlich.« Und so könnte man auch von *amae* sagen, daß es heilig und unschuldig ist. Bedeutsam ist aber, daß *amae* zu etwas Bösem werden kann. Natürlich sind Freundschaft, die Meister-Schüler-Beziehung und Liebe nicht an sich schlecht; Senseis Freundschaft für K enthielt auch Sympathie und Respekt – für sich genommen ohne Zweifel bewundernswerte Dinge. Aber was vergiftete nun die Freundschaft? Die Erklärung liegt sicherlich in Senseis *amae* gegenüber K. *Amae* war dafür verantwortlich, daß Sensei, als er sich vernachlässigt fühlte, Rache nahm. Die Zuneigung des Romanhelden für Sensei enthält ohne Zweifel den ernsthaften Wunsch zu lernen, ein Wunsch, der nichts mit *amae* zu tun hat. Er ist bewundernswert und sicher auch dafür verantwortlich, daß Sensei es schließlich wagt, dem Helden die furchtbare Wahrheit über sich zu enthüllen. Doch, zur gleichen Zeit, kann Sensei das *amae* des Helden nicht ertragen, denn er weiß aus eigener Erfahrung, wie schnell *amae* in Haß umschlagen kann. Seine einzige Hoffnung ist, daß – wenn er dem Helden die Wahrheit über sich erzählt – dieser aus seinem *amae* erwachen und zu einer Neugeburt seines Selbst gelangen wird.

Die in *amae* verborgene Gefahr hängt einerseits mit der Instabilität des *amae* als solchem zusammen, aber zum andern scheint sie aus der Zeit, in der wir leben, zu erwachsen – einer Zeit »voller Freiheit und Unabhängigkeit des Selbst«. Ich werde auf diesen Punkt später noch zurückkommen und an dieser Stelle versuchen zu zeigen – indem ich mich auf Freuds Theorien über Homosexualität beziehe –, warum meine These, das Wesen homosexueller Gefühle liege in *amae*, ihre Berechtigung hat. Zunächst geht man im allgemeinen davon aus, daß die Hauptursachen für Homosexualität die folgenden sind: aus irgendeinem Grunde hat der Junge in seiner frühen Kindheit eine besonders enge Beziehung zur Mutter. Wenn er nun das Alter erreicht, in dem er sich für das andere Geschlecht interessieren sollte, ist er nicht fähig, sich aus dieser engen Beziehung zu seiner Mutter zu lösen. Er identifiziert sich mit seiner Mutter – er wird sozusagen zu seiner Mutter – und sucht sich so Liebesobjekte, die ihm selbst ähnlich sind. Wenn Homosexualität nun in vielen Fällen das Ergebnis einer engen Mutterbindung ist – kann man in ihr dann nicht einen Ausdruck von *amae* sehen? Und es ist in der Tat ein durch klinische Beobachtungen bestärktes Faktum, daß Homosexuelle sich untereinander einen Grad von *amae* gewähren, den sie vor anderen normalerweise nur sehr zögernd offen zeigen. Ein anderer interessanter Gesichtspunkt der Freudschen Theorie ist die Behauptung, daß homosexuelle Gefühle sowohl bei Neurose als auch bei Psychose eine verborgene pathologische Rolle spielen. Und in der Tat sind homosexuelle Gefühle ein grundlegendes Konzept der ganzen Freudschen Theorie. Jedoch sind »homosexuelle Gefühle« für sich genommen, wie wir gesehen haben, ein zu unpräziser Begriff. Und man kann nicht erwarten, daß sie als Konzept, das keiner weiteren Ausarbeitung bedürfte, allgemein akzeptiert werden. Eine nähere Untersuchung dieses Konzepts, die zu dessen eigentlichem Wesen vordringt, ist nötig. Freud leistete dies jedoch nicht. Ein Grund dafür ist sicherlich, daß ihm das äußerst hilfreiche *amae*-Konzept nicht zur Verfügung stand.

Freuds Theorie nun, nach der homosexuelle Gefühle in Neurose und Psychose eine bedeutende Rolle spielen, und Sōsekis Vorstellungen, wie er sie in seinem Roman *Kokoro* vorstellt, scheinen einander insofern zu ergänzen, als Sōseki sagt, daß homosexuelle Gefühle nicht die Grundeinsamkeit des Menschen überwinden können und daß sie ihn nur unglücklich machen. Wenn man sowohl bei Freud wie auch bei Sōseki das Wort Homosexualität durch das Wort *amae* ersetzt, so kann man beider Vorstellungen vielleicht folgendermaßen zusammenfassen: die aus *amae* erwachsenden Frustrationen und Konflikte führen zu den verschiedensten psychischen Problemen. Und auch dort, wo *amae* durch Liebe, Freundschaft oder die Zuneigung zwischen Lehrer und Schüler befriedigt wird, läßt es der Seele keinen Frieden. Die Befriedigung ist nur vorübergehend und endet unausweichlich in Desillusionierung. Denn in der heutigen Zeit der »Freiheit, Unabhängigkeit und des Selbst« ist die Solidarität mit anderen, die die Voraussetzung des *amae* ist, letzten Endes nichts anderes als eine Fata Morgana. Beide Männer stellen fest, daß wir uns mit der Wahrheit über uns selbst – unsere Einsamkeit und Isolation – abfinden müssen, wenn wir nicht desillusioniert werden wollen.

Kuyamu und *kuyashii*

Zwei in der japanischen Sprache sehr wichtige Worte sind das Verb *kuyamu* (was soviel heißt wie »bedauern« im Sinne von »bedauern, daß etwas geschehen ist, über das man keine Kontrolle hatte oder bei dem es zu spät ist, etwas dagegen zu tun«) und das Adjektiv *kuyashii* (was in etwa bedeutet »ärgerlich«, »verdrießlich«, »kränkend«). Beide Worte haben dieselbe Wurzel, und ihre Bedeutungen sind einander sehr ähnlich, denn *kuyamu* heißt, fühlen, daß etwas *kuyashii* ist; das Bedauern bei *kuyamu* ist verknüpft mit der Vorstellung: »Wenn ich nur rechtzeitig gewußt hätte . . .« Offensichtlich ist *kuyamu* eine Abwandlung eines anderen Verbs – *kuiru* –, das »bedauern« oder »bereuen« bedeutet; bei der Verwendung beider Verben gibt es jedoch einen feinen, aber bedeutsamen Unterschied, denn *kuiru* drückt das Bedauern über etwas aus, für das man selbst verantwortlich war, während *kuyamu* weitergeht; es drückt darüber hinaus noch das Bedauern über das Bedauernmüssen aus. Mit anderen Worten, im Falle von *kuyamu* ist es mit einfachem Bedauern nicht getan: das Gefühl »Wenn ich nur nicht . . .« muß für alle Zeit die Seele beschweren. Man könnte *kuyamu* auch als das Bedauern darüber definieren, daß man es zugelassen hat, sich in eine Situation zu bringen, wegen der man Reue fühlen muß. Kurz, *kuyamu* stellt einen viel komplexeren, tiefergehenden Gefühlszustand dar als *kuiru*. Und mir erscheint es höchst interessant, daß es in der japanischen Sprache ein einfaches Alltagswort gibt, mit dem ein solch komplexer Seelenzustand ausgedrückt werden kann.

Bei der Trauer über einen Todesfall sprechen die Japaner der Familie des Verstorbenen ihr Beileid traditionsgemäß mit der Wendung *okuyami mōshiagemasu* (»Darf ich mein *kuyami* ausdrücken«) aus. Lange Zeit habe ich nicht verstanden, warum dies als Ausdruck des Mitleids mit den Hinterbliebenen dienen konnte – vielleicht weil ich bis dahin noch nicht die Erfahrung gemacht hatte, einen engen Verwandten zu verlieren. Als ich jedoch selbst diese Erfahrung machen mußte, wurde mir schließlich auch die Bedeutung dieser konventionellen Wendung deutlich. Kurz, als ich jemanden verlor, der mir sehr nahestand, hatte ich kaum zu ertragende Reuegefühle. Wenn ich nur, sagte ich zu mir selbst, dies oder das getan hätte ... Und obwohl ich wußte, daß all meine Reue das Geschehene nicht rückgängig machen konnte, war es mir doch lange Zeit nicht möglich, diese Reuegefühle abzulegen. Ich erfuhr eine mir neue Art von Schuldgefühlen gegenüber dem Verstorbenen und gleichzeitig ein Bedauern darüber, daß ich solche Schuldgefühle haben mußte. Zu dieser Zeit realisierte ich zum ersten Mal, daß der Ausdruck *okuyami mōshiagemasu* wirklich ein Ausdruck tiefen Mitleids ist. Beim Gedanken an den Toten hat die Familie die verschiedensten Reuegefühle über die Dinge, die sie getan oder unterlassen hat. Auch derjenige, der sein Beileid ausspricht, fühlt fast immer – wenn er dem Verstorbenen zu dessen Lebzeiten nahegestanden hat – in gewisser Weise Reue, wenn auch nicht so stark wie die Familie. Gerade dadurch nun, daß man diese Reuegefühle anspricht, kann man am ehesten zeigen, daß man die Gefühle der Hinterbliebenen teilt.

Wenn man jemand Nahestehenden verliert, fühlt man nicht nur Traurigkeit über den Verlust, sondern sehr oft Reue über die Dinge, die man getan oder unterlassen hat. Und dies scheint der Grund dafür zu sein, warum – sowohl im Westen wie im Osten – die Sitte entstand, um den Toten zu trauern. Ursprünglich war dies nicht nur eine oberflächliche Höflichkeit gegenüber dem Toten, sondern ein institutionalisiertes Mittel, die seelischen Leiden über den Tod von jemandem, der einem nahe und lieb war, zu mildern. Wenn in einem solchen Falle Depressionen auftreten, kann man deren Ursache leicht erkennen. Aber es gibt andere Fälle, in denen diese Form von Depression auftritt, ohne daß ein klar erkennbarer Grund vorläge. Am typischsten hierfür ist der Gemütszustand, der früher Melancholie genannt wurde und heute einfach als Depression bezeichnet wird. In solchen Fällen ist das auslösende Ereignis aber nicht unmittelbar ersichtlich. Trotzdem bleibt die betreffende Person in schwermütige Verlustgefühle versunken und wird von den verschiedensten Reuegefühlen über die Vergangenheit geplagt. Seine Gemütsverfassung ist also jener, die durch den Verlust von jemand Nahestehendem hervorgerufen wurde, sehr ähnlich; Freud[72] versuchte konsequenterweise auf die psychologischen Mechanismen der ersteren ein Licht zu werfen, indem er sie mit denen bei der Trauer um einen Toten in Zusammenhang brachte. Man fragt sich, warum vor Freud kein einziger Psychologe der Ähnlichkeit dieser beiden Phänomene seine Aufmerksamkeit schenkte.

Ich selbst finde es nun sehr interessant, daß Freud nicht bemerkte, daß das Gemeinsame bei der Trauer über den Verlust von jemand Geliebtem und bei der Depression in der *kuyami*-Mentalität liegt. Diese Behauptung kann natürlich, wird sie nicht weiter ausgeführt, leicht zu Mißverständnissen Anlaß geben. Da Freud die exzessiven Selbstanklage-Gefühle, die bei der Depression eine solch auffallende Rolle spielen, erörtert, scheint es fast, als habe er sich mit der *kuyami*-Mentalität auseinandergesetzt. Die Frage ist jedoch, welchen Charakter die Selbstanklage-Gefühle in diesem Fall haben. Freud scheint bei der Klärung dieses Problems große Schwierigkeiten gehabt zu haben; aber wäre ihm das japanische *kuyami*-Konzept bekannt gewesen, hätte er es wahrscheinlich leichter lösen können; denn das wesentliche Merkmal der Selbstanklage in der Depression liegt in der Tatsache, daß sie *kuyami* ist und nicht *kui*. Da darüber hinaus die *kuyami*-Mentalität eng mit dem zusammenhängt, was mit dem Adjektiv *kuyashii* ausgedrückt wird, enthalten diese Konzepte auch deutlich die aggressiven

Tendenzen, die, wie Freud feststellte, in der Depression verborgen sind.

Wie wir zu Beginn dieses Abschnitts sagten, haben *kuyami* und *kuyashisa* natürlich ursprünglich dieselbe Wurzel und ihre Bedeutungen sind fast identisch; in ihrer Verwendungsweise gibt es jedoch beträchtliche Unterschiede. Während *kuyami* ausschließlich introvertiert ist, ist sich *kuyashii* – wie der Ausdruck *makete kuyashii* verdeutlicht (»wie ärgerlich, verloren zu haben«, ist wohl die naheste Entsprechung im Deutschen) – bis zu einem gewissen Grade der äußeren Welt bewußt. Bei *kuyashisa* selbst ist die nach außen gerichtete Attacke natürlich fast immer gleichzeitig auch gegen das Selbst gerichtet; *kuyami* entsteht also offenbar dann, wenn dieses *kuyashisa* sich noch weiter nach innen richtet. Wie auch immer, bei der Depression ist hauptsächlich *kuyami* wirksam, und es gibt hier kaum ein *kuyashisa*-Gefühl; solange man *kuyashii* fühlt, verfällt man nicht in Depression – erst dann, wenn ein Individuum nicht mehr in der Lage ist, überhaupt noch *kuyashii* zu fühlen, beginnt die depressive Form von *kuyami*.

Wie wir bereits gesehen haben, müssen *kuyami* und *kuyashisa* nicht unbedingt pathologisch sein, sondern finden sich auch bei normalen Individuen. *Kuyami*, so könnte man sagen, wird nur zur Depression, wenn es die ganze Seele überschwemmt. Man könnte auch sagen, daß der Gemütszustand eines Menschen in dem Maße depressiv ist, in dem *kuyami* gegenwärtig ist. Die Entwicklung dieses *kuyami* kann man kennzeichnen, indem man sagt, daß der erste Ausgangspunkt darin liegt, daß irgendein Widerstand gegen *amae* auftritt. Das Individuum versucht die Dinge so zu arrangieren, daß es sich besser fühlt *(ki ga sumu)*, aber die Obsession läßt sich nicht besiegen *(ki ga sumanai)* und es fühlt sich *kuyashii* (ein schwer faßbares Gefühl von Wut); wenn auch dies nichts hilft, ist das Ergebnis *kuyamu* (ein Gefühl passiver, hilfloser Reue). Da diese Erklärung jedoch etwas zu schematisch ist, wollen wir diesen Prozeß etwas konkreter untersuchen, indem wir uns dem Individuum zuwenden, das jemand Nahestehenden verloren hat.

In der Erinnerung an den Verstorbenen wird der Hinterbliebene die verschiedensten Reuegefühle haben. Zweifellos repräsentieren diese eine Art von Schuldgefühl, das wiederum etwas Unangenehmes hinterläßt, und im Grunde seines Herzens bedauert er es, daß er nicht umhin kann, solche Schuldgefühle zu haben. Obwohl diese Gefühle also als Selbstanklage erscheinen, sind sie in gewisser Weise auch ein Ressentiment gegen den Verstorbenen oder – wenn nicht gegen ihn – gegen das Schicksal. Da er im Grunde wünscht, daß er solche Schuldgefühle nicht haben müßte, ist dies eine Form von *amae*. Gleichzeitig kann man dies jedoch auch – da es in der Wirklichkeit nicht möglich ist, sich von den Schuldgefühlen zu befreien – als die Unmöglichkeit zu *amaeru*(en) verstehen. Kurz, jemand hatte mit dem Verstorbenen zu dessen Lebzeiten bestimmte Konflikte, aber während der andere noch lebte, gelang es ihm, diese nicht zur Obsession werden zu lassen *(ki ga sumanai)*. Nachdem der andere jedoch gestorben ist, kann er seine Gefühle nicht mehr kontrollieren *(ki o sumasu)*. Er mag sich noch so ärgern *(kuyashii)*, daß er bestimmte Dinge nicht getan hat, während der andere noch lebte, nun ist es zu spät. Das Ergebnis ist, daß er sich dem *kuyami*-Gefühl hingibt.

Zum Schluß möchte ich mich noch kurz der Tatsache zuwenden, daß die Japaner für diesen Gemütszustand sehr anfällig sind – dies dürfte auch wohl kaum verwundern, wenn man bedenkt, daß, wie wir gezeigt haben, *kuyami* und *kuyashisa* Erweiterungen der *amae*-Mentalität sind. Der Hang der Japaner, mit Charakteren wie z.B. Hangan in *Chūshingura* zu sympathisieren, hängt eng hiermit zusammen. Tadao Satō[73], dessen Erörterung dieser Frage von tiefer Einsicht zeugt, stellt fest, daß die starke Affinität der Japaner zu Volkshelden wie Yoshitsune, Kusunoki Masashige, den »siebenundvierzig treuen Samurai« und Takamori Saigō – die alle in der einen oder anderen Weise Unglück und

Niederlagen erlitten – ein Zeichen für eine Art moralischen Masochismus sei. Ich halte diese Interpretation für völlig zutreffend, aber eben diese Mentalität kann man auch in einfachem alltäglichem Japanisch als ein *kuyashisa*-Produkt bezeichnen. Die Japaner sind sehr anfällig für *kuyashisa*-Gefühle und scheinen sie merkwürdigerweise geradezu anzubeten, ohne sich darüber klar zu sein, daß das *kuyashii*-Gefühl als solches etwas Abstoßendes ist. Sie identifizieren sich mit jenen historischen Figuren, die ihre Last mit solchen Gefühlen gehabt zu haben scheinen, und indem sie sie hochpreisen, versuchen sie eine Katharsis ihres eigenen *kuyashisa* zu erreichen.

Diese Neigung zeigt sich nicht nur gegenüber historischen Figuren, sondern auch gegenüber zeitgenössischen Persönlichkeiten. Als neueres Beispiel könnte man die vage Sympathie zitieren, die die Öffentlichkeit Zenkyōtō entgegenbringt. (Tatsächlich entstand ein eigener Begriff – *shinjo sampa* – zur Kennzeichnung eines Sympathisanten der Zenkyōtō-Bewegung.) Dies kann man natürlich als ein Zeichen dafür betrachten, daß die Ansichten Zenkyōtōs selbst ein hohes Maß öffentlicher Sympathie rechtfertigen, aber ich bin sicher, daß dies nicht der einzige Grund ist, denn auch jene, die sich vage auf die Seite Zenkyōtōs stellen, weigern sich zumeist, die gewalttätigen Aktionen der Organisation gutzuheißen; diese können sie höchstens als etwas »Unvermeidbares« akzeptieren. Immer wenn die »Aufruhrpolizei« etwas gegen die Gewaltakte der Zenkyōtō unternimmt, kann man allgemein beobachten, daß die Sympathie auf seiten der letzteren ist. Und es ist nur zu offensichtlich, daß diese Reaktion durch die im Vergleich zur Zenkyōtō-Bewegung überwältigende Macht der »Aufruhrpolizei« noch verstärkt wird. Mit anderen Worten, die meisten Zuschauer identifizieren sich unbewußt mit dem *kuyashisa*, das die Zenkyōtō-Studenten wahrscheinlich fühlen, und unterstützen sie deshalb emotional, auch wenn sie sie mit dem Intellekt kritisieren.

Die Sympathie, die die Japaner *kuyashisa*-Gefühlen entgegenbringen, scheint den Abendländern weitgehend fremd zu sein. Natürlich gibt es auch im Westen Rachegefühle, aber während dort Rache eng mit einem Gerechtigkeitsgefühl verknüpft ist, muß dies bei dem japanischen *kuyashisa* nicht notwendigerweise der Fall sein. Letzteres ist viel eher mit *amae* verknüpft. Die Mentalität des *Ressentiments,* über die im Westen in letzter Zeit viel diskutiert wurde, kommt dem *kuyashisa* vielleicht schon etwas näher; für den Abendländer ist dies jedoch ein Gefühl, über das er nicht gerne mit anderen spricht – und unter diesem Aspekt steht es in starkem Kontrast zu der Bedeutung, die dem *kuyashisa*-Gefühl in Japan gegeben wird. Nach Nietzsche liegt das aus der Sklavenhaltung entstehende Ressentiment dem Christentum zugrunde. Und sogar vor Nietzsche hat Kierkegaard – obwohl er eine völlig andere Einstellung zum Christentum hatte – von den negativen Implikationen des Ressentiments gewarnt.[74] In neuerer Zeit beschäftigte sich *Max Scheler*[75] ausführlich mit dem Ressentiment, aber auch er setzt sich, wie die anderen, kritisch mit ihm auseinander. Es ist sehr aufschlußreich, daß diese Emotion in Japan so gänzlich anders eingeschätzt wird als im Westen; der Grund hierfür liegt ohne Zweifel an dem Vorhandensein oder Nicht-Vorhandensein der *amae*-Mentalität.

Auch in Japan wird das *kuyashisa*-Gefühl als solches durchaus nicht als etwas Angenehmes angesehen, und es ist den Menschen hier auch bewußt, daß es oft die unmittelbare Ursache für Gemütskrankheiten ist. Aber trotzdem wird dieses Gefühl mit Respekt behandelt – eine Tatsache, die man letzten Endes der bejahenden Haltung der Japaner gegenüber *amae* zuschreiben kann. Die Menschen des Westens auf der anderen Seite sind dem Ressentiment gegenüber negativ eingestellt, obwohl dies nicht bedeutet, daß sie es durch diese Haltung aus der Welt schaffen – ein überzeugender Beleg hierfür ist, daß Nietzsche, der das Christentum so leidenschaftlich bekämpfte, in seiner Persönlichkeit die verschiedensten Ressentiments versammelte. Es ist aber interessant, daß der heutige westliche Mensch sich allmählich – durch die Mentalität, die sich im Ressentiment ausdrückt – der *amae*-Psychologie annähert.

Verletztheitsgefühle

Eine andere Gruppe von Worten, die symbolisch für einen bestimmten Aspekt japanischer Psychologie steht, ist um das Substantiv *higai* zentriert. Dieses Wort, das mit zwei chinesischen Zeichen geschrieben wird, von denen eines »erhalten« und das andere »Schaden«, »Verletzung« bedeutet, war in Japan erst nach der Meiji-Restauration von 1868 gebräuchlich; es wurde hier als ein Rechtsbegriff eingeführt, um verursachten Schaden *(higai)* oder die Partei, der Unrecht getan wurde *(higaisha)*, zu bezeichnen. Später wurde dieses Wort von Psychiatern für die Übersetzung des deutschen Wortes »Beeinträchtigung« (in Ausdrücken wie »Beeinträchtigungswahn«, japanisch *higaimōsō*) adoptiert. Interessant ist hier, daß dieses *higaimōsō*, das ja ursprünglich als Fachterminus eingeführt wurde, sehr schnell in die Umgangssprache einging und darüber hinaus noch weitere neue Begriffsbildungen nach sich zog, wie z.B. *higaisha ishiki* (das Bewußtsein, daß einem Unrecht getan wurde, ein Gekränktheitsgefühl) und *higaiteki*. Letzteres Wort ist ein Adjektiv (oder – wenn der Partikel *ni* angehängt wird – ein Adverb), das durch die Hinzufügung des Suffix *teki* gebildet wird und sich einer genauen Übersetzung in westliche Sprachen widersetzt. So bedeutet »etwas *higaiteki ni* nehmen«, daß man sich (ungerechtfertigterweise) angegriffen oder kritisiert fühlt, »etwas als gegen sich gerichtet auffaßt«. Wenn man z.B. von etwas »verletzend auffassen« spricht, so ist das zwar kein gutes Deutsch, kommt aber dem Sinn des Wortes nahe.

Die Bereitschaft, mit der die Japaner diesen Begriff aufnahmen und erweiterten, hängt sicherlich damit zusammen, daß es im Japanischen ohnehin eine Fülle von Ausdrücken gibt, die genau dieses *higai-* oder Schadenerleidens-Phänomen bezeichnen. Ein Beispiel hierfür ist der Gebrauch des Passivs im Japanischen, auf den Haruhiko Kindaichi[76] hingewiesen hat. Im Japanischen wird das Passiv – anders als z.B. im Englischen – nicht für Konstruktionen wie »Das Haus wurde von einem Zimmermann erbaut« gebraucht; aber man sagt z.B.: »Uns wurde ein Haus auf unseren Spielplatz gebaut« – d.h., »jemand kam und baute (zu unserem Verdruß) ein Haus auf unseren Spielplatz«. Dieser Gebrauch des Passivs, den es im Englischen nicht gibt, berücksichtigt die Gefühle der Kinder, auf deren Spielplatz das Haus gebaut wurde. Ebenso ist es bei »Ich wurde heute vollgeregnet« – eine weitere, typisch japanische Passiv-Konstruktion. Nicht nur diese Verwendung des Passivs – um erlittenen Schaden oder Kränkungen anzuzeigen – ist ein auffallender Zug der japanischen Sprache, sondern ebenso die Tatsache, daß es ungemein viele Ausdrücke gibt, mit denen man besonders darauf hinweist, daß einem etwas Gutes getan wurde. Beides scheint auf ein grundlegendes Gekränktheits- und Verletztheitsgefühl hinzuweisen, d.h., daß man zunächst davon ausgeht, daß einem Gutes verweigert wird.

Andere gebräuchliche Ausdrücke, die von derselben Haltung zeugen, sind *jama sareru* und *jama ga hairu* (wenn etwas, das man tut, von einer äußeren Instanz gestört oder verhindert wird). Das Wort *jama* selbst, das mit den zwei chinesischen Zeichen für »böse« und »Dämon« geschrieben wird, war ursprünglich ein buddhistischer Begriff, der wörtlich den bösen Dämon, der den Mönch bei seinen religiösen Verrichtungen störte, bezeichnete; aber im Laufe der Zeit wurde diese Bedeutung auf die Umgangssprache erweitert und für fast alles angewandt, das irgendwie den Seelenfrieden eines Menschen stören kann. Darüber hinaus kann man durch kleine Veränderungen an dem Wort, das *jama* folgt, die verschiedensten damit zusammenhängenden Seelenzustände ausdrücken, z.B. *jama suru* (»verhindern«), *jama ni naru* (»im Weg sein«) oder *jama ni suru* (als Behinderung oder Ärgernis betrachten).

Weil mich dieses sprachliche Phänomen sehr interessierte, schrieb ich zu einem früheren Zeitpunkt einen Artikel, in dem ich auf die Beziehung zwischen dem *jama*-Gefühl und der *amae*-Mentalität einging.[77] »Der Prototyp von *amae*«, so schrieb ich dort, »findet sich natürlich beim Säugling; hier wird der Versuch gemacht, das *amae*-Objekt – die Mutter – zu monopolisieren; große Eifersucht kommt auf, wann immer die Mutter ihre Aufmerksamkeit auf etwas anderes richtet. Andere Menschen erscheinen ihm so als *jama* (Objekte, die im Weg sind, Hindernisse), die er aus dem Weg zu räumen versucht. Die Häufigkeit, mit der ein Individuum, wenn es *amaeru*(t), dieses *jama*-Gefühl hat, hängt sicherlich mit der Tatsache zusammen, daß die Befriedigung seines *amae* völlig von der anderen Person abhängt, der gegenüber es die Haltung passiver Abhängigkeit einnimmt. Da nun das *amae*-Objekt nicht vollständig kontrolliert werden kann, fühlt man sich entsprechend leicht verletzt oder sieht seine eigenen Ziele gestört.«

Kurz, man könnte sagen, daß das Gefühl, behindert oder gestört zu werden, d.h., Opfer zu sein, eng mit der *amae*-Mentalität zusammenhängt und daß die Vorherrschaft der *amae*-Mentalität auch für das starke *jama*-Bewußtsein in der japanischen Gesellschaft verantwortlich ist. Dieses Gekränktheitsgefühl ist auch bei Reaktionen wie *suneru* und *higamu*, die schon (s. S. 37) erklärt wurden, im Spiel. Aber nicht nur in den Fällen, wo – wie bei *jama sareru* und *jama ga hairu* – das Gefühl, die benachteiligte und verletzte Partei zu sein, deutlich zum Ausdruck gebracht wird, sondern in fast allen Fällen, in denen das Wort *jama* benutzt wird, lauert ein ähnliches Gefühl im Hintergrund. Beispielsweise ist die Opfer (aktiv-opfernd)-Mentalität von *jama suru* nur die Umkehrung der Opfer (passiv)-Mentalität von *jama sareru*;

urteil man nach den Erfahrungen, so geht diese letztere wahrscheinlich dem zuvor erwähnten *jama ni suru* voraus. Das Gefühl, daß einem etwas im Weg steht, birgt das Gefühl in sich, daß man geopfert wird, und fällt wahrscheinlich mit der Bedeutung von *toraware* (S. 120f.) zusammen. Das Gefühl, »daß man selbst im Weg ist« *(jama ni naru)*, ist wiederum eine Internalisierung des Gefühls, daß man von anderen behindert wird *(jama sareru);* da man das Hindernis nicht beseitigen kann, betrachtet man sich statt dessen schließlich selbst als Hindernis.

Wie wir gesehen haben, ist die »Opfer-Mentalität« ein Phänomen, das vielen Komponenten der japanischen Mentalität zugrunde liegt; sie ist fast allgegenwärtig, und in diesem Zusammenhang muß man die Geburt des Ausdrucks *higaisha ishiki* (das Gefühl, Opfer zu sein) sehen. Dieser Ausdruck, der sich nicht auf ein vorübergehendes Gekränktheitsgefühl bezieht, sondern von der Haltung zeugt, daß die eigene gesellschaftliche Stellung an sich schon die eines Opfers ist, entstand ursprünglich als Reaktion auf die konkrete Erfahrung eines Mangels. Masao Maruyama hat auf das Paradoxon hingewiesen, daß Menschen, die in den verschiedensten Bereichen der japanischen Gesellschaft leitende Positionen innehaben, trotz dieser Führungspositionen unter dem Gefühl leiden, Opfer zu sein.[78] Maruyama bezieht dies auf die Tatsache, daß die japanische Gesellschaft sich sozusagen in einem abgeschlossenen Raum entwickelt hat; aber man kann die Ursache dafür sicher auch in dem Gefühl, die benachteiligte oder verletzte Partei zu sein, sehen, kurz, in der *amae*-Mentalität, die in jedem Japaner verborgen ist.

Die Form der Opfer-Mentalität, die ich gerade erörterte, bezieht sich nun auf das normale Individuum; betrachtet man die für die Japaner charakteristischen menschlichen Beziehungsformen, so tritt sie überall zutage. Es gibt jedoch manchmal Fälle, in denen das Verletztheitsgefühl sehr deutliche Konturen annimmt, sich aber nicht im Zusammenhang mit den Lebensumständen des Betreffenden erklären läßt. Dieses Phänomen ist den Psychiatern als Verfolgungswahn bekannt, und das unter einem solchen Wahn leidende Individuum empfindet sich selbst als das Hauptopfer. Der Unterschied zu den Opfer-Gefühlen des normalen Individuums liegt darin, daß letzteres mit seinem Gefühl nie allein steht, sondern es mit der Gruppe, zu der es gehört, teilt; der unter einem Verfolgungskomplex Leidende hat dagegen das Gefühl, allein das Opfer einer Verschwörung zu sein.

Die Mentalität eines Menschen, der unter einem pathologischen Opferwahn leidet, ist vielleicht auf den ersten Blick schwer zu verstehen; sie läßt sich jedoch erklären, wenn man sie als eine im Grunde krankhafte Transformation der *amae*-Mentalität sieht. Vor allem die soziale Isolation des Patienten, die sich oft sogar auf die eigene Familie ausweitet, spricht für die Richtigkeit dieser Interpretation. In vielen Fällen sind diese Menschen aufgewachsen, ohne je erfahren zu haben, was es heißt, einer anderen Person gegenüber zu *amaeru*(en). Die Hauptursache scheint in der Umwelt zu liegen, in der diese Person aufgewachsen ist; aber es gibt auch eine beträchtliche Anzahl von Fällen, in denen die eigene angeborene Überempfindlichkeit offensichtlich selbst die Umwelt negativ gestaltet hat. Während seiner ganzen Kindheit fühlte ein solcher Mensch sich erdrückt von Lasten, die für seine Umgebung nicht wahrnehmbar waren. Wenn schließlich der Zeitpunkt kommt, an dem er zu seinem Selbst erwachen sollte, ist er unfähig, sich als ein Selbst wahrzunehmen. Er kann sich selbst nur auf der Ebene von jemandem, »der behindert wird«, »der verrückt gemacht wird«, »der gezwungen ist, etwas zu tun« und »der von jemand manipuliert wird«, verstehen.

Einen solchen Zustand etikettieren die Ärzte als Schizophrenie; bei einer vergleichsweise großen Anzahl von Fällen, in denen die Krankheit mit diesen Symptomen beginnt, handelt es sich um junge Leute. Wenn jemand solche Krankheitszeichen erst zeigt, wenn er einer besonders gefahrvollen Situation konfrontiert und nachdem er sozial etabliert ist, nimmt der Opferwahn konkretere Formen an. Er mag zum Beispiel sehen, daß die Nachbarn miteinander flüstern, und wird sich dann sofort einbilden, daß sie über ihn klatschen. Solche Wahnvorstellungen entstehen oft auf dem Hintergrund eines Größenwahns; jemand kann sich vorstellen, daß er verfolgt wird, weil er sich für eine besonders bedeutende Persönlichkeit hält. Man sollte hinzufügen, daß Verfolgungs- und Größenwahn nicht auf die Fälle mit einer diagnostizierten Schizophrenie beschränkt sind, sondern auch bei anderen Krankheitsformen vorkommen.

Wollte man dieses Problem weiterverfolgen, müßte man in eine technische Diskussion eintreten. Daher will ich es hierbei belassen. Es geht mir nur darum zu zeigen, daß die meisten Menschen, die – nachdem sie das Erwachsenenalter erreicht haben – Symptome von Verfolgungs- oder Größenwahn zeigen, von Anfang an eine Disposition zu dem haben, was im Japanischen als *shūnen*[79] bezeichnet wird (in der Bedeutung brüten und grübeln, verbunden mit starken Rachegefühlen und außerordentlicher Hartnäckigkeit bei der Verfolgung eines bestimmten Ziels). Dieses Wort hat vielfältige Implikationen, und in dem Ausdruck *shūnen-bukai* (voller *shūnen*) ist es fast gleichbedeutend mit der *kuyashii*-Mentalität, die wir bereits erörtert haben. *Shūnen-bukai* geht jedoch insofern weiter als *kuyashii*, als es deutliche Untertöne von Rachsucht trägt. Wo die »Rache« nicht einfach in persönlichem Haß wurzelt, sondern aus dem Wunsch lebt, in irgendeinem gesellschaftlich anerkannten Konkurrenzfeld den Sieg zu erringen, wird genau diese Hartnäckigkeit bei der Verfolgung eines Zieles oft als etwas Bewundernswertes gepriesen, wie z.B. in dem Ausdruck *shūnen no hito* (ein Mann von *shūnen*) deutlich wird. Ein Mensch, dessen Charakter man als *shūnen* bezeichnen könnte und der anfällig für Verfolgungs- und Größenwahnvorstellungen ist, gleicht demjenigen, der mit großer Hartnäckigkeit ein illusorisches Ziel verfolgt – er scheint nur einem vagen Vollkommenheits- und Omnipotenzgefühl nachzujagen. Wahrscheinlich hat ein solcher Mensch als Kind nie ein echtes *amae* erfahren – selbst wenn er vielleicht auch nicht ganz ohne *amae* aufgewachsen ist. Mit anderen Worten, *amae* war ihm kein Medium, mittels dessen er emphatische Beziehungen zu anderen hätte erfahren können. Sein *amae*-Wunsch hat die Tendenz, um sich selbst zu kreisen, und er sucht Erfüllung, indem er mit diesem oder jenem Objekt, auf das er sich fixiert hat, eins wird. Er hat das starke Bedürfnis, sich an etwas zu klammern. Wenn er gefragt wird, warum er sich gerade an ein bestimmtes Objekt klammert, kann er dies nicht erklären, er weiß es selbst nicht. Wenn ein solcher Mensch auch fühlt, daß ihm im Laufe seines Lebens eine entscheidende Frustration widerfahren ist, so wird er die Bedeutung dieser Frustration vielleicht theoretisch verstehen, aber er kann diese Erklärung nicht wirklich akzeptieren; er entwickelt so Verfolgungs- und Größenwahnvorstellungen und wird sich immer weiter in sein Schneckenhäuschen zurückziehen.

Das Fehlen des Selbst

Die Ausdrücke *jibun ga aru,* »ein Selbst haben«, oder *jibun ga nai,* »kein Selbst haben«, sind wahrscheinlich eine Eigenart des Japanischen. Das japanische Wort, das hier als »Selbst« übersetzt ist, *jibun,* wird oft anstelle von Pronomen der ersten Person, wie *watakushi, boku* oder *ore,* gebraucht und bedeutet einfach »Ich«. Aber es verweist auf eine reflektiertere Sicht des Selbst als die übrigen Wörter. Es erinnert in gewisser Weise an die Reflexivpronomen westlicher Sprachen. Bei Ausdrücken wie »Er hat ein *jibun*« oder »Ich habe kein *jibun*« geht es also um die Frage, ob ein solches reflektiertes Bewußtsein des eigenen Selbst als eines Ganzen vorhanden ist oder nicht. Uns interessiert hier jedoch die Frage, warum sich die Japaner überhaupt die Mühe machen, das Vorhandensein oder Fehlen des Selbst eigens zu kommentieren; zumindest in den westlichen Sprachen gibt es für diese Ausdrucksform kein genaues Äquivalent; vielleicht ist der Ausdruck »Er hat keine Persönlichkeit« noch die naheste Entsprechung.

In den Sprachen des Westens gilt schon der Gebrauch des Pronomens der ersten Person an sich als adäquater Ausdruck für das Vorhandensein eines Selbst. Dies wirft jedoch eine Reihe von Fragen auf, denn der Gebrauch dieses Pronomens impliziert nicht notwendig ein klares Bewußtsein des eigenen Selbst. Man denke z.B. an das kleine Kind, das gerade zu sprechen begonnen hat; es mag, das ist sicher wahr, schon das Pronomen der ersten Person gebrauchen, aber man kann wohl nicht davon ausgehen, daß es über einen objektiven Begriff seines Selbst verfügt, und noch weniger kann man ein solches Konzept voraussetzen, wenn es sich auf sich selbst in der dritten Person, mit seinem Namen, bezieht – eine Gewohnheit, die die Kinder in Japan relativ lange beibehalten. Aber bei all diesen Fällen kann man wahrscheinlich mit Kant sagen, daß » . . . selbst wenn er [der Mensch] das Ich noch nicht sprechen kann (. . .), [so müssen es doch] alle Sprachen, wenn sie in der ersten Person reden, (. . .) denken«.[80] Hier wird jedoch nur eine potentielle Gegebenheit aufgezeigt und bei weitem nicht behauptet, daß tatsächlich in der Praxis über das Ich in einer reflektierten Weise spekuliert wird; auch wenn das Pronomen der ersten Person gebraucht wird, muß dies nicht unbedingt von einem Bewußtsein des Selbst zeugen. Im Westen liegt die sprachliche Emphase auf dem Gebrauch der ersten Person, und das Kind erwacht von einem sehr frühen Zeitpunkt an zu einem Bewußtsein seines Selbst, so daß dem *jibun ga nai* äquivalente Ausdrücke nie Bestandteil der Umgangssprache wurden – der Gebrauch von Begriffen, die diesem *jibun ga nai* ähnlich sind, ist dort auf eindeutig pathologische Fälle, wie z.B. die Schizophrenie, beschränkt. In Japan wird auf der anderen Seite das Pronomen der ersten Person oft ausgelassen mit dem umgekehrten Resultat – so scheint es –, daß sich die Menschen hier ganz bewußt die Frage stellen müssen, ob sie ein Selbst haben oder nicht.

Wir wollen daher näher betrachten, was die Ausdrücke *jibun ga aru* und *jibun ga nai* im Japanischen bedeuten. Zunächst liegt es nahe, daß die beiden Ausdrücke die Beziehung der Person, die sie gebraucht, zu ihrer Umwelt kennzeichnen. Mit »Umwelt« ist hier natürlich nicht die organische Natur gemeint, sondern die menschlichen Beziehungen, in die jemand verwoben ist, z.B. die Gruppe. Wenn ein Individuum vollkommen in der Gruppe aufgeht, hat es kein *jibun*. Wenn jemand nicht völlig in der Gruppe aufgeht – auch wenn er sich in gewisser Weise doch als Teil der Gruppe fühlt – oder wenn jemand sogar gelegentlich mit Unbehagen die Existenz eines Selbst bei sich feststellt, dessen Interessen nicht mit denen der Gruppe übereinstimmen, so hat er allein dadurch nicht notwendigerweise schon ein *jibun*. Wenn dieses Unbehagen nicht wegen eines von der Gruppe ausgehenden physischen Zwangs unterdrückt wird, sondern weil der eigene Wunsch, zur Gruppe zu gehören, stärker ist als das Leiden an ihr, oder wenn – was letzten Endes auf dasselbe hinausläuft – blinde Loyalität der Gruppe gegenüber jemanden veranlaßt, über seine Differenzen mit der Gruppe zu schweigen, muß man wiederum *jibun ga nai* sagen. Hieraus wird sicher schon deutlich, in welchen Fällen der Ausdruck *jibun ga aru* angemessen ist. Wesentliches Kriterium ist nicht unbedingt, daß man die Gruppe ablehnt, sondern man sagt, ein Individuum habe ein *jibun*, wenn es ein unabhängiges Selbst bewahren kann, das auch durch die Zugehörigkeit zu einer Gruppe nie negiert wird.

Wichtig ist hier, daß die Essenz des gerade beschriebenen Konflikts im Individuum selbst liegt. Kurz, das Individuum wünscht sich, die Gruppeninteressen mit seinen eigenen in Einklang zu bringen. Aber wenn sich dies als unmöglich herausstellt, versucht es, seine eigenen Interessen zu verfechten, und zieht sich damit den Vorwurf von Egoismus und Eigenwilligkeit zu. In gewisser Weise ist es sehr ironisch, daß es solcher Kritik ausgesetzt sein sollte, denn auch wenn es sich wünscht, die Dinge nach seinen eigenen Wünschen zu handhaben, wird es damit selten erfolgreich sein. Es ist ihm nicht nur in der Praxis unmöglich, seinen Willen durchzusetzen, sondern es empfindet seinen Wunsch selbst als eine tiefe seelische Verletzung. Denn die Gruppe bleibt eine lebenswichtige geistige Stütze und die Isolation von ihr würde eher als alles andere zu einem Verlust des eigenen »Selbst« führen – und zwar auf eine Weise, die nicht zu ertragen wäre. Ihm bleibt daher keine andere Wahl, als der Gruppe anzugehören, auch wenn dies auf Kosten einer zeitweiligen Auflösung des eigenen Selbst geschieht. Tatsächlich unterscheidet sich dies im Grunde nicht vom *giri-ninjō*-Konflikt, den wir früher beschrieben haben (S. 41f.). So wie der *giri-ninjō*-Konflikt letzten Endes im *amae* wurzelt, so entsteht auch der Konflikt zwischen Individuum und Gruppe offenbar vor allem aus dem *amae* des Individuums.

Nach diesen Betrachtungen erscheint die Tatsache, daß in Japan traditionellerweise *giri* die größere Bedeutung gegeben wird als *ninjō* und die Gruppe den Vorrang vor dem Individuum hat, unmittelbar einleuchtend. Es liegt in der Natur des Menschen, daß er die Gruppe sucht und nicht ohne sie überleben kann. Wenn der Verzicht auf ein »kleines Selbst« zugunsten eines »größeren Selbst« als Tugend gepriesen wird, so wird es dem Menschen leichter fallen, in Einklang mit der Gruppe zu handeln. Auf diese Weise werden Friktionen in den menschlichen Beziehungen innerhalb der Gruppe auf ein Minimum beschränkt und die Effizienz der Gruppenaktivität gesteigert. Dies ist wahrscheinlich der Hauptgrund für die Art und Weise, mit der es den Japanern seit alters her gelungen ist, in Zeiten nationaler Bedrohung zusammenzuhalten. Und auch die rapide Modernisierung nach der Meiji-Restauration, die den Westen so verblüffte, sowie die Energie, mit der Japan sich nach dem Ende des Zweiten Weltkrieges innerhalb eines Vierteljahrhunderts aus einem Zustand völliger Erschöpfung zu einer der größten ökonomischen Mächte der Welt entwickelte, gehen nicht nur auf die japanische Assimilations- und Adaptationsbereitschaft zurück, die wir in Kapitel 2 erörterten, sondern auch auf die Leichtigkeit, mit der die nationalen Anstrengungen auf ein einziges Ziel gerichtet werden können. Ebenso kann man die in Osaka veranstaltete EXPO '70 als die Zurschaustellung dieses nationalen Charakterzuges betrachten: er zeigte sich sowohl in der Art, wie alle in Frage kommenden Regierungsinstanzen die Vorbereitungen vorantrieben, wie auch darin, daß, nachdem die Ausstellung einmal eröffnet war, nahezu die Hälfte der Bevölkerung sich aufmachte, um sie zu besuchen. Eine andere Ausdrucksform eben dieses Zuges kann man auch darin erblicken, daß die Japaner im allgemeinen eine Abneigung gegen jegliche Form von Meinungsverschiedenheiten haben und daß sie zumindest den Schein eines Konsensus anstreben, wenn irgendwelche Entscheidungen zu treffen sind.

Auf den ersten Blick scheint dieser Zug also zweifellos die erwünschten Früchte zu tragen. Aber das heißt nicht, daß er ohne jeden Vorbehalt als positiv betrachtet werden kann. Denn oft geschieht es – wie im Ausdruck »Mob-Psychologie« impliziert ist –, daß die Gruppe durch den niedrigsten gemeinsamen Nenner möglicher Motive bewegt wird; d.h. wenn die Widerstandskraft des Individuums völlig stillgelegt wird, bleibt ihm nur der Weg, sich blind der Masse anzupassen und unterzuordnen. In einem solchen Fall neigen die Menschen dazu, sich so zu verhalten wie in einer überfüllten Straßenbahn, die zu plötzlich anfährt oder bremst. Es ist ihnen nicht möglich, dem plötzlichen Druck entgegenzuwirken, sie versuchen dies zwar – aber ohne es zu merken, fallen sie genau in die Richtung, in die sie gestoßen werden. Deshalb kann eine überfüllte Straßenbahn auch zu einer gefährlichen Quelle plötzlicher Katastrophen werden – und genau diese Gefahr birgt auch eine Gesellschaft, in der ein effektiver Widerstand des Individuums gegenüber der

Gruppe nicht erlaubt ist. Dieses Phänomen ist mit dem Begriff Massenhysterie gemeint. Individuelle Hysterie ist der Versuch des Individuums, seinen eigenen Willen durchzusetzen; gleichermaßen wird aber die Gruppe, die es dem Individuum versagt, seine eigenen Ziele zu verfolgen, sehr leicht selbst – als Gruppe – zu hysterischem Verhalten neigen.

Hier soll ein Wort über Hysterie angefügt werden: sie bezieht sich auf Fälle, in denen das Verhalten eines Individuums durch den Wunsch motiviert ist, die Aufmerksamkeit seiner Umgebung auf sich zu ziehen; hierbei bedient es sich oft extremer Handlungen, während es aber immer ein Auge auf die Reaktion der anderen hat. Obwohl dieses Verhalten in seinem Versuch, das eigene Selbst zum Mittelpunkt aller Aufmerksamkeit zu machen, »selbst-zentriert« erscheinen mag, so ist es doch kein Zeichen für das Vorhandensein eines wahren Selbst, sondern für die Angst, daß man sich seiner Existenz überhaupt nicht gewiß sein kann, wenn man sich nicht auf diese Weise verhält. Mit einem Ausdruck, den Sōseki Natsume in einer Vorlesung über »Die Verwestlichung des modernen Japan« prägte, könnte man dieses Verhalten kennzeichnen als eines, das »eher auf äußere als auf innere Motive reagiert«. Da es sich um außengeleitete Motive handelt, muß das Individuum – ändern sich die äußeren Bedingungen plötzlich – sich selbst auch verändern. Dies führt dazu, daß es sich ebenso schnell für etwas begeistert, wie es dies wieder fallen läßt. Mit anderen Worten, es wird sich wahrscheinlich heute blind in etwas fügen und sich am nächsten Tag ganz vergnügt etwas völlig anderem anschließen.

Obwohl sich das eben Gesagte auf individuelle Hysterie bezieht, glaube ich, daß es auch weitgehend für die Massenhysterie zutrifft. Ein gutes Beispiel hierfür sind die Universitätskämpfe, die vor einigen Jahren eine solche Aufregung in Japan verursachten. Ihnen fehlte es natürlich nicht völlig an Gründen, und sie können daher nicht einfach als ein pathologisches Phänomen beiseite geschoben werden; aber man kann nicht bestreiten, daß an dem Geschehen ein beträchtliches Maß von Hysterie beteiligt war. Ich meine hier die Art und Weise, in der sich die Kämpfe wie ein Lauffeuer auf andere Universitäten ausweiteten, sehr schnell Anhänger fanden, die Universitätswelt in ein Chaos stürzten und dann ebensoschnell auch die politische Situation außerhalb der Universitäten miteinbezogen. Ein Universitätsprofessor bemerkte, wie befremdlich es für ihn war, daß dieselben Studenten, die noch vor einem Jahr in ihrer Begeisterung, die Universitäten zu reformieren, die Veranstaltungen verlassen hatten, nun fleißig wieder ihre Vorlesungen besuchten, so als hätte es die Reformbewegung nie gegeben.

Dies ist in der Tat ein eigenartiges Phänomen, das nicht allein damit erklärt werden kann, daß die den Reformen entgegenstehenden Hindernisse unüberwindbar gewesen wären. Man wird hier sehr stark daran erinnert, wie diese Nation, die sich nach Ausbruch des letzten Krieges wie ein Mann zum Kampf gegen die »amerikanischen und britischen Bestien« erhoben hatte, über Nacht – nachdem der Krieg beendet war – auf proamerikanische und probritische Lobgesänge auf die Demokratie umschwenkte.

Bisher habe ich das Fehlen eines »Selbst« durch die Frage zu erklären versucht, wie weit das Individuum in die Gruppe eintaucht und sich ihr unterordnet. Man sollte jedoch auch den umgekehrten Fall bedenken, d.h. den, in dem das Individuum das Gefühl hat, es habe kein Selbst, weil es völlig von der Gruppe isoliert ist. Es ist nicht übertrieben zu sagen, daß die Menschen diesen Zustand so sehr fürchten, daß sie normalerweise alles ertragen, nur um einer Gruppe anzugehören.

Eine Episode, die mich kürzlich selbst betraf, wird vielleicht helfen, dies zu verdeutlichen: eine Gruppe junger Ärzte drängte mich zu einer Erklärung, was ich gegen die vielen Unregelmäßigkeiten im japanischen Gesundheitssystem zu unternehmen gedächte. Die Schwierigkeiten waren entstanden, als ich mich entschloß, aufgrund eines Zwischenfalls, für den ich persönlich keine unmittelbare Verantwortung getragen hatte, mich von einer Klinik, mit der ich in Verbindung stand, zurückzuziehen. Meine Entscheidung geschah in der Hoffnung, klarzumachen, bei wem die Verantwortlichkeit gelegen hatte, und gleichzeitig die Leitung der Klinik zu veranlassen, ihre ganze Energie auf die Lösung des Problems, für das sie unmittelbar verantwortlich war, zu richten. Meine Logik vermittelte sich jedoch in keiner Weise den jüngeren Ärzten. Sie fragten mich, warum ich meinen Einfluß nicht für den Versuch benutzt hätte, die fragliche Situation in den Griff zu bekommen. Dies nicht zu tun, meinten sie, hieße davonlaufen. Ich nahm diese Kritik kleinmütig an, woraufhin mich einer von ihnen fragte, ob ich mich genauso verhalten würde, wenn ein ähnlicher Zwischenfall an dem anderen Hospital, mit dem ich zusammenarbeite, auftreten würde. Ich dachte eine Weile nach und antwortete, daß ich dies wahrscheinlich tun würde; wenn es hart auf hart käme, fügte ich hinzu, hätte ich immer noch die Möglichkeit, eine eigene Praxis zu eröffnen. »Aber würde das nicht heißen, daß Sie völlig Ihre Identität verlieren würden?« sagte einer von ihnen mit einem hoffnungslos verwirrten Ausdruck.

Ich habe diese Episode nicht wiedergegeben, um mein eigenes Verhalten zu rechtfertigen, sondern weil ich meine, daß die letzte Bemerkung des jungen Arztes genau den Kern des Problems getroffen hat. Das Wort »Identität«, das er hier gebraucht, kann man als Äquivalent zu *jibun* verstehen. Was mich selbst betraf, so war es mir gleichgültig, ob ich isoliert wurde oder ob die Leute gar sagten, ich wäre davongelaufen, denn ich war mehr daran interessiert, die Klinik-Leitung, die sich bis dahin auf ihre Beziehung zu mir verlassen hatte, zu veranlassen, auf eigenen Füßen zu stehen. Aber aus der Sicht der jungen Ärzte bedeutete isoliert zu werden den Verlust des eigentlichen Selbst.

Es ist wahr, daß der Verlust der Welt, zu der man gehört, normalerweise als Verlust des Selbst erfahren wird. Ich hatte

Patienten, die mir ihre Erfahrung eines solchen Verlusts mit allen entsprechenden Angstsymptomen beschrieben, und andere, die ihren eigenen Seelenzustand beim Verlust irgendeiner Gemeinschaft mit Worten wie den folgenden beschrieben: »Man fühlt sich wie ein einziger winziger Punkt; es gibt nichts, zu dem man gehört – keine Klasse, keine Familie, keine Beschäftigung.« Man könnte noch viele ähnliche Sätze zitieren. Beispielsweise: »Ich kann meine eigene Seele sehen, aber ich kann sie nicht fassen. Wenn ich versuche, sie festzuhalten, schwindet sie mir aus den Augen.« Oder: »Ich fühle mich so, als wenn ich dabei wäre, meine Identität (jibun) zu verlieren, so als ob ich nicht zwischen mir und den anderen unterscheiden könnte.« »Ich habe kein Selbst, auf das ich zurückgreifen könnte.« Fälle wie die, die wir zuvor im Zusammenhang mit dem Gefühl, Unrecht erlitten zu haben, diskutierten – in denen der Patient meint, behindert zu werden, seinen Verstand zu verlieren, oder sich »manipuliert« fühlt –, stellen offenbar dieselbe Form eines »Fehlenden Selbst«-Zustands dar. Die gerade zitierten Sätze stammen bezeichnenderweise alle von Patienten, bei denen eine Schizophrenie diagnostiziert wurde; es handelt sich also nicht um Fälle, in denen das Individuum sein Selbst verliert, weil es von der Gruppe aufgesogen wird. Schizophrene Patienten verlieren ihre Identität durch die totale Isolierung von der Gruppe; ihre Äußerungen werden oft als bizarr abgetan; die Erfahrung jedoch, die hinter ihren Bemerkungen steht, enthüllt ein Gesetz, das aller menschlichen Existenz zugrunde liegt: Menschen, die nie die Erfahrung gemacht haben, etwas anzugehören, können kein menschenwürdiges Dasein führen.

Um das hier Gesagte mit anderen Worten auszudrücken: ein Mensch kann kein Selbst haben, wenn er nicht in seinem frühen Leben die amaeru-Erfahrung gemacht hat. Wie wir gesehen haben, führt das völlige Aufgehen in einer Gruppe zu Selbstverlust; aber dies heißt nicht, daß – umgekehrt – jemand, nur weil er sich egoistisch verhält und nicht in einer

Gruppe aufgeht, schon ein Selbst hat. Wenn es um nichts anderes geht, als den eigenen Willen durchzusetzen, stößt man an die Grenzen der Realität und wird hysterisch. Aber wie ist es nun bei einem Menschen, der immer danach strebt, mit der Strömung zu schwimmen, und sich blind der Gruppe unterordnet? Das ist auch nichts Gutes – und in der Tat kann gerade eine solche Haltung die Gruppe, zu der das Individuum gehört, vergiften und zu Massenhysterie führen. Kurz: es ist sehr schwer, ein »Selbst« zu haben.

Bei diesen Ausführungen habe ich mich vorwiegend auf die Japaner bezogen, aber nur deshalb, weil das Problem in Japan so besonders klar hervortritt; das bedeutet jedoch nicht, daß es nur in Japan schwierig ist, eine gesicherte persönliche Identität zu entwickeln. Wenn man jedoch davon ausgeht, daß das Bewußtsein, »ein Selbst zu haben«, für die Abendländer leichter zu erreichen ist als für die Japaner, so muß dies daran liegen, daß die westliche Tradition etwas bereithält, das es dem Individuum ermöglicht, die Gruppe zu transzendieren und gleichzeitig ein sicheres Zugehörigkeitsgefühl zu haben. Ich möchte dies an diesem Punkt nicht weiter ausführen, da ich auf diese Frage bereits im Abschnitt über »*Amae* und Freiheit« eingegangen bin. Wie auch immer: im Westen wird das Fehlen eines Selbst nicht, wie in Japan, als eine Tugend betrachtet – obwohl es offenbar im Westen das entgegengesetzte Phänomen gibt, daß sich die Menschen, wenn sie vielleicht auch im Grunde ihres Herzens sehr unsicher sind, ob sie ein Selbst haben oder sich in manchen Fällen im wesentlichen bewußt sind, daß sie keines haben, dennoch so verhalten, als hätten sie in Wirklichkeit ein Selbst.

Das Problem des »verwalteten Menschen«, das den Abendländern in letzter Zeit zu Bewußtsein gekommen ist und über das viel diskutiert wurde, ist in diesem Zusammenhang sehr interessant. Da die Menschen im Westen normalerweise dem Individuum den Vorzug vor der Gruppe geben, glauben sie gerne, daß sie innerlich von der Gruppe unabhängig und ihr in keiner Weise untergeordnet sind. Aber natürlich gehören sie alle zu irgendeiner Art von Gruppe; aber diese Zugehörigkeit betrachten sie als eine freie und freiwillige, die jederzeit, wenn das Individuum es so wünscht, von ihm gelöst werden kann. Eines der typischsten Beispiele hierfür sind die verschiedenen Formen sozialer Clubs. Dieses System sozialer Clubs, das in Japan so gut wie unbekannt ist, verdeutlicht diesen Charakterzug der Abendländer, die sich in jüngster Zeit zunehmend darüber beschweren, daß sie sich, ohne es zu merken, in den »verwalteten Menschen« verwandelt haben. Den sozialen Hintergrund dieses Problems kenne ich nicht im einzelnen; wahrscheinlich hängt es zum Teil mit dem Funktionieren kapitalistischer Gesellschaften und bürokratischer Organisationen zusammen. Es mag auch daher rühren, daß sich das Individuum in der heutigen post-industriellen Gesellschaft in einem komplexen Netzwerk gefangen sieht. Aber noch mehr als diese Gründe, so glaube ich, spricht dieses neue Problembewußtsein des »verwalteten Menschen« dafür, daß sich bei den Abendländern ein subtiler psychologischer Wandel vollzieht.

Kurz, obwohl die Abendländer theoretisch dem Individuum den Vorrang vor der Gruppe geben, lebt in ihrem Innern der Wunsch, »etwas anzugehören«. Das heißt mit anderen Worten, auch in der westlichen Psychologie lebt der *amae*-Wunsch. Und dieser Wunsch, so hat man das Gefühl, kommt nun, da der westliche Glaube an die Freiheit des Individuums langsam zusammenbricht, allmählich an die Oberfläche des Bewußtseins. Der Abendländer betrachtet diese Tatsache jedoch mit gemischten Gefühlen. Er fürchtet, wenn dieser Prozeß noch weiter fortschreitet, seine Identität zu verlieren – und deshalb sprach er auch die Warnung vor dem »verwalteten Menschen« aus.

Fünftes Kapitel

Amae und die moderne Gesellschaft

Jugend und Rebellion

Die Jugendrebellion und der Generationenkonflikt stehen heute in der ganzen Welt im Mittelpunkt des Interesses; sie werden allgemein als eines der dringendsten Probleme, vor die sich die jeweiligen Gesellschaften gestellt sehen, betrachtet. Ich möchte dieses Problem nun im Lichte der *amae*-Mentalität untersuchen; gäbe es die *amae*-Mentalität nur in Japan, so hätte es wenig Sinn, diese beiden in der ganzen Welt auftretenden Phänomene auf diese Weise anzugehen; aber auch wenn die *amae*-Psychologie bei den Japanern besonders stark ausgeprägt ist und hier eine eigene Bedeutungswelt konstituiert, so kann sie doch helfen, auch andere Phänomene zu erklären. Darüber hinaus hat die Entwicklung der modernen Kommunikationsmittel dazu geführt, daß die Ereignisse in einem Teil der Welt sofort über den ganzen Globus verbreitet werden, so daß sie auch andernorts von Einfluß sind. Daß die Jugendrebellion nahezu globale Ausmaße angenommen hat, kann man sicher weitgehend darauf zurückführen, daß – technologisch gesprochen – die Welt ein Dorf geworden ist; und was für die Jugend in Japan zutrifft, muß bis zu einem gewissen Grade auch für die Jugend in anderen Ländern gelten. Die *amae*-Psychologie stellt einen sehr guten Ausgangspunkt dar, um die Probleme, die unsere gegenwärtige Welt verwirren, zu verstehen. Und in dieser Hoffnung zu verstehen, schreibe ich dieses Kapitel; bevor ich jedoch damit fortfahre, möchte ich meinen Aufsatz *Die Psychologie der heutigen rebellierenden Jugend* vollständig zitieren. Er enthält, obwohl er bereits vor drei Jahren geschrieben wurde, mehr oder weniger alles, was ich zu diesem Thema zu sagen habe. Daran anschließend werde ich die in diesem Text erwähnten Punkte noch etwas ausführlicher erörtern.

»Die Studentenbewegung, die sich inzwischen auf die ganze Nation ausgeweitet hat, ist auf hundert verschiedene Weisen erklärt worden. Diejenigen, die vor allem an die mögliche Revision des amerikanisch-japanischen Sicherheitsabkommens von 1970 denken, sehen in den Studenten von heute eine Art Avantgarde der Demokratie. Andere sind der Meinung, daß es dem alten Universitätssystem nicht gelungen ist, mit den Veränderungen der Nachkriegszeit fertig zu werden. Wiederum andere sehen in den gravierenderen Exzessen der Studenten ein Zeichen für das Versagen der demokratischen Erziehung, die in den etwa zwanzig Jahren seit Kriegsende versucht wurde. Man muß sich jedoch vor Augen halten, daß das Phänomen der Jugendrebellion nicht auf Japan beschränkt, sondern – die ideologischen Unterschiede außer acht gelassen – über die ganze Welt verbreitet ist. Ihre Ziele, so scheint es, gehen weiter als der Wunsch, irgendein bestimmtes politisches System umzustürzen oder die Universitäten zu reformieren; vielmehr stellt die Generation, die die Welt von morgen gestalten wird, die ganze Generation vor Gericht, die heute am Ruder ist. Es scheint fast, als liege die Schuld für das Versagen der Erziehung – wenn man dies so nennen kann – nicht in der Erziehungspolitik eines bestimmten politischen Systems in einer bestimmten politischen Phase, wie der Nachkriegszeit in Japan, sondern bei allen Erwachsenen der modernen Gesellschaft.

Bereits wenige Jahre nach dem Ende des Ersten Weltkriegs wandte der Philosoph Ortega y Gasset[81] das Generationskonzept auf die Interpretation von Geschichte an und behauptete, daß die Rebellion gegen die Tyrannei der Vernunft in der heutigen Zeit bereits begonnen habe. So faszinierend und neu Ortega y Gassets Sichtweisen auch sind – ich kann an dieser Stelle nicht näher auf sie eingehen. Aber ich möchte doch versuchen, seine Theorien mit der Generationenfrage, so wie sie in meinem eigenen Fachgebiet, der Psychiatrie, behandelt wird, in Zusammenhang zu bringen.

Den Ödipuskomplex z.B., für Freud die Wurzel aller Neurosen, kann man auch als eine Form von Generationskonflikt betrachten. Wenn der Konflikt erfolgreich gelöst wird und das Kind eine geistige Identifikation mit den Eltern erreicht, steht ihm der Weg offen, ein normaler Erwachsener zu werden – d.h. unter der Voraussetzung, daß die Eltern und die durch sie repräsentierte Gesellschaft gesund sind. Jedoch auch dann, wenn sich das Kind mit seinen Eltern identifiziert zu haben scheint und offenbar ein normaler Erwachsener geworden ist, können unter der Oberfläche schwelende Kindheitskonflikte die Quelle für eine Neurose sein. Darüber hinaus kommt es oft vor, daß Eltern wegen pathologischer Züge eines Elternteils nicht gut miteinander auskommen, so daß einer von ihnen dann eine unnatürlich starke Bindung mit dem Kind eingeht. In einem solchen Fall handelt es sich nicht um einen Generationskonflikt – so wie er im Ödipuskomplex repräsentiert ist –, sondern um etwas, das man als den Verlust der Generationsschranken bezeichnen könnte; Theodore Lidz[82], der sich über lange Zeit mit diesem Problem beschäftigt hat, wies darauf hin, daß genau dieser Typus von Familienbeziehung sehr leicht eine Schizophrenie erzeugen kann.

Können solche psychoanalytischen Theorien über das Generationenproblem ein Licht auf die Frage der modernen Jugend werfen? Die heutige Jugend steht in heftiger Opposition gegen die bestehende Gesellschaft und ist von einem starken Mißtrauen gegenüber der älteren Generation erfüllt. Dieses Phänomen läßt sich jedoch vorwiegend auf makrokosmischer Ebene beobachten; untersucht man einzelne Familienbeziehungen, so drängt sich der Eindruck auf, daß es letzten Endes kaum emotionale Antagonismen zwischen Eltern und Kindern gibt. Obwohl die Jugend viel vom Generationskonflikt redet, gibt es wenige greifbare Hinweise auf einen Disput zwischen den beiden Seiten. Manchmal

sieht es sogar fast so aus, als gäbe es ein heimliches Einverständnis zwischen ihnen. Mit anderen Worten, die Beziehung ist eine *amae*-Beziehung – eine, die *amae* zuläßt und in
der elterliche Autorität kaum eine Rolle spielt. Es scheint
fast so, als habe die moderne Jugend nicht den von Freud
postulierten klassischen Generationskonflikt durchlaufen.

Während ich über diese Dinge nachdachte, fiel mir die Geschichte von Momotarō ein, die die japanischen Kinder so
sehr lieben. Trotz aller Nähe zu seinen Eltern konnte Momotarō sich doch nicht mit ihnen identifizieren; irgend etwas gefiel ihm an seinen Eltern, die ihn gefunden und aufgezogen hatten, nicht. Als er jedoch heranwuchs, fand er sein
Lebensziel: die Eroberung der Dämoneninsel – hier konnte
er die Gefühle ausleben, die er nicht gegen seine Eltern richten durfte; durch den Kampf mit den Dämonen wurde er
zum Erwachsenen mit einem erwachsenen Selbstvertrauen.
Für ihn bedeutete die Eroberung der Dämoneninsel eine
Form von Initiationsritus zum Erwachsenwerden.

Je länger ich über diese Momotarō-Geschichte nachdenke,
desto stärker fühle ich mich an die moderne Jugend erinnert. Für die jungen Leute von heute sind ihre Eltern so wie
der alte Mann und die alte Frau in der Geschichte: sie erhalten von ihnen Schutz und Liebe, aber keine Hilfe, erwachsen zu werden. Sie wissen noch nicht einmal, wodurch ihre
Eltern, als Erwachsene, sich von ihnen selbst unterscheiden.
So brauchen auch sie, wie Momotarō, irgendeine Dämoneninsel, an der sie ihre Energien verausgaben können. In
früheren Jahren verkörperten die jeweils aktuellen Feindbilder hierfür ein ideales Objekt. Aber in der Welt von heute
gibt es kaum noch solche Feindbilder; dies trifft gleichermaßen für Amerika und die anderen hochentwickelten
Länder wie auch auf Japan zu. So werden die Feinde nicht
mehr in Überseeländern gesucht, sondern unter denen, die
im eigenen Land die Macht haben; gegen sie richtet sich ihr
jugendliches Feuer.

In ihrer Suche nach Dämonen, die man bekämpfen kann,

erinnert also die Psychologie der heutigen Jugend sehr stark an die Momotarōs. In einer Hinsicht unterscheidet sie sich jedoch von dem Helden der Kindergeschichte: Momotarōs Sieg über die Dämonen wird auch von seinen Eltern freudig begrüßt und alle leben fortan glücklich. Die Situation der modernen Jugend ist jedoch eine andere. Natürlich gibt es einige Erwachsene, die innerlich die jungen Leute in der Hoffnung unterstützen, daß diese erreichen werden, was ihnen selbst versagt blieb. Aber die Lage ist zu ernst, um sich wirklich solchen romantischen Träumen hinzugeben; denn in dem Eifer der Jugend, die Dämonen zu besiegen, liegt die konkrete Gefahr, daß sie selbst zu Dämonen werden.

Im allgemeinen kann man sagen, daß die Jugend – wenn sie zu sehr von ihrer eigenen Stärke überzeugt ist – sich kaum noch von den Mächten, die sie angreift, unterscheidet. Was sie in Wirklichkeit sucht, ist die Probe auf ihre eigene Stärke, in der sie ihre eigenen Grenzen erfährt.

Aber wer in der heutigen Gesellschaft gibt ihr diese Chance? Wer kann ihr ein Vater sein und sie aufs neue die Bedeutung von Autorität und Ordnung lehren? Sicher nicht die Universitätsprofessoren und auch nicht die Intellektuellen oder die Männer der Kirchen. (. . .) In dieser Hinsicht bietet das moderne Zeitalter überhaupt keine Hoffnung. Die Anarchie von heute ist in Wahrheit nicht die Anarchie einer Handvoll junger Leute, sondern eine Anarchie des gesamten modernen Zeitgeistes; deshalb wird die heutige Jugend sicherlich noch lange Zeit fortfahren, ihre eigene Stärke zu testen.«

Das Entfremdungsgefühl des modernen Menschen

Die heutige Zeit ist geprägt von Krisen und Umbrüchen. Es ist möglich, daß auf dem Wege von Krise und Veränderung die Welt sich auf eine bestimmte Richtung besinnen wird und daß dann ein neues Zeitalter beginnt. Manche sind wohl der Ansicht, dieses neue Zeitalter habe bereits begonnen. Doch viele Menschen sehen der Zukunft mit großen Befürchtungen entgegen: sind die auf uns zukommenden Veränderungen wirklich, so fragen sie, für den Menschen wünschenswert. Und so empfanden viele den eingängigen Slogan der in Osaka veranstalteten EXPO '70 »Friede und Reichtum für die Menschheit« nur als eine leere Phrase. In der Tat, urteilt man nach der uns umgebenden Wirklichkeit, so hat man das Gefühl, daß mit dem Fortschreiten der Zivilisation viel Widersprüchliches und Teuflisches entstanden ist.

Es scheint, als sei es das vage Bewußtsein hiervon, das die heutige Jugend zur Revolte treibt. Wenn es möglich wäre, so würden die Jungen gern das Rad der Geschichte anhalten. Sie sind, wenn nötig, durchaus bereit, die heutige Zivilisation zu zerstören. Die Entwicklung einer Kultur läßt sich jedoch nicht aufhalten oder nach rückwärts drehen. Und weit davon entfernt, das Rad der Geschichte anzuhalten, sieht sich die Jugend im Gegenteil in dessen Schwingen gefangen und wohl oder übel mit herumgeschleudert. Ganz sicher fühlen sie dies irgendwo in ihrem Innern – und dies ist, so scheint es, der Grund dafür, warum sie meinen, Aussteiger oder Hippies werden zu müssen oder sich den verzweifelten, selbstzerstörerischen Aktivitäten der Neuen Linken anzuschließen.

Der Begriff »Entfremdung des Menschen« ist fast zu einem Klischee für die Beschreibung dieser gegenwärtigen Situation geworden. Der Entfremdungsbegriff wurde ursprünglich von Hegel in einem ganz spezifischen Sinne gebraucht; Marx hat ihn dann für seine eigenen Zwecke umformuliert, und heute wird mit diesem Begriff ein breites Bedeutungsfeld abgedeckt. Ich werde die ausführliche Darlegung dieses Begriffs anderen Arbeiten überlassen und statt dessen einige Überlegungen darüber anstellen, warum der Begriff »Entfremdung des Menschen« so populär werden konnte.

Zunächst einmal ist heute der Mensch, der einst Stolz auf die durch Wissenschaft und Technik hervorgebrachte Zivilisation empfand, dahingekommen, deren immer schnelleres Fortschreiten zu fürchten. Er hat den Verdacht, daß er als Preis für diese Zivilisation um etwas Unwiederbringliches betrogen wird. Diese Reaktion gab es schon vor der Atombombe und ehe den Menschen die Umweltproblematik, von der heute soviel die Rede ist, ins Bewußtsein gedrungen war. Sōseki Natsume läßt in seinem Roman *Kōjin* seinen Helden Ichorō diese Angst auf äußerst aktuelle Weise ausdrücken: »Die Angst des Menschen ist die Angst vor der Technik. Die Technik schreitet unaufhaltsam fort und hat es niemals zugelassen, daß wir uns auch nur eine kurze Pause gönnen. Vom Gehen zum *jinrikisha*, von der *jinrikisha* zum Pferdefuhrwerk, vom Pferdefuhrwerk zur Straßenbahn, von der Straßenbahn zum Automobil, dann zum Luftschiff, dann das Flugzeug und weiter und weiter. Niemals konnte man anhalten und ausruhen. Niemand kann sagen, wo das alles enden wird. Es ist zum Fürchten.«

Was den wahren Charakter dieser Furcht betrifft, so sind die Vorstellungen Ortega y Gassets, den ich bereits erwähnte, in diesem Zusammenhang sehr erhellend. Er geht von der Grundtatsache aus, daß menschliches Leben auf dem Generationswechsel beruhe. Mit anderen Worten, für alles menschliche Leben gebe es ein Grundgesetz, das besagt, daß jede neue Generation gewissermaßen ganz von vorn zu beginnen habe. Aus diesem Grunde könne menschliches Leben niemals ganz weder durch den Offenbarungsglauben noch durch die reine Vernunft beherrscht werden. So wie während der Renaissance die reine Vernunft als Widerstand gegen den Offenbarungsglauben erwacht sei, so suche das heutige Leben seine natürlichen Rechte gegenüber dem Diktat der reinen Vernunft zurückzugewinnen. Dies ist in Kürze Ortegas Theorie. Aber vielleicht überzeugt sie nicht ganz, denn man könnte wie folgt argumentieren: daß sich jemand, der sich durch den Offenbarungsglauben dominiert fühlt, dagegen auflehnt, ist verständlich, aber warum sollte ein Mensch dagegen opponieren, auf eben diese Weise von der reinen Vernunft beherrscht zu werden? Warum sollte man so weit gehen und die Vernunft für die Entfremdung des Menschen verantwortlich machen? Ohne Zweifel gehört doch der Verstand zum Wesen des Menschen? Gab nicht die Renaissance den Menschen vor allem dadurch, daß sie sie lehrte, ihren Verstand gegen die Herrschaft des Offenbarungsglaubens einzusetzen, die Freude an der Wiederentdeckung ihres Selbst?

In gewisser Weise ist die Antwort auf diese Frage in ihr selbst schon enthalten; denn das gegenwärtige Bewußtsein der Entfremdung hat seine ersten Wurzeln in der Einsicht, daß der Mensch sich irrt, wenn er meint – wie er es seit Dämmerung der Moderne tat –, daß er allein durch den Verstand auf eigenen Füßen stehen und sich selbst genügen könne. Es ist interessant, daß bereits Goethe zu Beginn des 19. Jahrhunderts dies vorausahnte. Sein Faust erscheint als ein Renaissance-Mensch, aber anders als der wirkliche Renaissance-Mensch strahlt er nicht Zuversicht und Freude aus; er hat es vielmehr satt, zu denken und zu studieren. An seinem Selbst verzweifelnd, beschließt er, seinem Leben durch Gift ein Ende zu bereiten; durch den Gesang eines Osterchorals wird er davon abgehalten, aber dies bedeutet keine Wiedererweckung zum Glauben. Er wird sich nur aufs neue seines Unglaubens bewußt. Nur die durch den Choral hervorgerufenen glücklichen Kindheitserinnerungen hatten ihn seine Selbstmordgedanken aufgeben lassen. Er schlägt alle seine Weisheit in den Wind und gibt sich allen Versuchungen, die Mephistopheles für ihn bereithält, hin. Aber trotz alledem stirbt er, ohne je wahre Befriedigung erfahren zu haben; bei Fausts Tod läßt Goethe einen himmlischen Chor singen: »Das Ewig-Weibliche zieht uns hinan.«

Steht dies nicht symbolisch für den Entwicklungsweg der Seele des modernen Menschen? Auch der moderne Mensch, der alles im Vertrauen auf seinen Verstand unternommen hat, beginnt an seinem Selbst zu verzweifeln. Ohne Zweifel stellt die wissenschaftliche Zivilisation die Kraft des Menschen für alle sichtbar zur Schau; doch werden die Menschen nicht mehr – wie einst – von ihr inspiriert. Sie fühlen, daß die eigentlichen Lebenskräfte allmählich versiegen; und um das Verlorene wiederzugewinnen, beschließen sie sozusagen, zu ihrem nackten Selbst zurückzukehren – sie wollen wieder lieber aus dem Gefühl als aus dem Verstand leben. Und in diesem neuen Unterfangen werden sie, so scheint es – wie es auch in den Schlußzeilen des Faust angedeutet ist –, zum Mütterlichen, d.h. mit anderen Worten, zum *amae*, hingeführt.

Betrachtet man auf diesem Hintergrund die Reaktionen der jungen Generation auf die heutige Zivilisation, so stößt man ebenso auf dieses Entfremdungsgefühl. In der Berührung mit der ungeheuren und komplexen Technologie der modernen Zivilisation erfährt die neue Generation offenbar eine Emotion, die der Angst und dem Schrecken gleichkommt, die ein unwissender Wilder angesichts dieser Technologie fühlen würde. Dies trifft besonders heute zu – in einer Zeit, in der die Zerstörung der Umwelt zu einem solch ernsten Problem geworden ist. Die neue Generation sieht die Zivilisation als ein Produkt jenes Intellekts, an dem auch sie teilhat, mit dem sie sich aber nicht identifizieren kann. Die meisten der heute für das Management der modernen Zivilisation Verantwortlichen meinen einfach, daß die Art von Vernunft, die diese Entwicklung leitet, die einzig mögliche sei und für sich selbst spräche. Aber diese Annahme ist nicht notwendigerweise richtig. Die jüngere Generation fühlt sich instinktiv durch die moderne Zivilisation bedroht; um nochmals Sōseki zu zitieren: »Die Welt«, so wie sie Sanshirō vorfindet, als er vom Land nach Tokio kommt, »befindet sich offensichtlich im Umbruch. Man wird zum Zeugen dieses Umbruchs, aber man kann nicht an ihm teilnehmen. Die eigene Welt und die Welt der Aktualitäten befinden sich im selben Raum, aber sie berühren sich nirgends.

So treibt und bewegt sich die Welt weiter und läßt einen selbst zurück. Es ist sehr verwirrend.«

Es ist offensichtlich, daß dieses Gefühl, zurückgelassen zu werden, auf der *amae*-Mentalität beruht. Wenn das Kind von seiner Mutter alleingelassen wird, fühlt es eine Angst, die einer Bedrohung seines Lebens gleichkommt. Man kann sich vorstellen, daß genau dieses Gefühl dem zugrunde liegt, was heute als »Entfremdung des Menschen« bezeichnet wird.

Die Vaterlose Gesellschaft

Der Begriff »Generationskonflikt« ist inzwischen zu einem Klischee geworden. Für unendlich viele Bereiche wird die ältere Generation von der jüngeren zur Rechenschaft gezogen, so daß es scheint, als ob beide Seiten jede gemeinsame Basis für ein Verstehen verloren hätten. Wenn man jedoch das Phänomen im Detail untersucht, so hat man zuweilen den Eindruck, als sei der beiderseitige Kampf nur für die Öffentlichkeit inszeniert, und es scheint, als würden innerhalb der eigenen vier Wände Eltern und Kinder besser miteinander auskommen, als man denkt. Eine kürzlich vom *Asahi Shimbun* unter den Studenten der Tokioer Universität durchgeführte Meinungsbefragung ergab, daß an der Spitze der Liste der Personen, die sie am meisten respektieren, ihre eigenen Mütter standen. Auch eine Plakataufschrift beim jährlichen Mai-Festival, das kürzlich inmitten der Tokioer Universitätsunruhen stattfand – »Halte uns nicht zurück, Mutter, die ›Ginkgo‹-Bäume* weinen« –, verweist in diese Richtung. Wahrscheinlich fühlten die Studenten, daß zumindest ihre Mütter sie verstehen würden.

Diese private Bindung zwischen der aktivistischen Jugend und ihren Müttern war in der Tat schon zehn Jahre zuvor

---

* D.h., die Universität ist in größten Schwierigkeiten – eine Anspielung auf die Ginkgo-Bäume, die auf dem Tokioer Universitätscampus sehr zahlreich wachsen.

deutlich geworden, als die Studenten gegen die Revision des amerikanisch-japanischen Sicherheitsabkommens kämpften. Professor Robert Lifton[83] von der Yale Universität hielt sich zu dieser Zeit in Japan auf; er interviewte eine Gruppe dieser Aktivisten, und wir hörten dann zusammen die Tonbänder ab. Aus allen wurde eine sehr enge Beziehung zwischen den Interviewten und ihren Müttern deutlich. Ein ähnliches Ergebnis teilte mir kürzlich Professor Toussieng mit, der an der University of Oklahoma Kinderpsychiatrie lehrt. Er und seine Kollegen untersuchten Kinder, die zum größten Teil aus in Topeka City, Kansas, lebenden konservativen Familien stammten; sie entdeckten, daß die Kinder – obwohl sie sich in ihren Ansichten klar von ihren Eltern abgrenzten – doch auf menschlicher Ebene keine Feindschaft gegen sie hegten; viel eher fühlten sie Respekt und Dankbarkeit ihnen gegenüber.

Mit anderen Worten, die heutige Jugend wird so lange mit der älteren Generation auskommen, als die Frage von deren Wertbegriffen nicht berührt wird; aber sie wird gegen sie opponieren, sobald diese im Spiel sind. Dies ist wahrscheinlich auch der Grund dafür, warum sie zu ihren Müttern eine engere Beziehung bewahren als zu ihren Vätern. Zugegebenermaßen scheint es innerhalb der eigenen vier Wände auch kaum Konflikte mit dem Vater zu geben, der im allgemeinen als Vertreter des gesellschaftlichen Wertsystems auftritt; dies hängt sicherlich damit zusammen, daß es heute nur noch sehr wenige Väter gibt, die versuchen, ihre Kinder nach irgendwelchen Wertbegriffen zu erziehen. Auch diese Väter kennen in ihrem Innern das Entfremdungsgefühl; sie fühlen instinktiv, daß sich die moderne Gesellschaft in einer Krise befindet, und sie sind daher die letzten, die ihre Kinder mit akzeptierten Werten vollstopfen wollen. Sie haben jedoch – soziologisch gesehen – die Funktion, das System oder die Organisation, zu der sie gehören, zu verteidigen. Es scheint fast, als geschähe der moderne Konflikt zwischen den Generationen im öffentlichen Sektor und als werde er in Form eines Kampfes gegeneinander opponierender Systeme geführt.

Obwohl der Konflikt oder die Kluft zwischen den Generationen, wie wir bereits sahen, vor allem in Verbindung mit bestimmten Wertsystemen zu erwachsen scheint, so ist es doch auffallend, daß der Unterschied zwischen den rivalisierenden Wertsystemen nicht immer klar erkennbar ist. Zunächst einmal muß die ältere Generation nicht notwendig auch den alten Werten anhängen. Die Mehrheit ist diesen gegenüber sogar sehr skeptisch. Die junge Generation hält auf der anderen Seite kein neues Wertsystem bereit. Wenn dies richtig ist, dann kann es nicht ganz zutreffen, daß der gegenwärtige Generationskonflikt – auch wenn es an der Oberfläche so scheint – tatsächlich das Problem von Wertbegriffen als Zentrum hat. Warum aber sollte dann die jüngere Generation die ältere überhaupt angreifen? In gewisser Weise kann man in diesem Angriff den Versuch sehen, die ältere Generation zu zwingen, ihre wahren Gefühle zu offenbaren. Kurz, die jüngere Generation hofft, ein Wertsystem zu finden, nach dem sie leben kann, und sie ist verstört, weil die ältere Generation kein solches System bereithält. Hierin kann man zweifellos eine Form von *amae* erkennen. Aber natürlich wird allein die Feststellung, die heutige Jugend überlasse sich *amae*, das Generationsproblem nicht lösen.

Kurz gesagt: die Annahme scheint berechtigt, daß der heutige Generationskonflikt seinen Ursprung darin hat, daß die ältere Generation ihr Selbstvertrauen verloren hat. Im gewöhnlichen häuslichen Alltag äußert sich dies darin, daß der Einfluß des Vaters bis auf einen Punkt geschrumpft ist, wo er kaum noch erkennbar ist. Eines der Probleme, das in Japan nach Kriegsende in den Mittelpunkt des Interesses rückte, war das Phänomen der »Schulphobie« bei Kindern oder die Weigerung, in die Schule zu gehen. Untersuchungen der betreffenden Familien zeigten, daß der Vater durchgängig schwach war. Dies trifft jedoch nicht nur für die Familien zu, in denen die Kinder sich weigern, in die Schule zu gehen, sondern ist vielmehr ein Charakteristikum der gesamten modernen Gesellschaft.

Als eine Parallele hierzu kann man das folgende Phänomen sehen: Obwohl man heute immer mehr von einer Konzentration und Zunahme der Macht sprechen kann, gibt es doch nichts, das ein wahres Gefühl von Autorität vermitteln würde. Bringt man beide Phänomene miteinander in Zusammenhang, so kann man die moderne Gesellschaft als eine »Gesellschaft ohne Vater« charakterisieren. Der Begriff »Vaterlose Gesellschaft« wurde meines Wissens zuerst von Paul Federn, einem Schüler Freuds, in seiner 1919 veröffentlichten Arbeit *Zur Psychologie der Revolution: Die vaterlose Gesellschaft*[84] gebraucht. Wie der Titel schon nahelegt, entstand diese Arbeit in Reaktion auf die politische Situation in Europa nach dem Ende des Ersten Weltkrieges; aber der nach dieser Zeit eingetretene soziale Wandel läßt diesen Ausdruck angemessener als je erscheinen.

Der Samen für diese sozialen Umbrüche ist in gewisser Weise schon während des 19. Jahrhunderts ausgesät worden – von Männern wie Darwin, Marx und Nietzsche: jeder von ihnen zerbrach die bis dahin geltenden Wertvorstellungen und bereitete dem kommenden sozialen Wandel damit den Weg. Auch in Japan ist nach der Meiji-Restauration – obwohl hier die historischen Bedingungen völlig andere waren – insofern eine »vaterlose Gesellschaft« entstanden, als jede bestehende Ordnung und Autorität – mit Ausnahme des Kaisersystems – mit dem Eindringen der westlichen Zivilisation in das Land umgeworfen wurde. Der etwas altmodische Klang, den das Wort *oyaji* (»der alte Mann«) neben seinen liebevollen Untertönen heute hat, reflektiert in gewisser Weise den in dieser Zeit vollzogenen Wandel. Aber trotzdem stellte bis zum Ende des letzten Krieges der Vater etwas dar, zu dem man aufblickte. Nach dem Kriege verlor er jedoch sehr schnell seinen Status als Respektsperson, denn nach der Niederlage wurde die alte Moral noch grundsätzlicher in Frage gestellt. Kurz, nach der Niederlage Japans wurde die Sohnestreue- und -ergebenheitsethik, aus der bis dahin der nationale Geist gelebt hatte, von allen Seiten der Kritik unterworfen. Zur gleichen Zeit verfiel der Westen, zu dem man bisher als Repräsentanten des »Fortschritts« aufgeblickt hatte, in ein Nachkriegschaos, und die ganze Welt bewegte sich, ideologisch gesehen, immer weiter auf die Ablehnung väterlicher Autorität zu.

Ein Wort an dieser Stelle zu der Verbindung zwischen der Freudschen Psychoanalyse und den gerade beschriebenen sozialen Veränderungen. Freuds Vorstellungen werden im allgemeinen denen von Marx und Nietzsche insofern gleichgestellt, als sie die heutigen sozialen Veränderungen unterstützt und eingeleitet haben sollen. Es ist wahr, daß Freuds Behauptung, die menschliche Seele sei vom Unbewußten beherrscht und es gebe eine grundlegende Beziehung zwischen den höheren Seelentätigkeiten und dem Triebleben, die Weltsicht des modernen Menschen entscheidend revolutionierte. So wie das Hauptmerkmal der von ihm geschaffenen Psychoanalyse nicht nur darin lag, die Psyche des Patienten zu analysieren, sondern sie durch Analyse zu verändern, so lag die gesellschaftliche Wirkung des Freudschen Werks vor allem in seiner Analyse gesellschaftlicher Haltungen. Freud hat natürlich nirgends das Phänomen der Vaterlosen Gesellschaft in der Form diskutiert, wie ich es hier tue, aber trotzdem hat er es in gewisser Weise berührt – indem er immer wieder auf das Thema des Vatermords zurückkommt, das, so glaube ich, eng hiermit verbunden ist.

Kurz ausgedrückt: auch Freud macht nicht einfach den Vatermord als solchen für die Abwesenheit des Vaters verantwortlich. Er behandelt das Problem jedoch nicht als etwas sich in der Gegenwart Vollziehendes, sondern projiziert es in die menschliche Vorgeschichte.[85] In dieser Vorgeschichte ereignete sich der erste den Menschen bekannte Ödipus – er unterscheidet sich jedoch insofern von den unzähligen ihm in der Geschichte folgenden Ödipusgestalten, als er wirklich seinen Vater tötet. Dieser Vatermord hinterließ aber in den überlebenden Kindern, so meint Freud, ein Schuldgefühl, aus dem dann Religion und Moral entsprangen. Freud wendet dasselbe Motiv auch auf Moses an, der in gewisser Weise der Vater des Judentums ist. Er mißt der Legende von der Tötung Moses' größte Bedeutung bei. Es ist hier nicht nötig, Freud gegen den Einwand, es gäbe keine historischen Beweise für seine Theorien, zu verteidigen; wichtig ist, daß er anstelle des Begriffs »Abwesenheit des Vaters« den Begriff »Vatermord« verwendet und in diesem das Fundament aller Moral sah.

Tatsächlich kann man sagen, daß Freud sein ganzes Leben hindurch vom Vaterthema besessen war. Er wird oft der »Vater« der Psychoanalyse genannt, und es gibt Grund für die Annahme[86], daß er dies nicht nur als Metapher verstanden wissen wollte, sondern als Ausdruck, daß er in der Tat der Menschheit unseres neuen Zeitalters ein Vater war. Während die Rolle des Vaters in Freuds Ödipuskomplex höchst wichtig ist, geben die Männer, die Freuds Theorie ablehnten, der Mutter-Kind-Beziehung die Hauptbedeutung bei der Persönlichkeitsbildung. Hierbei ist es aber sehr interessant, daß alle diese Männer – nicht nur Jung, sondern auch Rank, Ferenczi und die späteren Nicht-Freudianer – darin übereinstimmten, daß sie ihre Ideen als Ablehnung ihres ideologischen Vaters, nämlich Freud, präsentierten. Kurz, die Theorie des Nicht-Vaters war selbst nicht ohne Vater geboren, sondern vielmehr aus dessen Ablehnung. Zweifellos sah Freud selbst hierin eine weitere Wiederholung des ewigen Vatermord-Motivs.

Ich habe das Gefühl, daß etwas Ähnliches für die sogenannte »Vaterlose Gesellschaft« von heute zutrifft. Marcuse[87], der einen solch großen Einfluß auf die jungen Menschen von heute ausübte, betrachtet die vaterlose Gesellschaft als ein *fait accompli* und redet so, als brauchten wir uns nur der repressiven sozialen Maschinerie, die noch überlebt hat, zu entledigen, um einen Idealzustand, der an die glückliche symbiotische Einheit von Mutter und Kind erinnert, zu erreichen. Wenn Freud noch lebte, so würde er starke Einwände erheben. Ganz gewiß würde er eine weitere »Zukunft einer Illusion« schreiben, in der er die gegenwärtigen psychoanalytisch-sozialistischen Illusionen angriffe.

Das Problem läßt sich auf die Frage reduzieren, ob der Vater, das väterliche Prinzip, überflüssig ist oder nicht. Kann dieses Prinzip wirklich einfach von der Erdoberfläche verschwinden? Ich kann das nicht glauben. Schon in Federns Abhandlung klingt an, daß trotz des auffälligen Rückgangs, den das Vater-Kind-Motiv in der Gegenwart erfahren mußte, dieses doch so tief in der menschlichen Natur verwurzelt ist, daß eine vollkommen »Vaterlose Gesellschaft« wahrscheinlich nie entstehen wird. Dies ist bis zu einem gewissen Grad durch die Jugendrebellion der letzten Jahre bestätigt worden, denn man kann sie als einen Unwillen über die väterliche Schwäche und einen Appell für einen stärkeren Vater interpretieren. Die große Anziehungskraft, die Mao Tse-tung auf die Jugend der ganzen Welt ausübte, reflektiert vielleicht diesen Wunsch. Allgemein kann man sagen, daß eine Revolution ein psychologischer Vatermord ist; aber eigenartigerweise wird oft am Ende einer Revolution eine neue, noch stärkere Vaterfigur erschaffen – betrachtet man die russische Verehrung Lenins und die Lobgesänge der Vietnamesen auf Ho Chi Minh, so wird dies sehr deutlich. Auch außerhalb kommunistischer Gesellschaften behielt die Vaterfigur ihre Bedeutung; sie ermöglichte z.B. de Gaulles Stellung in der französischen Gesellschaft. Die Gefühle, die bei seinem Tode – kurz nachdem er nach einer politischen Niederlage zurückgetreten war – nicht nur in ganz Frankreich, sondern auch in andern Ländern aufkamen, kann man als die Trauer über den Tod einer großen Vaterfigur beschreiben.

Jeder aufgeklärte Zeitgenosse wird natürlich sagen, daß der Große Vater ein hohles Image sei – in Wirklichkeit sei er ein schwacher Mensch, der sich in seinem Innern durch nichts von anderen Menschen unterscheide. Auch wenn Lenin oder Mao Tse-tung im Augenblick als Unsterbliche verehrt würden, so seien sie doch nichtsdestoweniger Fiktionen. Auch in den kommunistischen Gesellschaften, in denen solchen Fiktionen der größte Glaube geschenkt werde, müsse unvermeidlich der Tag kommen, an dem diese in sich zusammenstürzen. Wenn dies richtig ist, warum sucht dann die Menschheit so hartnäckig nach dem mächtigen Vater? Freuds Theorie des Vatermords ist in diesem Zusammenhang sehr aufschlußreich, denn sie weist darauf hin, daß die Anstrengungen, einen Vater zu finden, aus dem Verlangen entspringen, die Erinnerung an den Vatermord auszulöschen. Alle Revolutionen kann man als eine Wiederholung dieses universalen menschlichen Themas ansehen. Auf lange Sicht kann der Mensch diesem Kreislauf nicht entrinnen. So werden sich auch die von Marcuse inspirierten Visionen einer vaterlosen Utopie wahrscheinlich als bloße Tagträume erweisen. Der einzige Weg, so scheint es, den gegenwärtigen Zustand geistiger Vaterlosigkeit zu überwinden, liegt in der Anerkenntnis der Tatermord-Schuld und der Fähigkeit, diese zur Basis einer neuen Moralität zu machen.

Auf religiöser Ebene erscheint das gerade diskutierte Thema der Vaterlosigkeit als die Frage nach der Existenz Gottes. Und ich möchte auch zu diesem Punkt etwas sagen. Seit Nietzsches prophetischer Behauptung »Gott ist tot« ist unsere Zeit immer mehr dazu übergegangen, die Nicht-Existenz Gottes als gegeben anzusehen; in letzter Zeit machte sogar eine Theologie über den Tod Gottes von sich reden. Diese Problematik liegt natürlich außerhalb meines Gebietes, aber ich möchte darauf hinweisen, daß Nietzsche nicht einfach sagte, Gott sei tot, sondern Gott sei getötet worden. Diese Tatsache, die allgemein offenbar überraschend wenig bekannt ist, erscheint mir wegen ihrer Ähnlichkeit mit Freuds Vatermord-Konzept höchst interessant. Ich bin auch der Meinung, daß hier viel grundlegendere Vorstellungen ausgesprochen werden als in der neuen »Theologie über den Tod Gottes«. Aber wie dem auch sei, ich möchte die entsprechende Passage bei Nietzsche vollständig zitieren. Ich glaube, daß meine Interpretation der Freudschen Vatermord-Vorstellung auch auf Nietzsches Gottesmord zutrifft:

»Habt ihr nicht von jenem tollen Menschen gehört, der am hellen Vormittag eine Laterne anzündete, auf den Markt lief und unaufhörlich schrie: ›Ich suche Gott! Ich suche Gott!‹ – Da dort gerade viele von denen zusammen standen, welche nicht an Gott glaubten, so erregte er ein großes Gelächter. ›Ist er denn verlorengegangen?‹ sagte der eine. – ›Hat er sich verlaufen wie ein Kind?‹ sagte der andere. – ›Oder hält er sich versteckt? Fürchtet er sich vor uns? Ist er zu Schiff gegangen, ausgewandert?‹ – So schrien und lachten sie durcheinander. Der tolle Mensch sprang mitten unter sie und durchbohrte sie mit seinen Blicken. ›Wohin ist Gott?‹ rief er. ›Ich will es euch sagen! Wir haben ihn getötet – ihr und ich! Wir alle sind seine Mörder! Aber wie haben wir dies gemacht? Wie vermochten wir das Meer auszutrinken? … Wohin bewegen wir uns? … Stürzen wir nicht fortwährend? Und rückwärts, seitwärts, vorwärts, nach allen Seiten? Gibt es noch ein Oben und ein Unten? Irren wir nicht wie durch ein unendliches Nichts? Haucht uns nicht der leere Raum an? Ist es nicht kälter geworden? Kommt nicht immerfort die Nacht und mehr Nacht? Müssen nicht Laternen am Vormittag angezündet werden? Hören wir noch nichts von dem Lärm der Totengräber, welche Gott begraben? … Gott ist tot! Gott bleibt tot! Und wir haben ihn getötet! … Das Heiligste und Mächtigste, was die Welt bisher besaß, es ist unter unsern Messern verblutet – wer wischt dies Blut von uns ab? Mit welchem Wasser könnten wir uns reinigen? … Müssen wir nicht selber zu Göttern werden, um nur ihrer würdig zu erscheinen? Es gab nie eine größere Tat – und wer nur immer nach uns geboren wird, gehört um dieser Tat willen in eine höhere Geschichte, als alle Geschichte bisher war!‹ – Hier schwieg der tolle Mensch und sah wieder seine Zuhörer an – auch sie schwiegen und blickten befremdet auf ihn.«[88]

Schuldgefühl, Solidaritätsgefühl und das Gefühl, Opfer zu sein

Die väterliche Autorität ist heute vollkommen in den Hintergrund getreten, und niemandem würde es einfallen, jemandem vorzuwerfen, daß er »seine eigenen Angelegenheiten verfolgt«. Tabus werden beiseite geschoben und die ganze Gesellschaft hat einen frivolen Zug. Im Zusammenhang mit der bereits erwähnten Verbarrikadierung der Studenten der Tokioer Universität im Yasuda-Auditorium hatte die »Vox Populi Vox Dei«-Kolumne des *Asahi Shimbun* das Folgende zu sagen: »Wenn man einmal hinter die äußere Schicht sieht, findet man eine Nation von großem Mitgefühl – Menschen, die auf die Nachsicht und Milde der anderen vertrauen *(amaeru)* und sich gegenseitig in einer Art und Weise gewähren lassen *(amayakasu),* die die sich an der Oberfläche zeigenden Gewalttätigkeits- und Haßposen Lügen straft. Die ›Bis-zum-letzten-Mann-Kampf‹-Pose und das übertriebene Mitleid mit den Zukurzgekommenen sind in gewisser Weise ein Zeichen für ein friedliches Land.« Die Vorherrschaft von *amae,* die hier deutlich wird, mag zugegebenermaßen in Japan besonders ausgeprägt sein. Aber offenbar ist dieses Phänomen nicht auf Japan beschränkt; ein französischer Psychoanalytiker[89] sagte über die 68er »Mai-Revolution« in Paris, sie sei eine magische Handlung gewesen – ein Versuch, der Ödipus-Situation zu entgehen, indem der Vater verleugnet wurde, ohne wirklich in Konflikt mit ihm zu geraten – und hätte niemals zu Reformen führen können.

Es wäre natürlich falsch zu denken, daß heute nur die Jugend *amaeru*(t). Auch die Erwachsenen tun es auf ihre Weise

– in gewissem Sinne sagt der »Vox Populi Vox Dei«-Artikel nichts anderes, als daß die ganze Nation in einer *amae*-Stimmung woge. Es geschieht zuweilen, daß das Wort *amae* oder ihm verwandte Worte in den Überschriften von Zeitungsartikeln auftauchen. Mir selbst sind z.B. folgende aufgefallen: »Erwarte nicht zu viel von der Regierung.« »Nimm die Verteidigung des Dollars nicht zu leicht« und »Nimm den Konsumenten nicht für selbstverständlich«. Kürzlich, als die Verhandlungen mit den USA über das Textilabkommen für Japan ungünstig ausgingen, erschienen Zeitungsartikel, die meinten, daß die japanischen Beobachter *amai* gewesen seien, d.h. vorschnell einen guten Ausgang erwartet hätten. Kurz danach soll der Minister für Internationale Handels- und Industriebeziehungen gesagt haben: »Worauf ich hier besonders hinweisen möchte, ist, daß (Japan) aufhören muß, anzunehmen, daß, nur weil es mit Amerika zu tun hat, alles so laufen wird, wie es sich es wünscht.« (Wörtlich: es muß aufhören, zu *amaeru* [en].) Zugegebenermaßen ist es recht zweifelhaft, wie ernst solche Warnungen wirklich gemeint sind; sie erinnern oft fast an das liebevolle »du-du« eines Elternteils gegenüber einem verwöhnten Kind und atmen selbst die *amae*-Aura.

In einer Gesellschaft nun, in der es jedermann gestattet ist, zu *amaeru*(en), wird man erwarten, daß jedermann, zumindest was seine subjektiven Gefühle betrifft, *medetai* und glücklich ist. Aber eigenartigerweise ist dem nicht so. Der moderne Mensch ist fröhlich und sorglos, aber auf der anderen Seite scheint er unter irgendeinem schwer definierbaren Schuldgefühl zu leiden. Den deutlichsten Ausdruck dieses Schuldgefühls kann man vielleicht unter den Aktivisten der Neuen Linken finden. Sie appellieren stark an das Solidaritätsgefühl des Menschen zu seinen Mitmenschen. Sie betonen, daß es ein Verbrechen ist, untätig dabeizustehen und den Leiden anderer zuzusehen – sei es in Indochina, im Mittleren Osten oder sonst irgendwo, im eigenen oder in einem fremden Land. In der Praxis ist es jedoch keineswegs so leicht, menschliches Leiden zu lindern, eine Tatsache, die ihr Schuldgefühl noch weiter verstärkt. Sie kommen daher zu dem Schluß, daß die Wurzel all dieser Übel in der gewaltigen und repressiven sozialen Organisation liegt, auf die sie dann einen kühnen Angriff starten. Jeder, in dem nicht ein ähnliches Genossenschaftsgefühl erwacht und der sich ihrem Kampf nicht anschließt, ist ihr Feind. Kurz, das Problem ist eines von »Solidarität« oder »Gemeinschaftsgefühl«. Unter diesem Aspekt ist es sehr interessant, daß Makoto Oda[90] von Beheiren*, der in der *Asahi Shimbun*-Serie »Das Japan in mir« das Kameradschaftsgefühl, das er für die aus Vietnam desertierten Amerikaner fühlte, mit den folgenden Worten beschreibt: »Wenn ich ein ›Japan‹ oder zumindest ein ›mein Japan‹ habe, so existiert es nicht unabhängig von solchen Bindungen (einer gemeinsamen Menschlichkeit), und ich beharre darauf, daß diese Bindungen solche ›ordnungswidrigen‹ Wesen wie Deserteure einschließen.«

Diese von der Neuen Linken eingenommenen Haltungen sind nun für sich selbst betrachtet von einem unbefleckten Humanismus – sie haben eine fast christliche Aura. Und in der Tat finden sich in ihren Reihen einige ernsthafte Christen; ähnliches kann man offensichtlich nicht nur in Japan finden, sondern auch in anderen Ländern mit einer aktiven Neuen Linken. Und es gibt auch christliche Denker, die der Bewegung große Sympathie entgegenbringen; der Geist der Neuen Linken hat in der Tat viel gemeinsam mit dem berühmten christlichen Gleichnis vom barmherzigen Samariter.[91] Wie dem auch sei, es steht außer Frage, daß die Aktivisten der Neuen Linken heute an das Gewissen ihrer Zeitgenossen rühren, sie aus ihrer Selbstzufriedenheit mit dem

---

* Das »Friede für Vietnam-Komitee«, eine Bewegung, die 1965 in Japan entstand und die sich entschieden gegen den Krieg in Vietnam engagierte. Besonders bemerkenswert war ihre Unterstützung von aus der amerikanischen Armee desertierten Soldaten.

»bourgeoisen, individualistischen« Leben rütteln und eine große Anzahl von Menschen zu aktiver Teilnahme ermuntert haben. In diesem Licht besehen, erscheinen die Aktivitäten der Neuen Linken jenseits von Kritik.

Hierin liegt jedoch ein Problem. Die Neue Linke treibt ihre Betonung der »Solidarität« bis zu einem Punkt, wo die Gefahr droht, daß die unabhängigen Werte des Individuums aus dem Blick geraten. Auch wenn es stimmt, daß sich individuelle Werte nur in der Beziehung zu anderen konstituieren und das Individuum – wenn auch nur um seines eigenen Heils willen – die Solidarität mit anderen suchen muß, drängt sich einem der Verdacht auf, daß es dem Schuldgefühl, das die Neue Linke zu ihren Aktionen treibt und das sie oft bei anderen herbeizitiert, irgendwie an Tiefe fehlt. Ihr Schuldgefühl läßt sich zu leicht mit Hilfe dieses Solidaritätsgefühls beschwichtigen oder modifizieren. Schuldgefühle scheinen dann für die Betroffenen kaum noch eine Rolle zu spielen.

Dies wird deutlich, wenn man die Selbstverleugnungstheorien – die Vorstellung, daß man sich seiner Schuld bewußt werden und »seine Privilegien aufgeben« sollte – betrachtet, die in einer bestimmten Phase von den Studenten und Lehrern des Zenkyōtō so nachdrücklich gepredigt wurden. Es ist sehr zweifelhaft, ob man wirklich seine »Privilegien« ganz aufgeben kann; aber Beobachtungen lassen vermuten, daß ein Individuum, dem es gelingt, ein Gemeinschaftsgefühl mit seinem »Opfer« zu entwickeln, mit der Zeit davon überzeugt ist, daß es dies vollzogen hat. So wird die Verleugnung des Selbst zur Verleugnung im psychoanalytischen Sinne. Es ist, als ob sich die Probleme im Innern des Individuums durch die Gemeinschaft mit anderen gelöst hätten.

Ich glaube, daß die durch solche Gemeinschaftsgefühle geprägte Form des Schuldgefühls eng mit dem Schuldgefühl verbunden ist, das wir früher als charakteristisch für die Japaner hervorhoben. Die Japaner treten oft aus einem Gefühl gemeinsamer Verantwortung für einen unglücklichen Zwischenfall zurück, auch wenn sie persönlich dafür keine Verantwortung getragen haben; wenn sie sich nicht so verhielten, hätten sie Schuldgefühle, weil sie das brüchige Glied in der Kette waren. Die Schuld, von der die Neue Linke spricht, ist sicher im wesentlichen die gleiche – eine etwas allgemeinere Ausprägung dieses Phänomens. In der gerade zitierten Passage sagt Makoto Oda, daß »sein Japan« nicht die japanische Nation oder das japanische Volk im engen Sinne ist, sondern »ein Ensemble von Bindungen, das sich über die ganze Welt erstreckt« – eine Vorstellung, die sicherlich noch japanischer ist, als sogar er realisiert.

Um das Vorhergehende zusammenzufassen, wollen wir nochmals den Geist der Neuen Linken und die Idee, die hinter dem Gleichnis vom barmherzigen Samariter steht, miteinander vergleichen. Die Aktivisten der Neuen Linken geben zu, daß auch sie, wie der Priester und der Levite in dem Gleichnis, den versteckten Wunsch haben, so zu tun, als sähen sie das Opfer nicht. In ihrer Analyse bedeutet dies eine Verbrüderung mit den Schuldigen und eine Zuflucht zur eigenen privilegierten Existenz. Soweit stimmt ihre Haltung vollkommen mit dem Geist des Gleichnisses überein; das Problem liegt aber in dem, was nun folgt: sie nehmen sofort Zuflucht zur Logik der Verleugnung und verleugnen ihre eigenen Privilegien; aber daraus folgt nicht, daß sie auch – wie es der barmherzige Samariter tat – wirkliche Schritte unternehmen, um dem Opfer zu helfen. Im Gegenteil, sie identifizieren sich selbst mit dem Opfer; oder genauer ausgedrückt: die Identifikation entsteht simultan mit der Selbstverleugnung; denn durch die Identifikation mit dem Opfer verleugnen sie ihre eigene individuelle Existenz und damit – so scheint es – ihr Schuldgefühl. In diesem Sinne werden sie selbst zu Opfern und beginnen, jene zu beschimpfen, die sich nicht um die Opfer kümmern, oder – konkreter – jene anzugreifen, die Verantwortung tragen. Je pathologischer die den Ausgangspunkt bildende Selbstverleugnung ist, desto kriegerischer und gewalttätiger wird die aus ihr erwachsende Aktion sein.

In dieser Ausprägung des Opfer-Gefühls ist – so kann man es sehen – eine zweifach verdrehte *amae*-Mentalität verborgen; denn das Gefühl, Opfer zu sein, rührt nicht nur aus einem – wie wir gesehen haben – unbefriedigten *amae*, sondern hier ist das Opfer-Gefühl freiwillig gewählt, um ein Gemeinschaftsgefühl mit anderen zu erreichen. Die Opfer-Mentalität ist für sich genommen schmerzlich, aber die um eines Gemeinschaftsgefühls willen aus eigenem Entschluß gewählte Opfer-Rolle ist relativ schmerzlos. Jemand mit einem solchen Verletztheitsgefühl fühlt sich trotz seiner Opfermentalität – oder vielmehr gerade wegen dieser – frei, anderen Schaden zuzufügen, und erfährt dabei sogar eine sadistische Selbstbefriedigung. Ich beeile mich hinzuzufügen, daß ich nicht behaupten will, daß alle Angriffe oder Kritik an jenen, die Opfer nehmen, falsch sind. Das Problem entsteht, wenn die Angriffe oder die Kritik dazu dienen, sich des eigenen Schuldgefühls zu entledigen. Diese Form von Schuld erwächst aus *amae* und ist entsprechend leicht zu beschwichtigen; sie ist nicht die Art von Schuld, aus der, wie wir am Ende des vorangegangenen Abschnitts erörterten, Moral entstand. Die Angriffe gegen Ungerechtigkeit, die aus solch verborgenen Motiven leben, werden Übelstände nie beseitigen, sondern sind viel eher dazu geeignet, sie zu verstärken.

Das Jahrhundert des Kindes

Wenn man sagt, die heutige Zeit sei auf eigenartige Weise von *amae* durchdrungen, so ist das fast dasselbe, als wenn man sagen würde, daß alle kindlicher geworden sind. Oder vielleicht wäre es richtiger zu sagen, daß sich die Unterschiede zwischen Kindern und Erwachsenen verwischt haben. Dank der Massenkommunikationsmittel nehmen die Kinder so viele Dinge so schnell auf, daß viele von ihnen zu »erwachsen« sind, um ihre Eltern als Erwachsene betrachten zu können. Und in der Tat, obwohl viel vom Generations»unterschied« geredet wird, wäre es in der gegenwärtigen Situation angemessener, vom Verlust jeglicher Generationsschranken zu sprechen. Denn auch den »erwachsenen Erwachsenen« der Vergangenheit gibt es nicht mehr, und die Zahl kindlicher Erwachsener hat sich vergrößert. Das gemeinsame Element sowohl des Erwachsenen-Kindes wie des Kind-Erwachsenen ist *amae*.

Eine gute Illustration hierzu ist ein Artikel mit dem Titel: *Die widerwilligen Erwachsenen*, der in der *Mainichi Shimbun* vom 22. August 1970 erschien. Seit kurzem, so heißt es dort, ist der Ausdruck *kakko ii* (smart, schön, »groovy«) zu *katcho ii* verniedlicht worden, d.h. entsprechend der Aussprache des Kindes, dessen Zunge die richtigen Laute noch nicht formen kann. Traditionellerweise wurde die Jugend als eine Zeit betrachtet, in der das Individuum erpicht darauf ist, erwachsen zu werden, und in der es fürchtet, als Kind behandelt zu werden; aber heute, so scheint es, ist die Jugend nicht gewillt, erwachsen zu werden. Der Autor berichtet, daß er einige junge Leute befragte, was sie an langen Haaren und auffallender Kleidung so attraktiv fänden, und er erhielt die Antwort, daß »man dann niedlich aussieht«. Der Wunsch, niedlich auszusehen, ist, was man kaum eigens betonen muß, ein typischer Ausdruck von *amae*.

Es ist interessant, daß dieser Trend heute in der ganzen Welt zu beobachten ist und nicht nur in Japan, das seit langem als ein »Paradies für Kinder« gilt. Die wachsende Anzahl von Kindern, die heute in Japan von ihren Eltern getötet werden, zeigt vielleicht, daß es schließlich doch kein solches Paradies ist; aber der Grund hierfür liegt sicherlich in der wachsenden Zahl kindlicher Eltern – ein einleuchtender Beweis dafür, daß man auch Erwachsene braucht, um ein

Paradies für Kinder zu schaffen. Es mag sehr wohl sein, daß, zumindest ursprünglich, das Gefühl der Eltern für ihre Kinder in Japan besonders stark war. Schon in der Nara-Periode schrieb Yamanoue no Okura, als er schwer krank darniederlag, einen Vers, in dem er sagte, daß, obwohl er wisse, er müsse sterben, es ihm der Anblick seiner Kinder schwer mache, den Tod zu akzeptieren. In dieser Hinsicht hatte Japan dem Westen wahrscheinlich einiges voraus. Bis ins Mittelalter und bei den niederen Klassen sogar noch bis in spätere Zeiten mußten sich im Westen die Kinder offenbar mehr oder weniger selbst durchschlagen; und auch später, als die Eltern begannen, sich über die Erziehung ihrer Kinder Gedanken zu machen, gab es die weitverbreitete Sitte, die Kinder frühzeitig von ihren Eltern zu trennen und sie in Internate mit äußerst strenger Disziplin zu schicken.[92] Erst in jüngster Zeit, so scheint es, beginnen die westlichen Eltern, ihre Kinder im japanischen Sinne zu verwöhnen. (Die bekannten Arbeiten Dr. Spocks sind in diesem Zusammenhang sicher sehr aufschlußreich.) Die westliche Sensibilität gegenüber Kindern hat sich in den letzten Jahren der japanischen angenähert; aber gleichzeitig kann man beobachten, daß es eine immer größere Anzahl von Kindern gibt, die niemals erwachsen werden. Die Wissenschaftler, die die Weltgeschichte als eine Geschichte des Fortschritts auffassen, behaupten oft, daß der Mensch bisher in seiner »Kindheit« gelebt habe, in der ihm die verschiedensten religiösen Systeme aufgezwungen worden seien, daß aber heute jene Hindernisse beseitigt seien und daß er zum ersten Male wirklich erwachsen geworden sei. Aber dies ist eine Selbsttäuschung. Die Gegenwart erscheint geradezu als das Gegenteil vom Erwachsensein. Und wenn es vielleicht auch für die Erwachsenen nicht schlecht ist, so wie die Kinder unbelastet von der Vergangenheit zu leben, so ist es doch nicht gut, wenn sie sich – wie die Kinder – impulsiv so verhalten, wie sie gerade Lust haben. Die heute so offensichtliche »sexuelle Freiheit« kann man psychologisch als eine reine

Manifestation der von Freud beschriebenen infantilen polymorphen Perversion interpretieren.

Dieses Kindlichkeitsphänomen hat seinen deutlichsten Ausdruck im Hippie-Kult gefunden. Natürlich ist die durch den Hippie verkörperte Mentalität nicht nur auf ihn allein beschränkt. Sie beeinflußt die ganze Gesellschaft – jede Generation und jede Klasse. Die *kakko-ii*-Psychologie lebt nicht nur in den Kindern und Heranwachsenden, sondern auch in der Erwachsenenwelt. Folgendes Beispiel, von dem mir kürzlich berichtet wurde, mag zur Illustration dienen: während in der Vergangenheit die Dirigenten mit Gesten und Körperbewegungen sehr sparsam umgingen und diese ihnen nie als Publikumseffekt dienten, sondern als Mittel, die Musik zu dirigieren, sind die Dirigenten heute selbst nur noch Teil einer Show. Sie müssen den Taktstock im Rhythmus der *kakko-ii*-Mentalität schwingen.

Ob diese Entwicklung begrüßenswert ist oder nicht, kann ich kaum beurteilen; und es hätte auch wenig Sinn, sich hierüber zu streiten, denn dies ist nun einmal die heutige Wirklichkeit. Es hilft auch nicht weiter, den Einfluß des Fernsehens dafür verantwortlich zu machen, denn die entscheidende Frage ist doch, welche Bedeutung diese zeitgenössischen Phänomene haben. Viele Menschen meinen offensichtlich, daß sie ein Zeichen für das Zuendegehen eines Zeitalters und den Beginn eines neuen seien. In der Praxis kann man die Tendenz, zugunsten eines uniformen kindlichen *amae* alle Unterschiede zu nivellieren – sei es zwischen Erwachsenem und Kind, Mann und Frau, Gebildetem und Ungebildeten, Ost und West –, nur als eine Regression der Menschheit bezeichnen; sie wird sich jedoch vielleicht als ein notwendiger Schritt in Richtung auf die Schöpfung einer neuen Kultur in der Zukunft erweisen; denn es ist bekannt, daß dem schöpferischen Prozeß beim Individuum eine Art regressives Phänomen vorausgeht.[93] Dies setzt natürlich voraus, daß die Menschheit eine Zukunft *hat*, was niemand mit Sicherheit voraussagen kann; viele vom rapiden Fortschreiten der Umweltzerstörung alarmierte Wissenschaftler zweifeln daran. Niemand kann sagen, ob dieses regressive Phänomen der heutigen Menschen eine tödliche Krankheit ist oder das Vorspiel zu einer neuen Gesundung. Und es ist genau diese Unvoraussagbarkeit, die den Ernst unserer heutigen Situation ausmacht.

Anmerkungen

1. Benedict, R. *The Chrysanthemum and the Sword,* Tuttle, Tokio, 1954.
2. Doi, L. T. »Some Aspects of Japanese Psychiatry« *Am J. Psychiat.,* III: 691–695, 1955.
3. Doi, L. T. »Japanese Language as an Expression of Japanese Psychology« *Western Speech,* Spring, 1956.
4. Doi, L. T. »Amaeru koto« *Aiiku Shinri,* Bd. 75, Feb. 1956.
5. Doi, L. T. »Shinkeishitsu no seishin byōri – toku ni toraware no seishin rikigaku ni tsuite« *Seishin Shinkeishi,* Bd. 60, VII 633–744, 1958.
6. Doi, L. T. »Jibun to amae no seishin byōri« *Seishin shinkeishi,* Bd. 62, I 149–162, 1960.
7. Freud, S. *Beiträge zur Psychologie des Liebeslebens. Über die allgemeinste Erniedrigung des Liebeslebens,* G. W., Bd. 8, S. 78.
8. Balint, M. *Die Urformen der Liebe und die Technik der Psychoanalyse,* Frankfurt/M. (S. Fischer) 1969, S. 65.
9. Doi, L. T. »Amae – a Key Concept for Understanding Japanese Personality Structure« *Japanese Culture: Its Development und Characteristics* (Smith, R. J., and Beardsley, R. K., Hg.) Aldine, Chicago, 1962.
10. Nakamura, H. *Tōyōjin no shii hōhō* 3, Shunjūsha, Tokio, 1962.
11. Doi, L. T. »Some Thoughts on Helplessness and the Desire to be loved« *Psychiatry* 26, 266–272, 1963.
12. Freud, S. *Die Zukunft einer Illusion,* G. W., Bd. 14, S. 323.
13. Doi, L. T. »Giri-Ninjō: An Interpretation« *Aspects of Social Change in Modern Japan,* hrsg. R. P. Dore. Princeton University Press, New Jersey, 1967.
14. Maruyama, M. *Nippon no shisō,* Iwanami shinsho, Tokio, 1961.
15. Doi, L. T. *Seishin Bunseki,* Kyōritsu Shuppansha, Tokio, 1956.
16. Doi, L. T. *Seishin Bunseki to Seishin Byōri,* Igaku Shoin, Tokio, 1965.
17. Doi, L. T. »Shinkeishō no Nipponteki Tokusei – Tsuika Toron« *Seishin Igaku* Bd. 6 II, S. 119–123, 1964.
18. Doi, L. T. »Momotarō to Zengakuren« *Aiiku Shinri,* März, 1960.
19. Doi, L. T. »Tatakau Gendai Seinen no Shinri« *Nippon Keizai Shimbun,* Nov. 24, 1968.
20. Doi, L. T. »Kagaisha Ishiki to Higaisha Ishiki« *Hihyo,* Bd. 16, S. 2–12, 1969.
21. Nakane, C. *Japanese Society,* California Press, Berkeley, 1972.
22. Dore, R. P. *City Life in Japan,* Routledge & Kegan Paul, London, 1958.
23. Yanagida, K. *Mainichi no Kotoba,* Sōgen Bunko, Tokio, 1951.
24. Minamoto, R. *Giri to Ninjō – Nipponteki Shinjō no Ichi Kōsatsu,* Chūō Shinsho, Tokio, 1969.

25. Satō, T. *Seiji Ishiki to Seikatsu Kankaku*, Chikuma Shobō, Tokio, 1960.

26. Nakamura, H. s. oben Anmerkung 10.

27. Hearn, L. »Entwicklungstendenzen« *Kokoro*, Frankfurt/M. (Rütten & Loening) 1905, S. 141–169.

28. Zavier, St. F. *Shokansho*, Vol. 2, Iwanami Bunko, Tokio, 1949.

29. Lu Hsün *Einige Erzählungen*, Peking (Verlag für fremdsprachige Literatur) 1974, S. 3.

30. Doi, L. T. »Seishin Bunseki to Nipponteki Seikaku«, *Shisō*, Nov. 1969 Iwanami Shoten.

31. Hoebells, H. »Shikararete« *Jinsei no Aki ni*, Shunjūsha, Tokio, 1969.

32. Ishida, E. *Nippon Bunka Ron*, Chikuma Shobō, Tokio, 1969.

33. Hearn, L. »Auf einer Eisenbahnstation« *Kokoro*, Frankfurt/M. (Rütten & Loening) 1905, S. 67–72.

34. Aristoteles *Nikomachische Ethik*, Stuttgart 1863.

35. Erikson, Erik H. *Kindheit und Gesellschaft*, Stuttgart (Klett) 1965, S. 246.

36. Lynd, H. M. *On Shame and the Search for Identity*, Harvard, Cambridge, Mass.

37. Bonhoeffer, D. *Ethik*, München (Chr. Kaiser) 1949, S. 131.

38. Sakuta, K. *Haji no Bunka Saikō*, Chikuma Shobō, Tokio, 1967.

39. Maruyama, M. s. oben Anmerkung 14.

40. Sapir, E. *Die Sprache*, München 1961.

41. Cassirer, E. *Was ist der Mensch?*, Stuttgart (W. Kohlhammer) 1960, S. 171.

42. Whorf, B. L. *Sprache, Denken, Wirklichkeit*, Reinbek bei Hamburg (Rowohlt) 1963, S. 52f.

43. Freud, S. *Abriß der Psychoanalyse*, G. W., Bd. 17, S. 84.

44. Rapaport, D. »The Conceptual Model of Psychoanalysis« *Psychoanalytic Psychiatry and Psychology*, Hg. Robert P. Knight and Cyrus R. Friedman, International Universities Press, New York, 1954.

45. Kubie, L. S. *Psychoanalyse ohne Geheimnis*, Reinbek bei Hamburg (Rowohlt) 1956, S. 23.

46. Kubie, S. L. »The Distortion of the Symbolic Process in Neurosis and Psychosis« *J. Amer. Psychoanal. Asso.*, 1, 59–86, 1953.

47. Langer, S. K. »Emotion and Abstraction« *Philosophical Sketches*, Mentor, New York, 1964.

48. Izumi, S., Inoue, M., Umesao, T. »Nippon Jin to Nippon teki Shikō« (Podiumsdiskussion) *Tosho*, Mai 1970, Iwanami Shoten.

49. Nakamura, H. s. oben Anmerkung 10.

50. Mori, A. »Nippon no Shisō, Chūgoku no Shisō, Seiyō no Shisō« (Podiumsdiskussion mit Yoshikawa, K. und Bido, M.) *Tosho*, Sept. 1970, Iwanami Shoten.

51. Suzuki, D. »Tōyō Bunmei no Kontei ni aru Mono« *Asahi Shimbun*, Dez. 22, 1958.

52. Maruyama, M. s. oben Anmerkung 14.

53. Motoori, N. *Suzuya Tōmon Roku*, Iwanami Bunko, Tokio.

54. Kuki, S. *Iki no Kōzō*, Iwanami Shoten, Tokio, 1967.

55. Nishida, K. *Zen no Kenkyū*, Iwanami Bunko, Tokio.

56. Tsuda, S. »Jiyū to yū Go no Yōrei« *Shisō, Bungei, Nippon Go*, Iwanami Shoten, 1956.

57. Zilboorg, G. *A History of Medical Psychology*, Norton, New York, 1941.

58. Herbert, G. *Outlandish Proverbs*, Hotten, London, 1874.

59. Sidney, A. *Discourses Concerning Government*, Littlebury, London, 1698.

60. Doi, L. T. *Sōseki no Shinteki Sekai*, of Chapter 2, Shibundō, Tokio, 1969.

61. Neues Testament. Paulus. Galater, Kap. 5.

62. Luther, M. *Von der Freiheit eines Christenmenschen*, Weimar (Verlag der Gesellschaft der Bibliophilen) 1917.

63. Troeltsch, S. *Der Historismus und seine Überwindung.* Aalen (Scientia Verlag) 1966, S. 41, Neudruck der Ausgabe Berlin 1924.

64. Morita, S. *Shinkeishitsu no Hontai to Ryōhō*, S. 29, Hakuyōsha, Tokio, 1955.

65. Ladee, G. A. *Hypochondriacal Syndromes*, Elsevier, New York, 1966.

66. Schulte, W. *Studien zur heutigen Psychotherapie*, Heidelberg (Quelle & Meyer) 1964.

67. *Seishin Bunseki Kenkyū*, Bd. 15, II, 1969 Symposium, cf. »Hitomishiri«.

68. Spitz, R. *Vom Säugling zum Kleinkind*, Stuttgart (Klett) 1967.

69. Tönnies, F. *Gemeinschaft und Gesellschaft*, Berlin (Karl Curtius) 1912.

70. Nishida, H. »Seinenki Shinkeishō no Jidaiteki Hensen« *Jidō Seishin Igaku to sono Kinsetsu Ryōiki*, Bd. 9, S. 225, 1968.

71. Doi, L. T. *Sōseki no Shinteki Sekai*, s. Kapitel 9, Shibundō, 1969.

72. Freud, S. *Trauer und Melancholie*, G. W., Bd. 10, S. 427.

73. Satō, T. »Hadaka no Nippon Jin« *Nippon Jin no Kokoro* (Gendai no Esprit), Shibundō, 1965.

74. Kierkegaard S. *Kritik der Gegenwart.* Innsbruck (Brenner-Verlag) 1914.

75. Scheler, M. *Das Ressentiment im Aufbau der Moralen.* Frankfurt/Main (Klostermann) 1978.

76. Kindaichi, H. »Nippon Go no Tokushoku to wa« *Kotoba no Kenkyūshitsu*, Nippon Hōsō Kyōkai, 1954.

77. Doi, L. T. »Jama no Shinri ni Tsuite« *Ima ni Ikiru*, 32. Ausgabe, April, 1969.

78. Maruyama, M. s. oben Anmerkung 14.

79. Doi, L. T. *Seishin Bunseki to Seishin Byōri* (revid. Ausgabe 1970) s. oben Anmerkung 16.

80. Kant, I. *Anthropologie in pragmatischer Hinsicht,* Kants Werke, Bd. VII, S. 127. Berlin (Georg Reimer) 1907.

81. Ortega y Gasset, J. *Das Wesen geschichtlicher Krisen,* Stuttgart (Deutsche Verlags-Anstalt) 1951.

82. Lidz, T. *Familie und psychosoziale Entwicklung,* Frankfurt/Main (S. Fischer) 1971.

83. Lifton, R. J. *History and Human Survival,* Kapitel 1. Random, New York, 1970.

84. Federn, P. *Zur Psychologie der Revolution: Die Vaterlose Gesellschaft,* Wien 1919.

85. Freud, S. *Der Mann Moses und die monotheistische Religion,* G. W., Bd. 16, S. 101.

86. Doi, L. T. »Freud no Isan« *Seiki,* Mai 1967.

87. Marcuse, H. *Eros und Kultur,* Stuttgart (Klett) 1957.

88. Nietzsche, F. *Die fröhliche Wissenschaft,* München (Goldmann), S. 166 f.

89. Grunberger, B. und Smirgel, J. C. *L'Universe Contestationnair ou les Nouveaux Chrétiens – Etude Psychanalytique,* Payot, Paris.

90. Oda, M. »Watakushi no naka no Nippon Jin« (4) *Asahi Shimbun,* 18. März 1969.

91. Neues Testament, Lukas, Kap. 10.

92. Ariès, Ph. *Geschichte der Kindheit,* München (Hanser) 1975.

93. Kris, E. »Vorbewußte Geistesvorgänge« in: *Die ästhetische Illusion. Phänomene der Kunst in der Sicht der Psychoanalyse,* Frankfurt/Main (Suhrkamp) 1977, S. 175–194.

Psychoanalyse, Psychologie, Sozialpsychologie
in der edition suhrkamp

Psychoanalyse, Psychologie, Sozialpsychologie
in der edition suhrkamp

Soziologie, Ethnologie, Anthropologie
in der edition suhrkamp

Soziologie, Ethnologie, Anthropologie
in der edition suhrkamp

Soziologie, Ethnologie, Anthropologie
in der edition suhrkamp

Soziologie, Ethnologie, Anthropologie
in der edition suhrkamp

305/4/2.92

Soziologie, Ethnologie, Anthropologie
in der edition suhrkamp

305/5/2.92

Kulturgeschichte
in der edition suhrkamp